MAPPLE まっぷる 哈日情報誌 人人出版

金澤逛街Map

美食及當地伴手禮一應俱全
附 站內景點導覽

可以拆下使用!

愉快的北陸之旅即將展開！

搭乘北陸新幹線
東京—金澤最快要
2小時28分!!

充滿景點與樂趣!!
掌握金澤站

金澤站是展開金澤之旅的大門，匯集了電車、巴士、計程車等眾多交通工具。車站內到處可見櫛次鱗比的購物商店及美食店，現在就盡情來逛充滿景點的金澤站內吧！

景點1 鼓門

位於金澤站的大門
迎接所有旅客的象徵!!

夜景也很美!!

位於款待巨蛋正面入口，高約14m以金澤能樂的鼓為形象所設計。在美國旅遊雜誌《Travel & Leisure》線上版獲選為「世界最美車站14選」之一等，受到世界的肯定。

景點2 款待巨蛋

象徵摩登金澤的巨大巨蛋空間

由玻璃及鋁合金所打造的巨大巨蛋，以金澤人「靜靜地遞出雨傘」，以免被雨雪淋濕的體貼及款待之道為設計概念。

可以靠近點看！

景點3 候車室

賞心悅目的傳統工藝裝飾

在石川縣內產地工會的協助下，於夾層、月台層的候車室內陳設有裝飾壁面的「百工之間」。在能登羅漢柏壁面上，陳列著30個項目、236件傳統工藝品。

投幣式置物櫃

金澤百番街「Anto」、「Anto西」、「Rinto」附近設有投幣式置物櫃。費用為小型300日圓，中型500日圓，大型600日圓。

在來線剪票口

前往加賀溫泉鄉及和倉溫泉方面的特急、普通電車、JR石川鐵道的剪票口。附近飾有金澤出身的文化勳章受獎者第十代大樋長左衛門所製作的寬8m，高1m的陶牆

綠色窗口

售有北陸新幹線特急券等各種JR票券的窗口。位於新幹線剪票口附近，不用擔心會迷路。營業時間為4：40～23：30，相當方便。

⊕也有24小時均可使用的投幣式置物櫃

⊕剪票口內 2樓也有剪票口

⊕亦受理變更列車等服務

善加運用超便利

到金澤站內探險！

JR金澤站內分成Anto、Anto西及Rinto 3館，名產品、雜貨、飲食等多樣化設施全部匯集在此。善加運用能讓旅行更有效率。

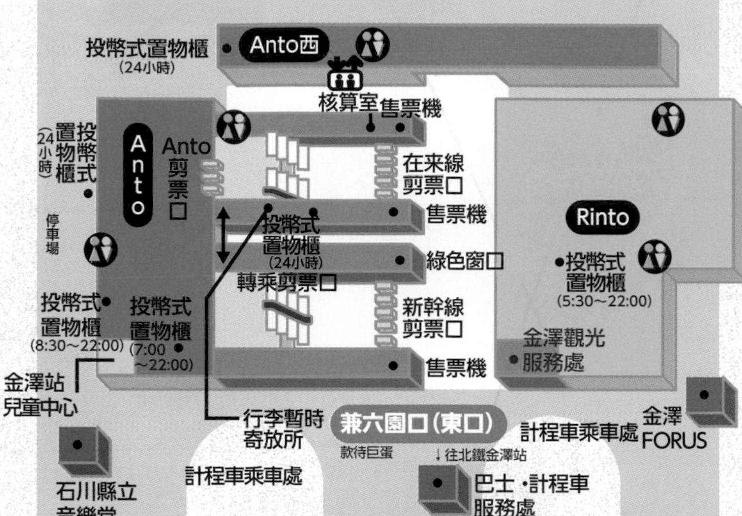

Anto

北陸的特產品全都匯集一堂，可享受購物及飲食的樂趣。若是忘了買伴手禮也可在此購買。

購物 8:30～20:00
飲食 11:00～22:00 (部份為10:00～) ※視店鋪而異

Anto 西

位於金澤站西口側，為囊括生鮮食品超市、便利商店、診所、飲食店等區域。

7:00～23:00 ※視店鋪而異

Rinto

匯集時尚相關之商店、美妝店、雜貨及咖啡廳等約70家時尚店舖。

10:00～20:00 ※視店鋪而異

新幹線剪票口

⊕透過內部照明，發出白色柔和的光

新幹線剪票口位於兼六園口（東口）側。照亮剪票口的光柱，使用的是夾有採用特殊技法製成立體手漉和紙的玻璃。

迷路、傷腦筋時

金澤觀光服務處

觀光前想取得手冊及當地最新資訊時，歡迎前往提供便利資訊及服務充實的「金澤觀光服務處」。

076-232-6200　8:30～20:00

行李配送服務

只要在15時前在此寄放行李，就會在當天17～20時送達住宿地點。700日圓～（視配送地點不同而異）。

綜合觀光導覽

受理觀光資訊及交通導覽、活動資訊及旅行計畫，以及當天住宿資訊等各種洽詢。

金澤站前巴士乘車處MAP

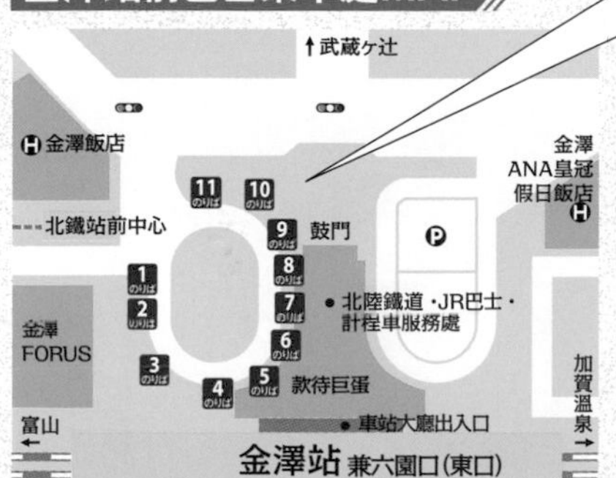

金澤站前主要巴士乘車處（●是目的地）

●近江町市場

編號	下車巴士站	系統
3~10	武蔵ヶ辻·近江町市場	3~10發車的大部分巴士(一部份除外)

●兼六園·金澤城公園

編號	下車巴士站	系統
7	兼六園·金沢城	城下町金澤周遊巴士(右迴線)11·12
6		兼六園接駁車90·92·93·94·95·97
7	広坂·21世紀美術館	城下町金澤周遊巴士(右迴線)
6		兼六園接駁車90·92·93·94·95·97

●東茶屋街

編號	下車巴士站	系統
7	橋場町	城下町金澤周遊巴士(右迴線)11·12

●香林坊

編號	下車巴士站	系統
3、8~10	香林坊	3、8~10發車的大部分巴士(一部份除外)

●金澤21世紀美術館

編號	下車巴士站	系統
6	広坂·21世紀美術館	広坂·21世紀美術館、兼六園接駁車90·92·93·94·95·97
3		18
7		城下町金澤周遊巴士(左迴線)
4、5		森本、福光、医王山、東長江、市區巴士

●西茶屋街

編號	下車巴士站	系統
8~10	広小路	30、40、41、20、21

說到金澤就想到這個!!

站內 經典伴手禮

在茶湯文化盛行的金澤，除了糕點師傅手藝所創造的好味道外，還有許多外觀充滿個性且可愛的點心。不妨買些伴手禮來犒賞自己或是送給平時照顧你的對象吧。

款待點心

凝聚金澤特色的

貼上一層金箔的豪華名菓

金長崎蛋糕

1296日圓（方形3塊）

使用味道濃郁且甜度高的嚴選雞蛋（Egg Royal）及金澤自豪的金箔烘培成的長崎蛋糕。

まめや 金澤萬久 金澤百番街店
まめやかなざわばんきゅうかなざわひゃくばんがいてん
☎076-260-1080
購買場所 ▶Anto

一直受到喜愛樸素且令人懷念的甜味

じろあめ

1296日圓（300g）

金澤最古老的糖果店，只使用優質米及大麥製成的糖漿。使用獨家製法、堅持不添加糖及任何添加物。

あめの俵屋 あめのたわらや
☎076-260-3745（百番街店）
☎076-252-2079（本店）
購買場所 ▶Anto

はなことたろう

950日圓（5個入）

融合和與洋要素製成綿密柔軟的一道甜點

將抹茶長崎蛋糕與可可巧克力羊羹疊在一塊，上面以金箔做點綴，是款高雅的新感覺甜點。

茶菓工房たろう 金澤百番街店
さかこうぼうたろう
かなざわひゃくばんがいてん
☎076-263-1088
購買場所 ▶Anto

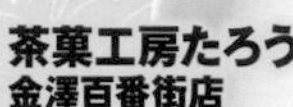

金鍔

1080日圓（6個裝）

薄薄餅皮內塞滿了北海道產大納言紅豆，是受到廣泛年齡層喜愛的名店之招牌商品。

きんつば 中田屋 金澤百番街店
きんつばなかたや
かなざわひゃくばんがいてん
☎076-260-6069
購買場所 ▶Anto

金澤的金鍔名店

馬芬蛋糕般的外型相當可愛

ふやき・おーれ

1200日圓（3個入）

在烤麩內加入玄米麥片及水果味製成獨特的穀片甜點。

百番銘華 百番屋
ひゃくばんめいか
ひゃくばんや
☎076-260-3752
購買場所 ▶Anto

加賀八幡不倒翁

1458日圓（10個裝）

渾圓可愛的外型讓人心動

以鄉土玩具「加賀八幡不倒翁」為主題。為內部塞滿紅豆粒餡，象徵吉祥的最中餅。

金沢うら田 金澤百番街店
かなざわうらたかなざわひゃくばんがいてん
☎076-260-3774 購買場所 ▶Anto

傳統手藝與美味
美味伴手禮

使用講究的特別栽培米手工製作的傳統食品

NoKA
1個302日圓～/3個裝1177日圓

陳列有農家特有的米糠醃菜及梅乾等9種醃漬品。採小包裝，方便享用。

ぶった農産 金澤百番街 Anto店
ぶったのうさんかなざわひゃくばんがいあんとてん
☎076-256-0177 購買場所 ▶Anto

棒S 元祖乳酪棒
756日圓(5支裝)

味道濃厚豐富的長銷商品，口味有乳酪、北國紅蝦等5種

大人的點心乳酪魚板 搭配酒最對味

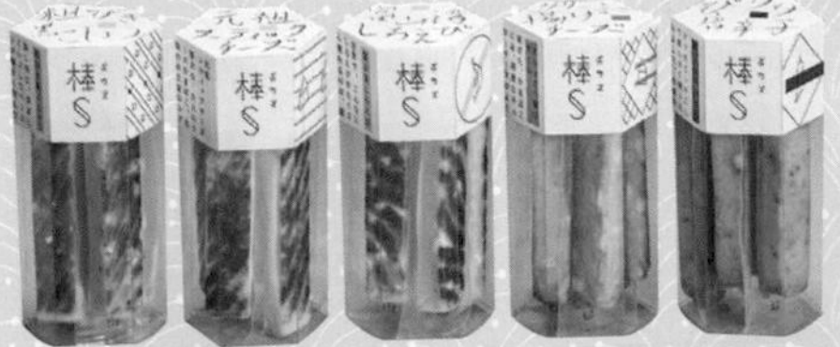

河内屋 金澤百番街店
かわちやかなざわひゃくばんがいてん
☎076-260-3762 購買場所 ▶Anto

時髦的包裝成為超人氣禮品

加賀いろは三角茶包系列
梅三角茶包(2g×6袋裝)324日圓
董三角茶包(2g×10罐裝)972日圓

沖泡茶包即可輕鬆品嘗道地茶飲的商品。以「KUTANI SEAL」設計的包裝為標記。

加賀棒茶 丸八製茶場 金澤百番街店
かがぼうちゃまるはちせいちゃじょう かなざわひゃくばんがいてん
☎076-222-6950 購買場所 ▶Anto

在金澤站GET!!

人氣伴手禮TOPICS

使用加賀傳統蔬菜「五郎島金時」蕃薯製成的北陸地區限定的「迪士尼ALFORT巧克力餅乾」發售中。高雅的甜味，只有在北陸才吃的到！
864日圓(14片裝)

購買場所 ▶Rinto

©Disney

蕪菁壽司
1512日圓(250g)

以鹽漬蕪菁夾寒鰤，再放進米麴內進行乳酸發酵製成的傳統食品。冬季限定。

最適合當作下酒菜！金澤的冬季代表食品

四十萬谷本舗 百番街店
しじまやほんぽ ひゃくばんがいてん
☎076-260-3737 購買場所 ▶Anto

帶來好運兆!! 百萬先生週邊商品

「百萬先生」是石川縣觀光PR吉祥物。以鄉土玩具「加賀八幡不倒翁」為構想，據說能「帶來好運兆」的週邊商品也非常有人氣。

絕妙配方的護手霜 迷你型3個裝
1879日圓

誕生於老舖金箔屋的和風保養品。乾爽不膩且好吸收。味道為金澤店限定的文雅香味。

まかないこすめ 金澤站Rinto店
まかないこすめかなざわえきリントてん
☎076-213-5311 購買場所 ▶Rinto

使用100%天然萃取成分，溫和不刺激肌膚的護手霜

百萬先生立體吊飾&立體鑰匙圈
各540日圓

掛在錢包或包包上，不管到哪百萬先生都跟隨左右。圓滾滾的可愛外型相當療癒。

金沢わらじ屋 金澤百番街店 Anto
かなざわわらじやひゃくばんがいあんと
☎076-260-3792 購買場所 ▶Anto

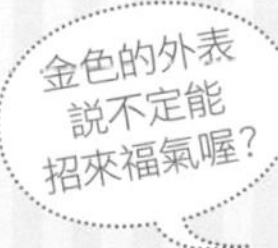

金色的外表說不定能招來福氣喔？

站內必吃美食

金澤站內的金澤百番街擁有美食街、帶有金澤特色讓人想順便一逛等眾多商店。從絕品壽司、鄉土料理到當地美食應有盡有。不妨利用等車時間來此品嘗一番！

以平實的價格品嘗金澤代表性美食的壽司

飽嚐北陸午餐
2160日圓
赤鯥等10貫壽司附味噌湯套餐

↑以超值價格就能嘗到正統壽司

→店內設有可隨意入座的吧臺席14席

金沢まいもん寿司 金澤站店

●かなざわまいもんずしかなざわえきてん

匯集眾多北國紅蝦等金澤及能登的當地新鮮食材。點餐後才由師傅捏製壽司，吃進口中食材與醋飯融為一體，美味頓時在口中擴散開來。

☎076-225-8988 🕒11:00～21:00
食用場所 ▶Anto

以多種吃法品嘗老舖的加賀麩

烤麩湯便當
1566日圓
可品嘗治部煮及使用加賀麩做成的料理

←在寬敞放鬆的空間認識麵麩的新魅力

FUMUROYA CAFÉ 金澤百番街店

●フムロヤカフェ かなざわひゃくばんがいてん

加賀麩的老舖「不室屋」所經營的和風咖啡廳。提供讓人重新發現麵麩美味的甜點及午餐等，深受女性為主的顧客歡迎。

☎076-235-2322
🕒9:00～18:30(19:00打烊)
※午餐為11:30～14:00
食用場所 ▶Anto西

←亦備有「麵麩豆沙水果涼粉」810日圓等豐富的麵麩甜點

茶飯定食
1000日圓
3道關東煮附堅豆腐及茶飯的人氣菜單

60多年來深受喜愛的秘傳絕品關東煮

黑百合

●くろゆり

1953年創業的老舖。將豐富多樣的食材調配製成的秘傳湯頭，味道清爽卻濃郁，能增添關東煮食材的美味。

☎076-260-3722
🕒11:00～21:30
(22:00打烊)
食用場所 ▶Anto

→許多常客都是衝著秘傳湯頭光臨此處

金澤地酒專門店裡小酌一杯

試喝地酒的自助販賣機

↑推薦3種品牌試喝及下酒菜套餐「雅」1700日圓

←可試喝市內5酒藏的地酒。也可購買喜歡的品牌

金沢地酒蔵

●かなざわじざけぐら

匯集縣內35間酒藏的地酒專賣店。不僅可在吧臺試飲評比，若沒時間也可在地酒販賣機試飲，品嘗方式相當多樣。

☎076-260-3739 ⏰8:30～20:00
購買場所▶Anto

↑陳列眾多使用優質水源及北陸的寒冷氣候所生產的地酒

在站內就能享用和倉溫泉知名旅館的味道

↑本店位於車站藝廊「群青的廣見」旁

加賀屋 金澤店

●かがやかなざわてん

可享用和倉溫泉老舖旅館「加賀屋」的待客之道及味道的和食餐館。使用加賀及能登食材，除了承襲加賀屋的味道，同時也進行新的嘗試。

☎076-263-2221 ⏰11:00～20:30(21:00打烊)
食用場所▶Anto

かがやき
3500日圓
附炸物等生魚片9道菜
（圖為參考）

濃厚咖哩醬讓人招架不住的金澤咖哩！

炸里肌豬排咖哩 中
800日圓
人氣第一的經典料理

ゴーゴーカレー 金澤站總本山

●ゴーゴーカレーかなざわえきそうほんざん

來到金澤絕不能錯過蔚為話題的「金澤咖哩」。使用叉匙食用的濃厚且濃稠的原創咖哩醬，只要吃過一次保證會上隱。

☎076-256-1555
⏰10:00～21:30(22:00打烊)
食用場所▶Anto

洋溢著北國紅蝦香的「新金澤拉麵」！

らうめん侍

●らうめんさむらい

這碗凝聚北國紅蝦美味、添加和風高湯所完成的拉麵，集所有美味與濃郁於一身，是受到「優良石川品牌」及「金澤閃耀品牌」所認證的自豪味道。

☎076-223-3661
⏰11:00～21:30
(22:00打烊)
食用場所▶Anto西

北國紅蝦香味拉麵
750日圓
北國紅蝦與大野醬油燉煮成的頂級湯頭與麵條絕配

※照片為附溏心蛋＋100日圓

讓旅途變得更愉快！精選車站便當

四季彩 箱鮨 1890日圓

裝滿赤鯥、海鯽仔、紅眼金鯛、水針魚等，精選四季12種海味，是美觀又美味的逸品。不妨比較各種魚的味道、口感及香味的不同。

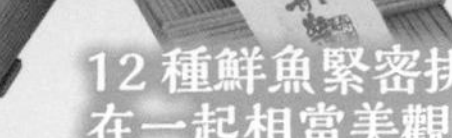

12種鮮魚緊密排在一起相當美觀

舟樂
JR金澤站百番街「Anto」店

●しゅうらく
ジェイアールかなざわえきひゃくばんがいあんとてん

☎076-260-3736 ⏰8:30～20:00
購買場所▶Anto

能登牛及能登豬貪心烤肉便當

1200日圓 ※價格會有變動

可一次吃到品牌牛「能登牛」烤肉及「能登豬」薑燒豬肉。白飯則是使用石川縣產米。

可一次吃到2種美味的豪華便當

Beishinおこめキッチン
金澤站「Anto」店

●ベイシンおこめキッチンかなざわえきあんとてん

☎076-208-3119 ⏰8:30～20:00
購買場所▶Anto

金箔鱒魚壽司 1080日圓

保留「鱒魚壽司」的美味，稍加些許金澤氣氛。在鱒魚上灑上金箔、閃耀光澤的便當，是金澤百番街Anto店的限定商品。

撒在鱒魚上的金箔閃耀發光的「鱒魚壽司」

ますのすし本舗 源
金澤百番街「Anto」店

●ますのすしほんぽみなもと
かなざわひゃくばんがいあんとてん

☎076-223-8086 ⏰8:30～20:00
購買場所▶Anto

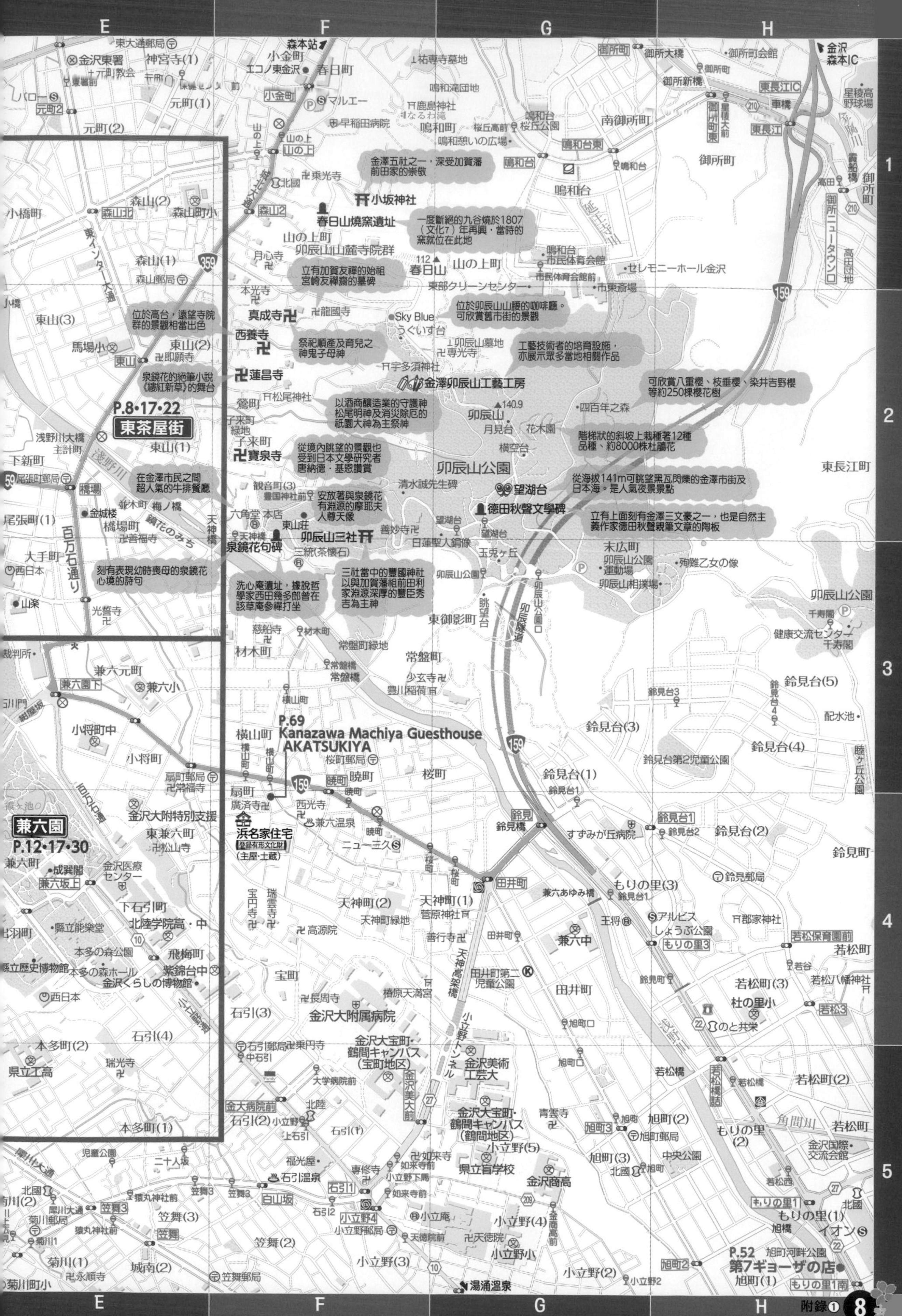

E
F
G
H
1
2
3
4
5
森本站
金沢森本IC
小金町
春日町
エコノ東金沢
マルエー
祐専寺墓地
鳴和滝団地
鹿島神社
なるわ滝
早稲田病院
鳴和町
桜丘高前
鳴和台
桜丘公園
鳴和憩いの広場
御所町
御所大橋
御所町会館
御所新橋
東長江IC
東長江
車橋
星稜高野球場
南御所町
御所町
鳴和台東
鳴和台
東大通郵局
金沢東署
神宮寺(1)
元町教会
元町(1)
元町(2)
元町2
山の上
乗光寺
北國
金澤五社之一，深受加賀藩前田家的崇敬
小坂神社
春日山燒窯遺址
一度斷絕的九谷燒於1807（文化7）年再興，當時的窯就位在此地
山の上町
卯辰山山麓寺院群
月心寺
立有加賀友禪的始祖宮崎友禪齋的墓碑
112 春日山
山の上町
鳴和台市民体育会館
市民体育会館前
セレモニーホール金沢
東部クリーンセンター
市東斎場
本光寺
龍國寺
真成寺
Sky Blue
うぐいす台
位於卯辰山山腰的咖啡廳。可欣賞舊市街的景觀
西養寺
祭祀順產及育兒之神鬼子母神
卯辰山墓地
專光寺
工藝技術者的培育設施，亦展示眾多當地相關作品
宇多須神社
蓮昌寺
金澤卯辰山工藝工房
可欣賞八重櫻、枝垂櫻、染井吉野櫻等約250棵櫻花樹
四百年之森
松尾神社
鶯町
以酒商釀造業的守護神松尾明神及消災除厄的祇園大神為主祭神
140.9
卯辰山
月見台
花木園
子来町
寶泉寺
從境內眺望的景觀也受到日本文學研究者唐納德．基恩讚賞
橫空台
卯辰山公園
階梯狀的斜坡上栽種著12種品種、約8000株杜鵑花
東長江町
清水誠先生碑
望湖台
從海拔141m可眺望黑瓦閃爍的金澤市街及日本海。是人氣夜景景點
觀音町(3)
豐國神社前
安放著與泉鏡花有淵源的摩耶夫人尊天像
德田秋聲文學碑
立有上面刻有金澤三文豪之一，也是自然主義作家德田秋聲親筆文章的陶板
六角堂
本店
東山荘
天神橋
泉鏡花句碑
卯辰山三社
妙寺
日蓮聖人銅像
望湖台
玉兎ヶ丘
末広町
卯辰山公園運動場
卯辰山相撲場
殉難乙女の像
三統(茶懐石)
三社當中的豐國神社以與加賀藩祖前田利家淵源深厚的豐臣秀吉為主神
洗心庵遺址，據說哲學家西田幾多郎曾在該草庵參禪打坐
卯辰山公園
卯辰山公園口
眺望台
卯辰隧道
東御影町
卯辰山公園
千寿閣
健康交流センター千寿閣
慈紹寺
材木町
常盤町緑地
常盤町
常盤橋
少玄寺
豊川稲荷
鈴見台(5)
鈴見台3
鈴見台4
配水池
鈴見台(3)
鈴見台(4)
鈴見台第2児童公園
睦ヶ丘公園
鈴見台(1)
鈴見台1
森山(2)
森山北
森山町小
小橋町
東インター大通
森山(1)
森山郵局
森山2
東山(3)
位於高台，遠望寺院群的景觀相當出色
馬場小
東山(2)
即願寺
東山
泉鏡花的絕筆小說《縷紅新草》的舞台
P.8•17•22
東茶屋街
浅野川大橋
主計町
東山(1)
下新町
尾張町郵局
橋場
在金澤市民之間超人氣的牛排餐廳
並木町
梅ノ橋
金城楼
尾張町(1)
橋場町
善福寺
鏡花のみち
大手町
百万石通り
西日本
刻有表現幼時喪母的泉鏡花心境的詩句
山楽
光誓寺
兼六元町
兼六園下
兼六小
小将町中
小将町
横山町
P.69
Kanazawa Machiya Guesthouse AKATSUKIYA
桜町郵局
桜町
暁町
扇町郵局
常福寺
扇町
廣済寺
西光寺
兼六温泉
ニュー三久
浜名家住宅
登録有形文化財
(主屋・土蔵)
兼六園
P.12•17•30
金沢大附特別支援
東兼六町
松山寺
兼六町
成巽閣
金沢医療センター
兼六坂上
鈴見
鈴見橋
すずみが丘病院
鈴見台1
鈴見台2
鈴見台(2)
鈴見町
田井町
鈴見郵局
もりの里(3)
兼六あゆみ橋
アルビス
しょうぶ公園
郡家神社
王将
天神町(2)
天神町(1)
天神町緑地
菅原神社
宝円寺
瑞雲寺
高源院
善行寺
田井町
兼六中
もりの里3
若松保育園前
若松町
下石引町
北陸学院高・中
縣立能樂堂
飛梅町
本多の森公園
紫錦台中
縣立歷史博物館
本多の森ホール
金沢くらしの博物館
西日本
宝町
田井町第二児童公園
田井町
天神高架橋
若松町(3)
若松八幡神社
杜の里小
のと共栄
若松3
若谷
石引(4)
長周寺
椿原天満宮
金沢大附属病院
石引(3)
本多町(2)
石引郵局
乗円寺
中石引
金沢大宝町・鶴間キャンパス(宝町地区)
小立野トンネル
金沢美術工芸大
金沢美大前
旭町口
旭町口
若松橋
若松橋詰
若松町(2)
瑞光寺
県立工高
大学病院前
本多町(1)
金大病院前
北陸
石引(2)
小立野
上石引
石引(1)
金沢大宝町・鶴間キャンパス(鶴間地区)
青雲寺
旭町3
旭町(2)
旭町郵局
もりの里(2)
角間川
若松町
金沢国際交流会館
児童公園
二十人坂
福光屋
専修寺
如来寺
如来寺前
小立野下
小立野(5)
県立盲学校
金沢商高
旭町(3)
中央公園
北國
若松西
犀川大通
北國
笠舞3
笠舞3
石引温泉
石引1
白山坂
石引2
如来寺前
小立野4
小立庵
小立野(4)
金商高前
もりの里1
もりの里(1)
イオン
旭橋
菊川(2)
猿丸神社前
菊川郵局
犀川大通
笠舞3
笠舞(3)
笠舞
猿丸神社前
菊川1
小立野郵局
天徳院前
天徳院
小立野小
笠舞(2)
菊川(1)
永順寺
城南(2)
笠舞郵局
小立野(3)
小立野(2)
小立野2
旭町2
P.52
旭町河畔公園
第7ギョーザの店
旭町(1)
もりの里1南
菊川町小
湯涌温泉

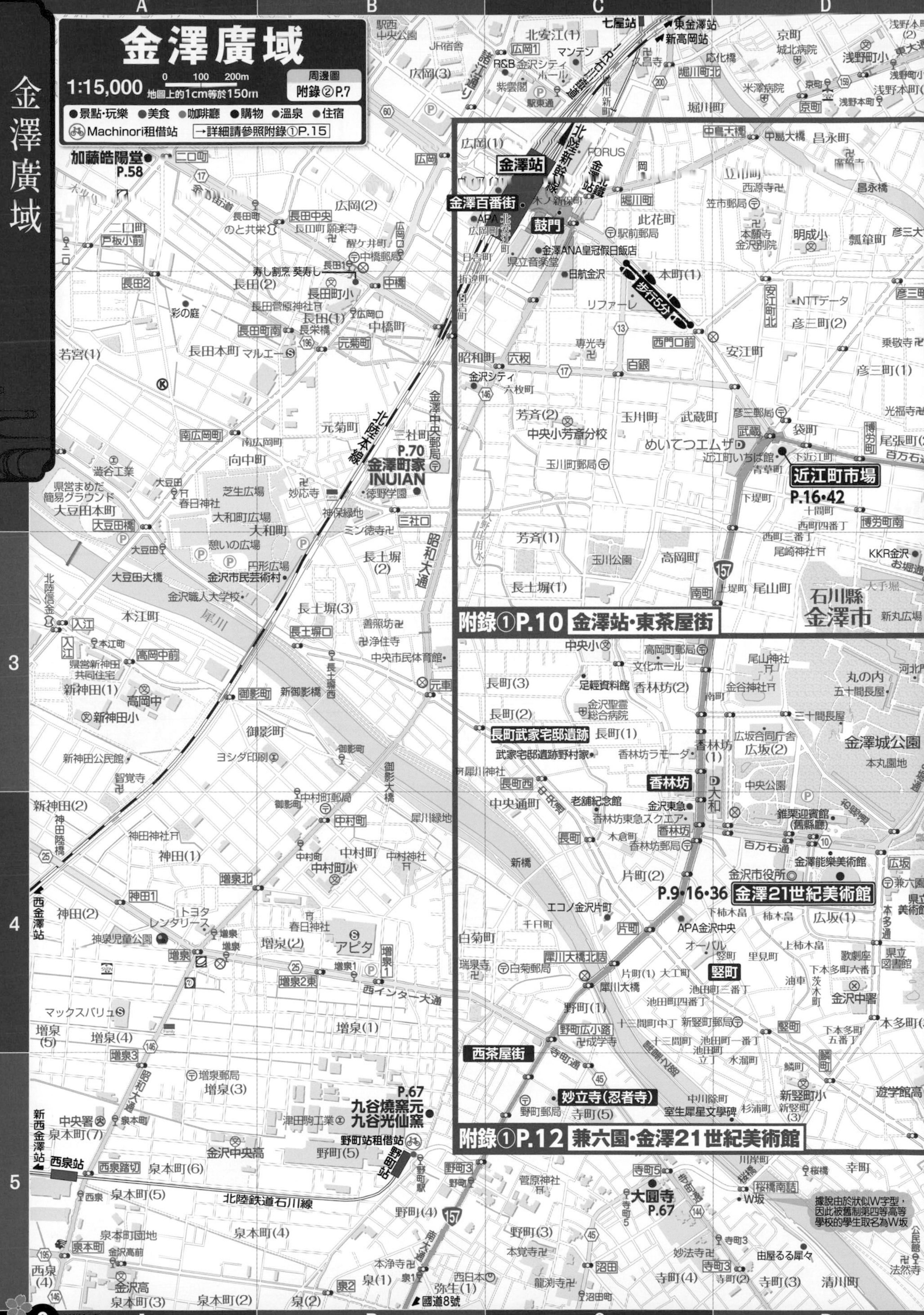
A
B
C
D
金澤廣域
1:15,000
0 100 200m
地圖上的1cm等於150m
周邊圖
附錄② P.7
●景點・玩樂 ●美食 ●咖啡廳 ●購物 ●溫泉 ●住宿
Machinori租借站
→詳細請參照附錄①P.15
七屋站
東金澤站
新高岡站
加藤皓陽堂
P.58
金澤站
金澤百番街
鼓門
北陸新幹線
金澤ANA皇冠假日飯店
步行5分
近江町市場
P.16・42
金澤町家
INUIAN
P.70
北陸本線
附錄① P.10 金澤站・東茶屋街
長町武家宅邸遺跡
香林坊
金澤城公園
石川縣
金澤市
P.9・16・36 金澤21世紀美術館
竪町
西茶屋街
妙立寺(忍者寺)
附錄① P.12 兼六園・金澤21世紀美術館
P.67
九谷燒窯元
九谷光仙窯
野町站租借站
野町站
西泉站
新西金澤站
西金澤站
北陸鉄道石川線
大圓寺
P.67
據說由於狀似W字型，因此被舊制第四等高等學校的學生取名為W坂
國道8號
3
4
5

金澤站・東茶屋街
1:6,000
0 50 100m
地圖上的1cm等於60m
周邊圖 附錄① P.8-9
●景點・玩樂 ●美食 ●咖啡廳 ●購物 ●溫泉 ●住宿
Machinori租借站
→詳細請參照附錄①P.15
近江町市場的店舖 MAP P.11 D-4
大口水産焼き焼きコーナ P.43
近江町旬彩焼 P.43
近江町コロッケ P.43
杉本水產 P.43
舟樂 P.60
井ノ弥 P.14・45
近江町市場飲食街 いっぷく横丁 P.43
能加万菜 市場屋 近江町総本店 P.44
市場めし あまつぼ P.44
いきいき亭 近江町店 P.44
金沢近江町市場こてつ P.45
鮨 えのめ P.45
かいてん寿し大倉 P.46
鮨 歴々 近江町店 P.47
近江町市場館的店舖 MAP P.11 D-4
Champion's Curry 近江町店 P.14・52
近江町海鮮丼家ひら井 いちば館店 P.44
旬彩和食 口福 P.49
藩政時代作為防衛上重要據點的三橋之一
1929年建造入母屋造及棧瓦葺屋頂的木造2層樓建築
木村家住宅
展示製造工具及工藝作品等的金箔博物館
P.23 金銀箔工芸さくだ 本店
通往德田秋聲紀念館的淺野川右岸，稱作「秋聲之路」
P.26 加賀落雁さぼん 水野増吉商店
加賀藩主賞賜給遠田的庭園，杜鵑花相當有名
賞枝垂櫻的名勝。亦保留金澤城內堀的遺構
P.28 中之橋（行人專用）
VILLE DE CROQUETTE P.55
P.8・57 中島めんや 本店
P.60 壽屋
P.61 保存食専門店 STOOCK
P.29 貼金箔體驗 かなざわカタニ
P.69 木津屋旅館
P.29 土家
暗坂 P.28
P.28 明坂
P.29 上林金沢茶舗 茶fe
P.28 泉鏡花紀念館
主計町茶屋街 P.9・17・28
八百萬本舗 P.17・29
尾張町民文化館
老舗交流館
將能讓人感受大正浪漫的舊商家復原
福久屋石黑傳六商店
為歷史悠久的名家，其建築為市指定保存建築物
將明治期的瓦斯燈復原
P.28 金澤文藝館
住吉屋旅館 P.68
1638(寬永15)年創業，是金澤歷史最悠久的旅館。伊能忠敬也曾在此下榻
約150名掌管加賀藩財務的算盤武士曾在此任職
Guesthouse Shiro P.69
在一向一揆的據點「金澤御堂」時代，這裡為入口
這裡是金澤城原本的正門
金澤城公園 P.34
金澤白鳥路飯店山樂 P.71
6月下旬～7月上旬，可在小溪看到螢火蟲
通往淺野川的金澤城外堀仍然殘留
橋端家 P.70
居酒屋割烹 田村 P.51
P.59 豆半
P.27 箔座ひかり藏
P.60 髙木糀商店
東山ギャラリー エッジ P.26
P.25 和美茶美
P.26 かなざわ 美かざり あさの
P.23 東山一久
P.8 菓舗 Kazu Nakashima
東山租借站
P.23 福嶋三絃店
甘味処 和味 P.25
うしおや ひがし茶屋街店 P.24
箔一 東山店 P.26
P.70 金澤東茶屋街 宿Hoyasake
P.27 森八「うつわの器」店
P.27 茶屋美人
P.25 Cafe 多聞
Higashiyama Mizuho P.24
十月亭 P.24
茶房 素心 P.25
福光屋ひがし P.61
金澤東茶屋街 懐華樓 P.11・23
雀 P.23
能加万菜 THE SHOP 東山
Higashiyama Auberge Maki P.26
No Oto Kanazawa P.68
押壽司體驗廚房 金沢寿し P.24
東茶屋街
德田秋聲紀念館 P.8・17・22
具有風情的木造橋。周邊為泉鏡花的小說《義血俠血》的舞台
通往卯辰山的「大門」
淺野川
東インター大通
城北大通
百万石通
お堀通
秋聲之路
鏡花之路
附錄① 10
12

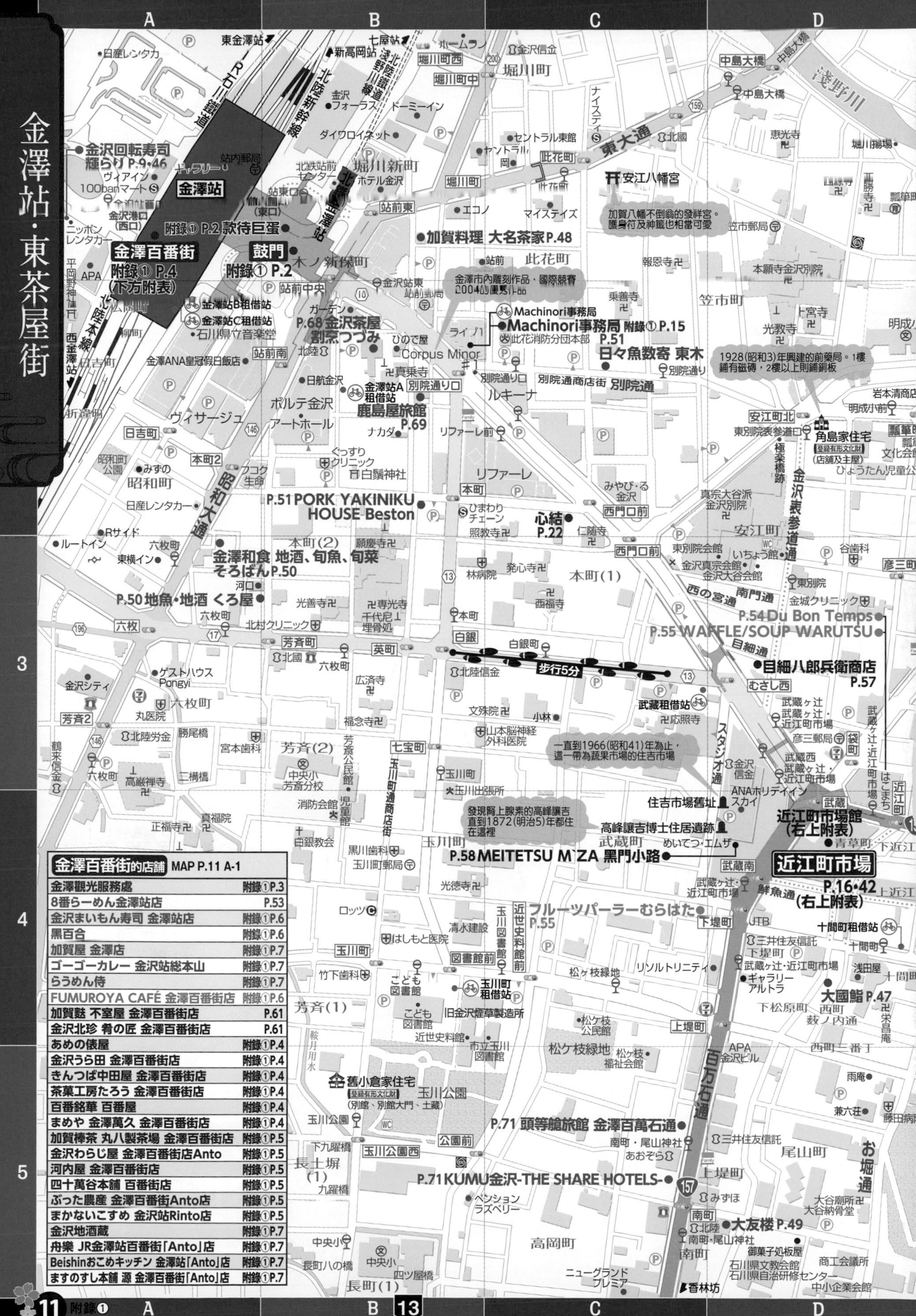

金澤百番街的店舗 MAP P.11 A-1	
金澤觀光服務處	附錄①P.3
8番らーめん金澤站店	P.53
金沢まいもん寿司 金澤站店	附錄①P.6
黒百合	附錄①P.6
加賀屋 金澤店	附錄①P.7
ゴーゴーカレー 金沢站総本山	附錄①P.7
らうめん侍	附錄①P.7
FUMUROYA CAFÉ 金澤百番街店	附錄①P.6
加賀麩 不室屋 金澤百番街店	P.61
金沢北珍 肴の匠 金澤百番街店	P.61
あめの俵屋	附錄①P.4
金沢うら田 金澤百番街店	附錄①P.4
きんつば中田屋 金澤百番街店	附錄①P.4
茶菓工房たろう 金澤百番街店	附錄①P.4
百番銘華 百番屋	附錄①P.4
まめや 金澤萬久 金澤百番街店	附錄①P.4
加賀棒茶 丸八製茶場 金澤百番街店	附錄①P.5
金沢わらじ屋 金澤百番街店Anto	附錄①P.5
河内屋 金澤百番街店	附錄①P.5
四十萬谷本舗 百番街店	附錄①P.5
ぶった農産 金澤百番街Anto店	附錄①P.5
まかないこすめ 金沢站Rinto店	附錄①P.5
金沢地酒蔵	附錄①P.7
舟楽 JR金澤站百番街「Anto」店	附錄①P.7
Beishinおこめキッチン 金澤站「Anto」店	附錄①P.7
ますのすし本舗 源 金澤百番街「Anto」店	附錄①P.7

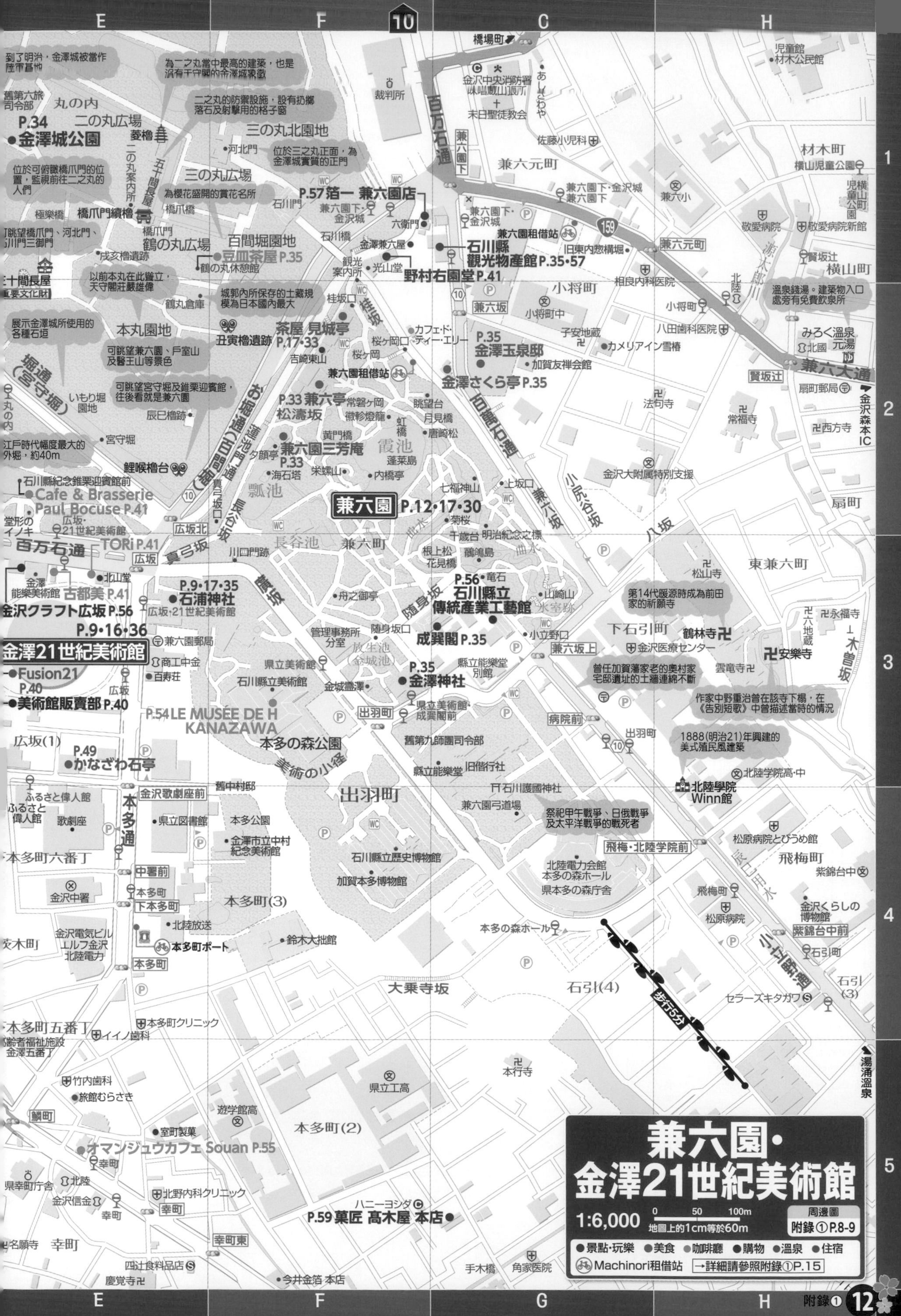
兼六園・
金澤21世紀美術館
1:6,000
0 50 100m
地圖上的1cm等於60m
周邊圖
附錄① P.8-9
●景點・玩樂 ●美食 ●咖啡廳 ●購物 ●溫泉 ●住宿
Machinori租借站 →詳細請參照附錄①P.15
到了明治，金澤城被當作陸軍基地
為二之丸當中最高的建築，也是現有千守閣的靑城築物
二之丸的防禦設施，設有扔擲落石及射擊用的格子窗
位於三之丸正面，為金澤城實質的正門
位於可俯瞰橋爪門的位置，監視前往二之丸的人們
為櫻花盛開的賞花名所
可眺望橋爪門、河北門、川門三御門
以前本丸在此聳立，天守閣莊嚴雄偉
城郭內所保存的土藏規模為日本國內最大
展示金澤城所使用的各種石垣
可眺望兼六園、戶室山及醫王山等景色
可眺望宮守堀及錐栗迎賓館，往後看就是兼六園
江戶時代幅度最大的外堀，約40m
溫泉錢湯。建築物入口處旁有免費飲泉所
第14代暖源時成為前田家的新願寺
曾任加賀藩家老的奥村家宅邸遺址的土牆連綿不斷
作家中野重治曾在該寺下榻，在《告別短歌》中曾描述當時的情況
1888(明治21)年興建的美式殖民風建築
祭祀甲午戰爭、日俄戰爭及太平洋戰爭的戰死者
P.34 金澤城公園
二の丸広場
三の丸北園地
三の丸広場
菱櫓
五十間長屋
橋爪門續櫓
鶴の丸広場
百間堀園地
P.35 豆皿茶屋
本丸園地
丑寅櫓遺跡
P.17・33 茶屋 見城亭
P.57 箔一 兼六園店
石川縣觀光物產館 P.35・57
野村右園堂 P.41
P.35 金澤玉泉邸
金澤さくら亭 P.35
P.33 兼六亭
兼六園三芳庵
兼六園 P.12・17・30
P.56 石川縣立傳統產業工藝館
成巽閣 P.35
P.35 金澤神社
P.9・17・35 石浦神社
Cafe & Brasserie Paul Bocuse P.41
TORi P.41
古都美 P.41
金沢クラフト広坂 P.56
P.9・16・36 金澤21世紀美術館
Fusion21 P.40
美術館販賣部 P.40
P.54 LE MUSÉE DE H KANAZAWA
P.49 かなざわ石亭
本多の森公園
出羽町
石川縣立歴史博物館
加賀本多博物館
石川縣立美術館
石川護國神社
北陸學院 Winn館
オマンジュウカフェ Souan P.55
P.59 菓匠 高木屋 本店
百万石通
兼六園下
兼六元町
小将町
兼六坂
広坂
広坂北
真弓坂
随身坂
八坂
小尻谷坂
兼六坂上
出羽町
病院前
飛梅・北陸学院前
中署前
本多町
下本多町
本多通
大乘寺坂
石引(4)
步行5分
兼六大通
賢坂辻
横山町
材木町
扇町
東兼六町
下石引町
鶴林寺
安樂寺
飛梅町
紫錦台中前
石引町
本多町(3)
本多町(2)
本多町五番丁
本多町六番丁
幸町
幸町東
県立工高
金沢森本IC
湯涌溫泉
霞池
瓢池
長谷池

A
B
11
C
D
3
4
5
近江町市場
中小企業会館
ニューグランドプレミア
中央小
高岡町
高岡町郵局
ニューグランド
大野橋
P.63 niguramu
香舗 伽羅
市文化ホール
高岡町租借站
P.11・63 加賀てまり 毬屋
尾山町
據傳是從金澤城二之丸的唐門移建過來
長町(3)
P.65 甘味処 金花糖
オヨヨ書林 せせらぎ通り店
P.63 ビストロ ひらみぱん
P.64 金澤市足輕資料館
聖靈病院・聖堂
貴船神社
祭祀結緣及斷緣神
尾山神社前
黒田龍華堂
南町
神門
尾山神社
P.16・35
夜間點燈
玉泉院丸庭園
東神門
尾山町租借站
くらふと&ぎゃらりぃ OKURA P.60
加賀さま本舗 坂尾甘露堂
長町五の橋
聖靈修道院
せせらぎ通
鞍月用水
大野庄用水
寺島蔵
長町友禅館
P.64 舊加賀藩士高田家遺址
長町四の橋
P.62 rallye
P.63 CAFE DUMBO
赤羽ホール
北國新聞社
富山第一
ニコニコレンタカー
尾山
合同庁舎前
金沢信金本店
仙石通
広坂
合同庁舎前
於寬永年間完工的辰巳用水。保存著1844(天保15)年更換的石管
長町2
長町(2)
長町(1)
道林寺
右衛門橋
北國
香林坊2
香林坊(1)
P.64 長町武家宅邸遺跡
P.65 長町武家屋敷休憩館
長町三の橋
P.63 割烹むら井
東横イン
百萬石通
具備倉庫及防禦砲樓臺，設有出窗及鉛瓦等
法船寺
P.65 百薬キッチン
大野内科
長町
山田家
武家宅邸遺跡野村家 P.64
P.65 金沢 わらじ屋本店
長町武家屋敷跡
九谷焼窯元 鏑木商舗 P.65
九谷焼陶房 長寿
香林坊ラモーダ
香林坊(2)
トラスティ
広坂(2)
P.54 茶菓工房たろう 鬼川店
長町二の橋
金沢九谷ミュウジアム
本田屋食器店 P.56
香林坊1
長町西
千紅
P.62 アロマ香房焚屋
三菱UFJ 香林坊
大和
はくいちカフェ アトリオ店 P.9・54
中央通町
中央公民館長町館
長町緑地
P.65 四季のテーブル
日本銀行
香林坊仙石通り
香林坊アトリオ
中央公園
しいのき緑
長町租借站
菓匠虎彦
にぎわい広場
日銀前
東急
香林坊租借站
石川四高文化交流館
四高記念館
近代文学館
旧第四高等学校本館
P.10・
金沢広坂
浄照寺
長町接骨院
老舗記念館 長町一の橋
長町教会
香林坊東急スクエア
香林坊
P.62
川久庵 町家旅館
金澤市老舗紀念館 P.65
前田土佐守家資料館 P.65
ぬくもり工房 NATURAL
香林坊
中央公園前
辰巳用水
市役所前
犀川緑地
犀川
佐藤耳鼻咽喉科
御荷川橋
木倉町
香林坊せせらぎ租借站
広坂2
浄誓寺
長町
香林坊
伊藤尚友堂
松田産婦人科
Grill Otsuka P.14・52
香林坊郵局
世界で2番目においしい焼きたてメロンパンアイス
南坊石
能作本店 P.41
津田歯科
千日町
北川瀝青
一楽
中央通
野畠
九谷焼 諸江屋
カトリック金沢教会
高島医院
養智院
片町ツアー
ブレーゴ
片町(2)
片町中央通
クラフト金沢
P.69 菊野屋旅館
P.41 Patisser Ofuk
西蓮寺
千日町
石野病院
新橋
松田小児科
片町租借站
片町1
片町
トークタテマチ
クラウンヒルズ
P.51 NIMOAL
金沢市役所
市役所前
柿木畠
敬栄寺
さくら接骨院
片町きらら
片町 テミス
金沢教会
下柿木畠
アスパー
片町2
アパヴィラ
村田屋旅館
パティオ
中むら
広坂ポート
白菊町緑地
小橋菅原神社
エコノ
APA
金沢信金
竪町商店街
あかねや橋
柿木畠
出村製材所
P.50 くし家金澤
P.63 きにつちに
毎天12時～19時為行人專用
千田歯科
白菊町
所藏資料約3000件
P.53 赤玉本店
片町
里見橋
白菊町
のと共栄信金
LA NENE GOOSE P.67
河原町
金劇パシオン
OVALタテマチ
保留著濃厚的往昔武家町風情
P.67 室生犀星紀念館
石田漆器店
犀星幼時所住的寺廟
犀川大橋北詰
スマイル
大工町
竪町
千日町
瑞泉寺
白菊町郵局
力丸医院
泉用水
雨寶院
徳龍寺
犀川大橋南詰
犀川大橋
おでん居酒屋 三幸 P.16・53
P.62 竪町
里見町
おかち橋
創作のきもの・こもの 竹屋
片町(1)
大工町
池田町三番丁
1924(大正13)年完工的鋼桁架橋
神明宮
西インター大通
シャミー
池田町四番丁
池田町
竪町租借站
円徳寺
P.55 野田屋茶店
油車
増泉(1)
徳法寺
大蓮寺
増泉一丁目緑地
白菊町
野町広小路
蛤坂
從河岸看，該料亭為4層木造建築
竪町広場
APA
タテマチ
DORUMIRU P.55
野町西
山錦楼(懐石)
十三間町中丁
新竪町郵局
P.56 輪島キリモト 金澤店
金沢たまクリニッ
西茶屋租借站
津田水引折型 P.10・57
池田町二番丁
新竪町
妙慶寺
成学寺
十三間町
伊藤病院
池田町一番丁
竪町
新竪町
野町広小路
芭蕉句碑
北國
十三間町
P.63 Kimono 畳世
水溜町
P.59・67 甘納豆 かわむら
金澤市西茶屋資料館 P.67
広小路
常徳寺
池田町立丁
杉村歯科
P.67 中谷とうふ
西茶屋街 P.66
酒見銘茶店
八阪神社
春天櫻花美不勝收
又名「骨董通」
中島医院
真長寺
蛤坂
新竪町商店街
犀川左岸
鱗町公
野町1
P.67 寶勝寺カフェ
金沢モリス教会
ステンドグラス美術館
徳楽寺
新竪町
野町(2)
理正寺
本長寺
のむらや
フォレストイン
KiKU
taffeta
P.63 GALERIE Noyau
新竪町公
中川除町
宝勝寺
寺町通
願念寺
妙立寺(忍者寺) P.66
P.63 Parlour KOFUKU
杉浦町
新竪町(3)
野町郵局
弘願院
因徳寺
野町(1)
極楽寺
広小路
つば甚 P.48
清川町
benlly's&job
本多通
南大通
広小路接骨院
野町2
寺町5西
犀星文学碑前
三光寺
常松寺
寺町寺院群
浄安寺
寺町5丁目緑地
室生犀星文學碑
犀星祭日3月26日
浅野眼科
横井内科
のと共栄信金
西方寺
松月寺の大桜
諏訪神社
與金澤城的城牆一樣使用赤戸室石
新竪町3
APA
落雁 諸江屋 本店 P.58
寺町租借站
本妙寺
枝町
リックス
國道8號
川北病院
金剛寺
松月寺
香林寺
寺町(5)
A
B
C
D

想從金澤站步行到主要觀光景點有點遠。金澤中心部的導覽招牌等經過整頓，即使是第一次來訪的旅客也能輕鬆觀光，只要善加運用各種交通方式就能有效率地遊逛金澤。

巴士

善加運用就很便利！

金澤市的巴士網羅市內各方面，因此系統稍微複雜。最好事先調查離目的地最近的巴士站在哪。

觀光巴士路線MAP

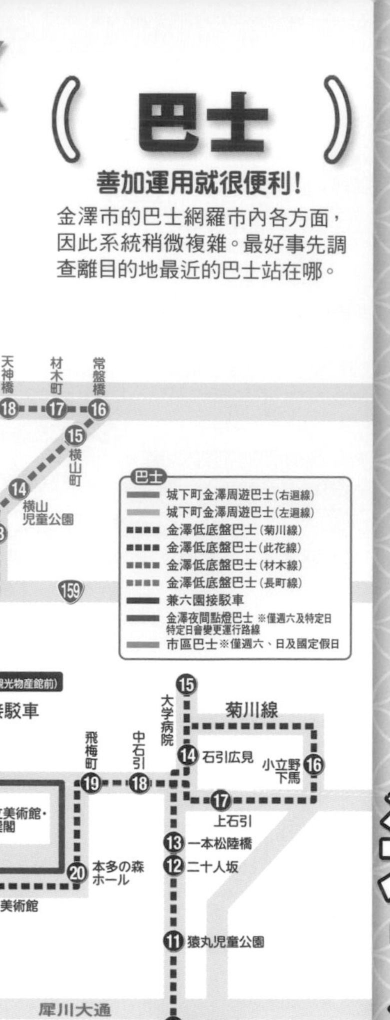

昌永町、小橋町、森山一丁目、馬場児童公園、彦三北、彦三町1丁目、彦三緑地、東山三丁目、城北大通、近江町市場、袋町、町民文化館、老舗交流館、尾張町、材木線、泉鏡花記念館、金澤夜間點燈巴士、大手町、十間町、大手門前、大手堀、白鳥路、兼六元町、百万石通、商工会議所、尾山神社、金澤城公園、兼六園下・金澤城、香林坊・仙石通り、香林坊（四高記念館前）、市役所・21世紀美術館、丸の内（金沢城玉泉院丸庭園そば）、広坂・21世紀美術館、香林坊、市役所・柿木畠、金澤21世紀美術館、ふるさと偉人館、市區巴士、タテマチ広場、本多町・歌劇座・鈴木大拙館、タテマチ、本多町（北陸放送前）、本多町（金沢歌劇座前）、新竪町、広小路（寺町寺院群・にし茶屋街）、城下町金澤周遊巴士（左迴線）、広小路（大桜前）、城下町金澤周遊巴士（右迴線）、妙立寺（忍者寺）

※2018年8月的巴士路線

金澤低底盤巴士

周遊區域別的4條路線

共有此花、菊川、材木、長町4條路線。每種路線的起訖點都不同，從金澤站東口搭車只能搭此花線。白天每隔15分一班。1次100日圓。

運費	無關乘車區間 1次乘車100日圓
觀光景點	視路線而異
洽詢	金澤市步行環境推進課 ☎076-220-2371

市區巴士

週末及國定假日限定巴士 可使用交通系IC卡

以金澤站東口為起訖點的周遊巴士。可通往近江町市場、香林坊、兼六園方面。僅在週六、日及國定假日運行，可使用日本全國交通系IC卡，相當便利。

運費	無關乘車區間 1次乘車100日圓
觀光景點	香林坊、金澤21世紀美術館、兼六園、近江町市場
洽詢	西日本JR巴士 金澤營業所 ☎076-231-1783

兼六園接駁車

前往市中心部就搭這台
週六、日及國定假日只要100日圓！

從金澤站東口發車的單程運行。平日車費200日圓。不光是兼六園，亦停靠在近江町市場、香林坊、21世紀美術館的最近地。與城下町周遊巴士一樣可使用1日乘車券。

有1日乘車券

運費	無關乘車區間 1次乘車六、日及國定假日100日圓，平日200日圓
觀光景點	近江町市場、香林坊、金澤21世紀美術館、兼六園
洽詢	北陸鐵道 電話服務中心 ☎076-237-5115

城下町金澤周遊巴士

前往東茶屋街及兼六園建議搭乘右迴線

以金澤站東口為起訖點的周遊巴士。欲前往近江町市場建議搭乘左迴線。班次間距約15分。

有1日乘車券

←左迴線
右迴線→

運費	無關乘車區間 1次乘車200日圓
觀光景點	東茶屋街、兼六園、金澤城公園、金澤21世紀美術館
洽詢	北陸鐵道 電話服務中心 ☎076-237-5115

租借腳踏車

使用公共租借腳踏車「Machinori」！

在主要觀光景點位於中心部方圓1km內的金澤，也很推薦使用便利的租借腳踏車「Machinori」進行觀光。

Machinori 是？

金澤市內設有22處腳踏車租借站（出租、歸還的據點）及Machinori事務局，不論在何地都能借還腳踏車。有關租借站的場所請參照附錄①P.8～13的地圖！

使用時間

出租…7:30～22:30（Machinori事務局為9:00～18:00）

歸還…24小時（Machinori事務局為9:00～18:00）

費用

基本費…200日圓
基本上使用信用卡支付。在Machinori事務局可使用現金支付。

追加費用
不論當天使用幾次，最初30分免費，之後每30分加200日圓。

若在30分內在租借站續騎，費用只須付基本費200日圓即可。

洽詢

Machinori事務局
まちのりじむきょく
MAP附錄①11B-2
0120-3190-47
所金沢市此花町3-2 ライブ1ビル1F
※合作窗口一覽請上官網確認。
http://www.machi-nori.jp/

使用流程

註冊

■使用信用卡
使用設置在各租借站的端末機觸控式螢幕進行操作，根據畫面指示進行註冊。可使用交通系IC卡及密碼註冊，亦售有1張500日圓的專用IC卡。

■使用現金
① 在Machinori事務局填寫申請表格。
② 出示身份證明文件及繳納費用（基本費200日圓＋押金800日圓）。
③ 租借IC卡（限當天有效）。

出租

■使用IC卡
① 將註冊後的IC卡插進停車機器約2～3秒。
② 當藍燈閃爍時即解鎖。可開始租用。

■使用密碼
① 在設置於各租借站的端末機輸入登錄密碼。
② 在觸碰式螢幕點選想使用的腳踏車停車機器的編號。
③ 當藍燈閃爍時即解鎖。可開始租用。

閃爍

歸還（所有登錄方式共通）
① 將腳踏車插入停車機器。
② 當停車機器上的顯示燈由紅色轉藍色即完成歸還。

核算（僅限使用現金）
① 在最後的租借站歸還腳踏車後，使用位於租借站的端末機進行操作，列印「核算單」。
② 將核算單及IC卡歸還Machinori事務局，並退還押金800日圓。

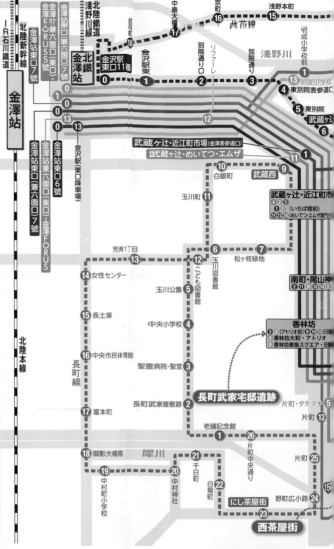

計程車

直接前往目的地！

身穿和服等時，不妨可搭乘計程車移動。與熟知金澤的司機聊天也是一大樂趣。

計程車（中型）所需時間&收費基準

	妙立寺(忍者寺)	金澤21世紀美術館	兼六園金澤城公園	香林坊	近江町市場	金澤站東口
近江町市場						2分 700日圓
香林坊					4分 780日圓	5分 1100日圓
兼六園金澤城公園				4分 780日圓	4分 780日圓	6分 1420日圓
金澤21世紀美術館			1分 700日圓	3分 700日圓	6分 1420日圓	8分 1500日圓
妙立寺(忍者寺)		5分 1100日圓	5分 1100日圓	5分 780日圓	5分 1100日圓	11分 1580日圓
東茶屋街	12分 1660日圓	4分 780日圓	3分 700日圓	6分 1420日圓	3分 700日圓	10分 1420日圓

便利的1日乘車券

北鐵巴士1日周遊券 500日圓

1天內於「城下町金澤周遊巴士」、「兼六園接駁車」及北陸鐵道集團的路線巴士金澤市內地帶制200日圓區間內可無限搭乘。

售票地點／北鐵站前中心（金澤站東口巴士總站內）、片町服務中心、北鐵巴士服務中心武藏エムザ店（MEITETSU M'ZA 1樓黑門小路內）

金澤夜間點燈巴士專用周遊券 500日圓

金澤夜間點燈巴士專用。由於1次乘車300日圓，只要搭乘2次就多賺100日圓。

售票地點／北鐵站前中心（金澤站東口巴士總站內）、片町服務中心、金澤市內的飯店（僅一部分）

北陸鐵道路線巴士

想去市內中心部就搭這台 1次乘車200～240日圓

幾乎涵蓋金澤市內所有區域。中心部採「地帶式區間」，以200～240日圓均一價即可搭乘。

※上述路線地圖沒有記載路線

有1日乘車券

運費	1次乘車200日圓～（視乘車區間不同而異、武蔵ヶ辻・近江町市場～南町・尾山神社～香林坊間乘車100日圓）
觀光景點	視路線而異
洽詢	北陸鐵道電話服務中心 076-237-5115

金澤夜間點燈巴士

想享受金澤夜晚就搭這台巴士

以金澤站東口為起訖點。原則上週六晚間每隔10～20分一班（其他亦有特別運行日及特別路線運行）。過年期間停駛。

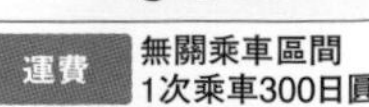

運費	無關乘車區間1次乘車300日圓
觀光景點	近江町市場、東茶屋街、兼六園
洽詢	北陸鐵道電話服務中心 076-237-5115

主要景點間所需時間一目了然！

金澤交通速查表

目的地 / 現在地	金澤站 巴士站 金澤站（東口）	近江町市場 巴士站 武蔵ヶ辻・近江町市場	東茶屋街 巴士站 橋場町	兼六園 巴士站 兼六園下・金沢城	金澤21世紀美術館 巴士站 広坂・21世紀美術館	香林坊・長町武家宅邸遺跡 巴士站 香林坊	西茶屋街・妙立寺 巴士站 広小路
金澤站 巴士站 金澤站（東口）		步行 16分 城下町周遊 左迴 5分 路線巴士 5分	步行 25分 城下町周遊 右迴 10分 路線巴士 7分	步行 36分 城下町周遊 右迴 16分 路線巴士 9分	步行 31分 城下町周遊 右迴 18分 路線巴士 11分	步行 25分 城下町周遊 左迴 9分 路線巴士 9分	步行 37分 城下町周遊 左迴 15分 路線巴士 14分
近江町市場 巴士站 武蔵ヶ辻・近江町市場	步行 16分 城下町周遊 右迴 11分 路線巴士 5分		步行 8分 城下町周遊 左迴 21分 路線巴士 3分	步行 20分 城下町周遊 左迴 19分 路線巴士 5分	步行 21分 城下町周遊 左迴 15分 路線巴士 7分	步行 15分 城下町周遊 左迴 4分 路線巴士 4分	步行 26分 城下町周遊 左迴 10分 路線巴士 9分
東茶屋街 巴士站 橋場町	步行 25分 城下町周遊 左迴 15分 路線巴士 7分	步行 8分 城下町周遊 右迴 22分 路線巴士 3分		步行 15分 城下町周遊 右迴 6分 路線巴士 2分	步行 21分 城下町周遊 右迴 8分 路線巴士 5分	步行 29分 城下町周遊 右迴 18分 路線巴士 10分	步行 38分 城下町周遊 右迴 13分 路線巴士 14分
兼六園 巴士站 兼六園下・金澤城	步行 36分 城下町周遊 左迴 17分 路線巴士 9分	步行 20分 城下町周遊 右迴 16分 路線巴士 5分	步行 15分 城下町周遊 左迴 2分 路線巴士 2分		步行 7分 城下町周遊 右迴 2分 路線巴士 2分	步行 13分 城下町周遊 右迴 12分 路線巴士 3分	步行 23分 城下町周遊 右迴 7分 路線巴士 8分
金澤21世紀美術館 巴士站 広坂・21世紀美術館	步行 31分 城下町周遊 左迴 21分 路線巴士 11分	步行 21分 城下町周遊 右迴 14分 路線巴士 7分	步行 21分 城下町周遊 左迴 6分 路線巴士 5分	步行 7分 城下町周遊 左迴 4分 路線巴士 2分		步行 9分 城下町周遊 右迴 10分 路線巴士 3分	步行 19分 城下町周遊 右迴 5分 路線巴士 5分
香林坊・長町武家宅邸遺跡 巴士站 香林坊	步行 25分 城下町周遊 右迴 15分 路線巴士 9分	步行 15分 城下町周遊 右迴 4分 路線巴士 4分	步行 29分 城下町周遊 左迴 17分 路線巴士 10分	步行 13分 城下町周遊 左迴 15分 路線巴士 3分	步行 9分 城下町周遊 左迴 11分 路線巴士 3分		步行 13分 城下町周遊 左迴 6分 路線巴士 5分
西茶屋街・香林坊 巴士站 広小路	步行 37分 城下町周遊 右迴 20分 路線巴士 14分	步行 26分 城下町周遊 右迴 9分 路線巴士 9分	步行 38分 城下町周遊 左迴 11分 路線巴士 14分	步行 23分 城下町周遊 左迴 9分 路線巴士 8分	步行 19分 城下町周遊 左迴 5分 路線巴士 5分	步行 13分 城下町周遊 右迴 5分 路線巴士 5分	

城下町周遊＝城下町金澤周遊巴士
路線巴士會視使用系統不同，所需時間可能會出現比上表記載資訊延遲的情況

特別附錄②

北陸兜風MAP

可以拆下使用！

北陸兜風MAP

從市區到海岸線走透透

CONTENTS

絕景景觀 輪島·白米千枚田

輪島

絕景景觀 千里濱渚海濱公路

和倉溫泉

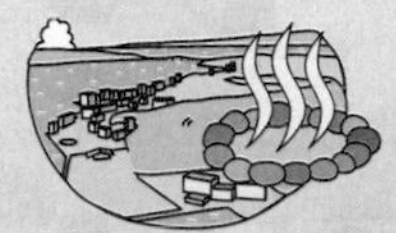

富山

金澤

絕景景觀 東尋坊

五箇山

加賀溫泉

白川鄉

東尋坊

永平寺

北陸全圖
1:900,000
0 10 20km
地圖上的1cm為9km
範例
高速國道
收費道路
國道
新幹線
JR在來線
私鐵線
富山·石川·福井縣界
府縣界
機場
神社
寺院
溫泉
公園·名所
P.4 能登半島
P.8 富山
P.76 輪島
奥能登 P.78
能登 P.78
和倉溫泉 P.74
P.18·88
千里濱渚海濱公路
兼六園
P.12·17·30
能登里山機場
(能登機場)
能登半島
富山縣
新潟縣
長野縣
金澤站
新高岡站
富山站
糸魚川站
上越妙高站
飯山站
長野站
北陸新幹線
黑部宇奈月溫泉站
富山Kitokito機場
(富山機場)

北陸高速公路服務區導覽

SA不僅是休息站，也是注目度攀升的當地美食景點！

MAP附錄②14G-1

南條SA

なんじょうサービスエリア

▶北陸自動車道【福井縣】

不論是走上行線或下行線，都能在餐廳及美食廣場品嘗豐富多樣的福井美食，從海鮮到醬汁豬排蓋飯等當地美食，應有盡有。

➲當地美食あとがけデミグラボルガライス980日圓（上行線）

上行線DATA

【餐廳】越前地磯亭 11:00～21:00(L.O.20:30)【美食廣場】24小時(GELATO Torino為10:00～18:00)【小賣店】24小時【咖啡廳】星巴克咖啡【便利商店】全家 24小時

下行線DATA

【餐廳】花はす 11:00～21:00(L.O.20:30)【美食廣場】24小時【麵包店】Porutogaru 7:00～19:00【便利商店】全家 24小時

MAP附錄②13D-1

尼御前SA

あまごぜんサービスエリア

▶北陸自動車道【石川縣】

上行線售有使用「五郎島金時蕃薯」等石川縣特產品製作的伴手禮。下行線設有美食廣場，可一邊眺望日本海，一邊用餐。

➲炸蝦咖哩1180日圓相當有人氣（上行線）

上行線DATA

【餐廳】11:00～21:00(L.O.20:30)【美食廣場】美岬亭 24小時【咖啡廳】エルパンカフェ 10:00～18:00【小賣店】24小時

下行線DATA

【美食廣場】24小時【咖啡廳】あま音 7:00～17:00【小賣店】24小時【便利商店】全家 24小時

MAP附錄②6G-3

小矢部川SA

おやべがわサービスエリア

▶北陸自動車道【富山縣】

上行線售有在鄰近工廠生產的富山名產「鱒魚壽司」。在2018年7月重新開張的下行線，設有富山站前的人氣餐廳「白えび亭」首家SA分店。

➲作為伴手禮用的鱒魚壽司1400日圓（上行線）

上行線DATA

【餐廳】11:00～21:00(L.O. 20:30)【美食廣場】24小時【小賣店】24小時

下行線DATA

【餐廳】白えび亭 10:00～21:00【美食廣場】CHEF'S TABLE 24小時【小賣店】8:00～21:00【便利商店】Lawson 24小時

MAP附錄②9D-2

有磯海SA

ありそうみサービスエリア

▶北陸自動車道【富山縣】

設有愛之鐘的展望台乃是知名的「情侶聖地」。亦備有眾多以海鮮為中心、種類豐富的當地美食。

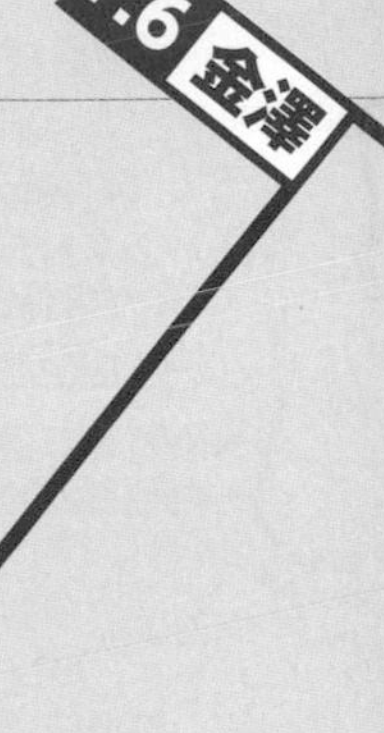

➲富山名產富山黑拉麵880日圓（下行線）

上行線DATA

【餐廳】11:00～21:00(L.O.20:30)【美食廣場】24小時【外帶區】9:00～20:00(週六、日及國定假日為8:00～21:00)【小賣店】24小時

下行線DATA

【咖啡廳&餐廳】有磯海 11:00～21:00(L.O.20:30)【美食廣場】24小時【小賣店】24小時

MAP附錄②5B-4

別所岳SA

べっしょだけサービスエリア

▶能登里山里海道【石川縣】

奧能登山海市場匯集許多使用當地里山里海素材做的美食。從展望台眺望的景色也相當壯觀。

上行線・下行線DATA

【輕食・小賣店】奧能登山海市場 9:00～18:00(冬季為～17:00)【展望台】Noto Yume Terrace 7:00～17:00(5/16～9/15為6:00～19:00)

※上行線僅有廁所及停車場

MAP附錄②6G-4

城端SA

じょうはなサービスエリア

▶東海北陸自動車道【富山縣】

為Highway Oasis，除了提供餐點外，亦販售伴手禮及農產物等。亦有溫泉設施。

上下行線共通

【便利商店】Daily Yamazaki 24小時(可內用)

P.6 金澤
P.12 福井・白川鄉
P.14 敦賀・小濱

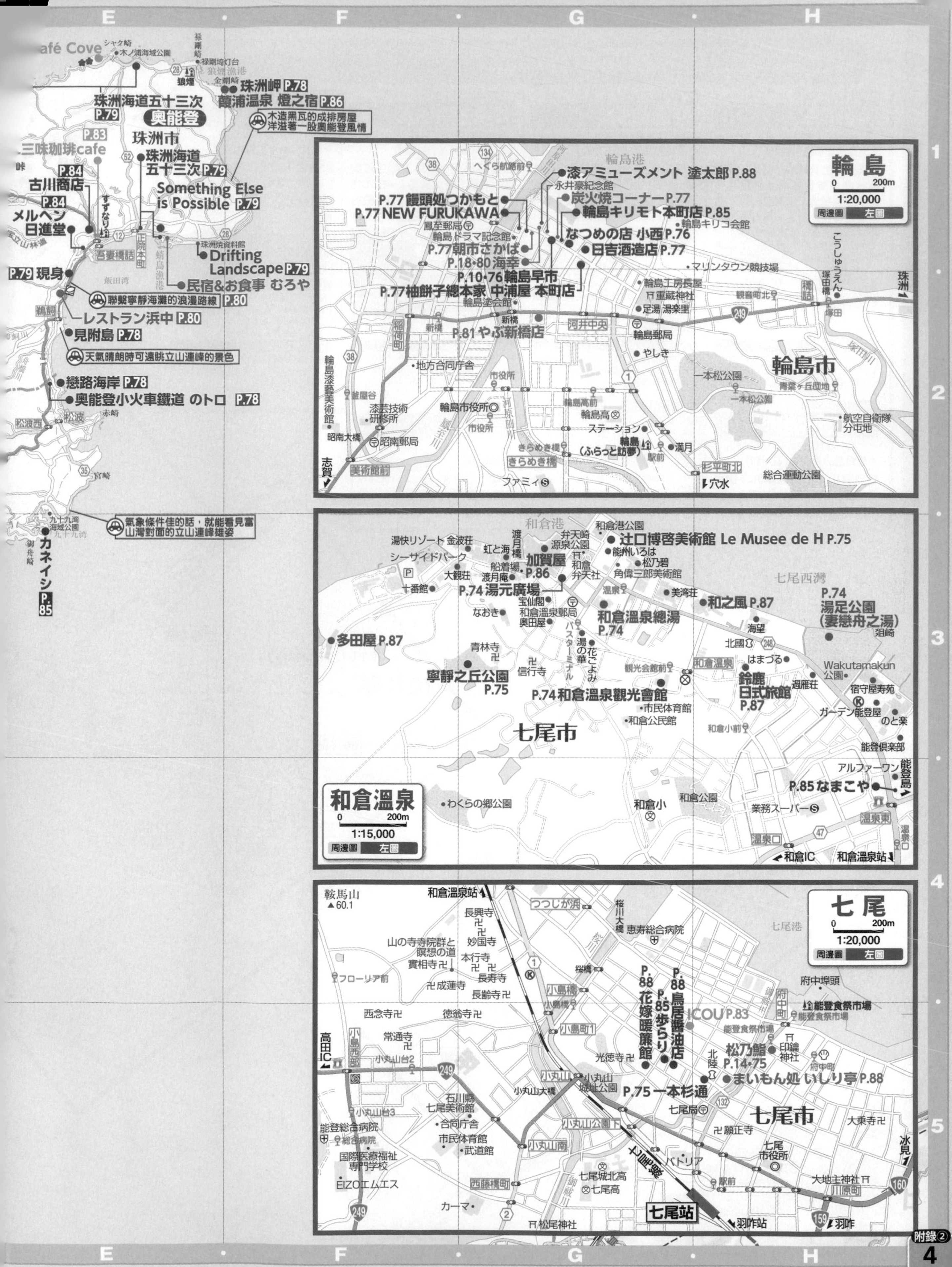

Café Cove
珠洲岬 P.78
葭浦温泉 燈之宿 P.86
珠洲海道五十三次 P.79
奥能登
木造黑瓦的成排房屋洋溢著一股奥能登風情
P.83
珠洲市
三味珈琲cafe
P.84
古川商店
珠洲海道五十三次 P.79
Something Else is Possible P.79
P.84
メルヘン日進堂
Drifting Landscape P.79
民宿&お食事 むろや
P.79 現身
聯繫寧靜海灘的浪漫路線 P.80
レストラン浜中 P.80
見附島 P.78
天氣晴朗時可遠眺立山連峰的景色
戀路海岸 P.78
奥能登小火車鐵道 のトロ P.78
氣象條件佳的話，就能看見富山灣對面的立山連峰雄姿
カネイシ P.85
輪島
1:20,000
漆アミューズメント 塗太郎 P.88
炭火焼コーナー P.77
輪島キリモト本町店 P.85
なつめの店 小西 P.76
日吉酒造店 P.77
P.77 饅頭処つかもと
P.77 NEW FURUKAWA
P.77 朝市さかば
P.18·80 海幸
P.10·76 輪島朝市
P.77 柚餅子總本家 中浦屋 本町店
P.81 やぶ新橋店
輪島市
和倉温泉
1:15,000
辻口博啓美術館 Le Musee de H P.75
加賀屋 P.86
P.74 湯元廣場
和之風 P.87
和倉温泉總湯 P.74
P.74 湯足公園 (妻戀舟之湯)
多田屋 P.87
寧靜之丘公園 P.75
P.74 和倉温泉觀光會館
鈴鹿日式旅館 P.87
七尾市
P.85 なまこや
七尾
1:20,000
P.88 花嫁暖簾館
P.85 歩らり
P.88 鳥居醤油店
ICOU P.83
松乃鮨 P.14·75
まいもん処 いしり亭 P.88
P.75 一本杉通
七尾市
七尾站

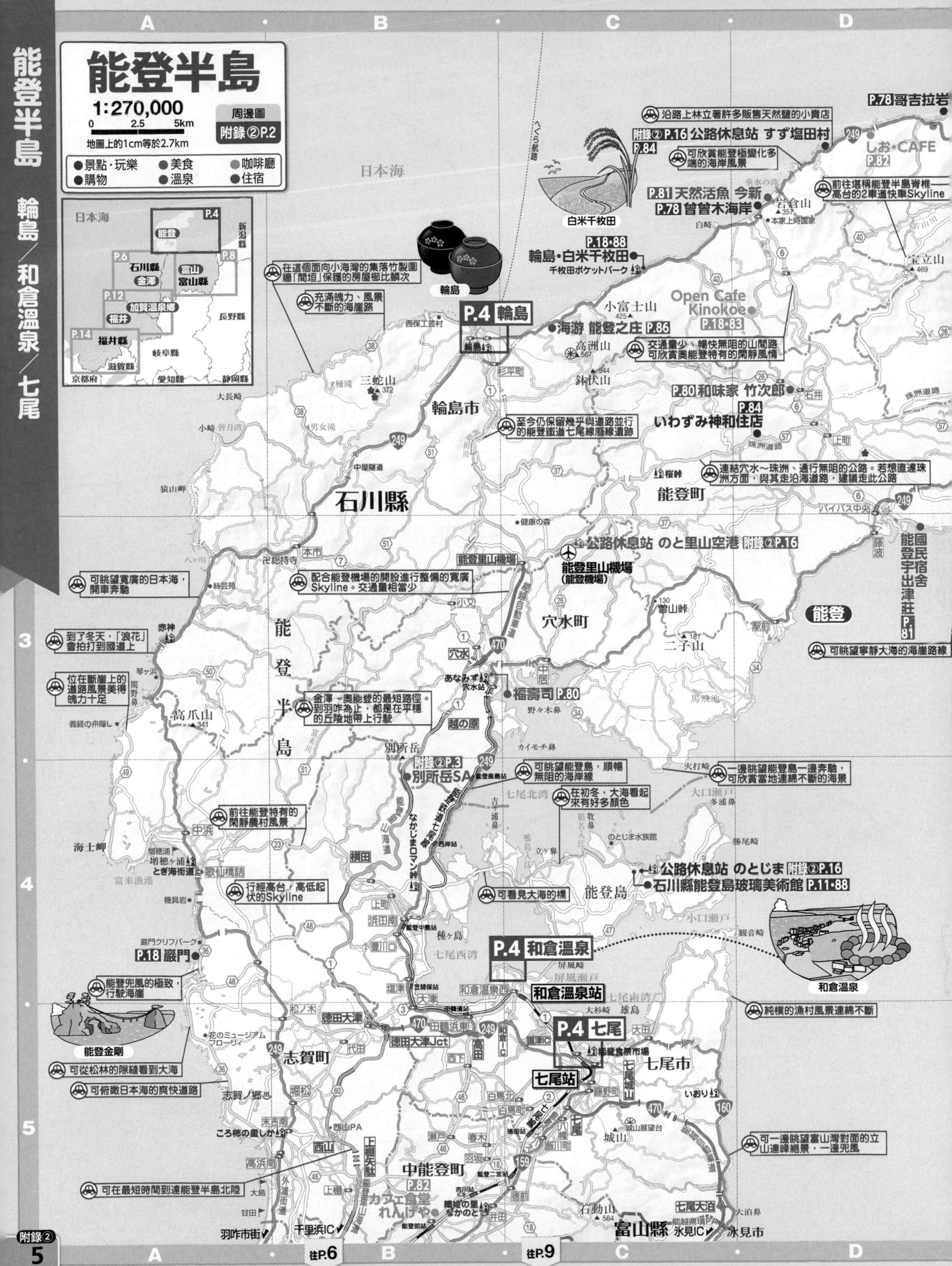

能登半島
輪島／和倉溫泉／七尾
能登半島
1:270,000
地圖上的1cm等於2.7km
周邊圖 附錄②P.2
●景點・玩樂 ●美食 ●咖啡廳
●購物 ●溫泉 ●住宿
日本海
P.78 哥吉拉岩
沿路上林立著許多販售天然鹽的小賣店
附錄②P.16 公路休息站 すず塩田村
P.84
可欣賞能登極變化多端的海岸風景
しお・CAFE P.82
P.81 天然活魚 今新
P.78 曾曾木海岸
前往堪稱能登半島脊椎高台的2車道快車Skyline
白米千枚田
P.18・88 輪島・白米千枚田
千枚田ポケットパーク
在這個面向小海灣的集落竹製圍牆「間垣」保護的房屋櫛比鱗次
充滿魄力、風景不斷的海崖路
輪島
P.4 輪島
Open Cafe Kinokoe P.18・83
海游 能登之庄 P.86
交通量少、暢快無阻的山間路可欣賞奧能登特有的閑靜風情
P.80 和味家 竹次郎
P.84 いわずみ神和住店
至今仍保留幾乎與道路並行的能登鐵道七尾線廢線遺跡
輪島市
連結穴水～珠洲、通行無阻的公路。若想直達珠洲方面，與其走沿海道路，建議走此公路
石川縣
能登町
公路休息站 のと里山空港 附錄②P.16
能登里山機場（能登機場）
能登國民宿舍宇出津荘 P.81
可眺望寬廣的日本海，開車奔馳
配合能登機場的開設進行整備的寬廣Skyline。交通量相當少
穴水町
能登
到了冬天，「浪花」會拍打到國道上
可眺望寧靜大海的海崖路線
位在斷崖上的道路風景美得魄力十足
能登半島
高爪山
金澤～奧能登的最短路徑。到羽咋為止，都是在平穩的丘陵地帶上行駛
福壽司 P.80
附錄②P.3 別所岳SA
可眺望能登島，順暢無阻的海岸線
一邊眺望能登島一邊奔馳，可欣賞當地連綿不斷的海景
在初冬，大海看起來有好多顏色
前往能登特有的閑靜農村風景
公路休息站 のとじま 附錄②P.16
石川縣能登島玻璃美術館 P.11・88
行經高台，高低起伏的Skyline
可看見大海的橋
能登島
P.18 巖門
P.4 和倉溫泉
和倉溫泉站
和倉溫泉
能登兜風的極致，行駛海崖
純樸的漁村風景連綿不斷
能登金剛
P.4 七尾
七尾站
七尾市
志賀町
可從松林的隙縫看到大海
可俯瞰日本海的爽快道路
可一邊眺望富山灣對面的立山連峰絕景，一邊兜風
中能登町
可在最短時間到達能登半島北陸
P.82 カフェ食堂れんげや
富山縣
往P.6
往P.9
附錄② 5

往P.5
志賀町
輪島
穴水IC
七尾IC
七尾市
P.82 カフェ食堂れんげや
中能登町
保留古早黑瓦及板壁建築的風景。也有數間面朝海岸的民宿
越過富山灣可看見朗立山連峰的雄姿呈現眼前
P.18 氣多大社
羽咋市
冰見民宿 濱野莊 P.117
這裡以北採輪流單向通車方式
附錄②P.16 公路休息站 のと千里浜
冰見市
P.18·88 千里濱渚海濱公路
附錄②P.7 志雄PA
自家焙煎 珈琲店 神音
富山灣
P.8 冰見
行經松林之間爽快的道路
途經Bypass的羽咋～高岡聯絡道
宝達志水町
交通量少，順暢無阻的道路綿延
P.105 うどん茶屋海津屋
附錄②P.15·19·104 公路休息站 カモンパーク新湊
P.118 海王丸公園
P.103 JF新湊女性部食堂
P.102 寿し竹
P.19·103 割烹かわぐち
日本海
宝達山
寬廣順暢的林間道路持續不斷
高岡市
P.8 高岡
高岡站
射水市
爽快的直線道路
河北市
附錄②P.16 公路休息站 万葉の里 高岡
附錄②P.16 公路休息站 メルヘンおやべ
新高岡站
往P.9
內灘的海岸砂質緊實，車子可進入
P.114 薄冰本舗 五郎丸屋
津幡町
P.115 能作 本社 FACTORY SHOP
P.7 能作
呉羽PA
附錄②P.8
內灘町
小矢部市
北陸新幹線
貫穿晴朗高原的雙線快車道
富山市
小矢部川SA
附錄②P.3
不動寺PA 附錄②P.7
砺波市
金澤站
越中庄川旅情 人肌之宿川金 P.117
繞山路期間，沿路沒有加油站
金澤市
兼六園
井波別院 瑞泉寺 P.118
P.7 金澤郊外
寬廣的雙線快車道。交通量少，適合作為前往能登方面的通道
沿路上保留著濃厚的古早山里氣氛
野々市市
附錄②P.3 城端SA
富山縣
南砺市
金澤市內假日人多混雜。如要通過市區，建議走山側環狀線
石川縣
五箇山 和紙村莊 P.115
P.113 五箇山合掌民宿 勇助
P.112 相倉合掌造村落
五箇山 P.112
能美市
P.112 村上家
五箇山莊 P.117
將五箇山所生產的火藥(鹽硝)運到金澤的通道
菅沼合掌造村落 P.112
五箇山民俗館 P.112
鹽硝之館 P.112
岐阜縣
飛驒市
五箇山
往P.12

金澤郊外

0 1km
1:65,000
周邊圖 右圖

ヤマト・糀パーク（ヤマト醤油味噌）P.61
醤油処直江屋源兵衛 P.60
P.52まつや柱店
すし食いねぇ!県庁前店 P.46
鳥雞庵 本店 P.58
P.58 石川屋本舗
箔一本店 箔巧館 P.7
P.67 辻家庭園
旅館 橋本屋 P.69
金澤站
21世紀美術館
兼六園
金澤市
白山市
野々市市
日本海
北陸自動車道
北陸本線
北陸鐵道淺野川線
北陸鐵道石川線
金沢西IC
金沢東IC
白山IC
美川IC
東長江IC
神谷内IC
高岡IC
小松站
能美
鶴來站
野々市站
野町站
西金澤站
新西金澤站
押野站
野野市站
七ツ屋站
北鐵金澤站
上諸江站
磯部站
割出站
三口站
三屋站
内灘站
森本站
津幡站
東金澤站
金沢港
卯辰山
春日山
県立美術館
県立歴史博物館
金沢城公園
石川県庁

附錄① P.8 金澤廣域

W能登豬叉燒肉套餐

980日圓

大量使用能登豬肉的料理，特徵是豬肉的甘甜會慢慢擴散整個口中。

▶不動寺PA（北陸自動車道・上行線）
MAP 附錄②6F-4 7:00～20:00

豬肉烏龍麵

580日圓

使用利尻昆布及高級柴魚片熬煮的高湯為湯頭的烏龍麵，相當有人氣。

▶志雄PA（能登里山海道・上下行線）
MAP 附錄②6F-1
8:30～17:30（有季節性延長）

金澤咖哩

880日圓

在獨特的黑色咖哩醬佐上炸豬排及大量高麗菜絲。

▶德光PA
（北陸自動車道・上行線）
MAP 附錄②7D-4 7:00～19:30

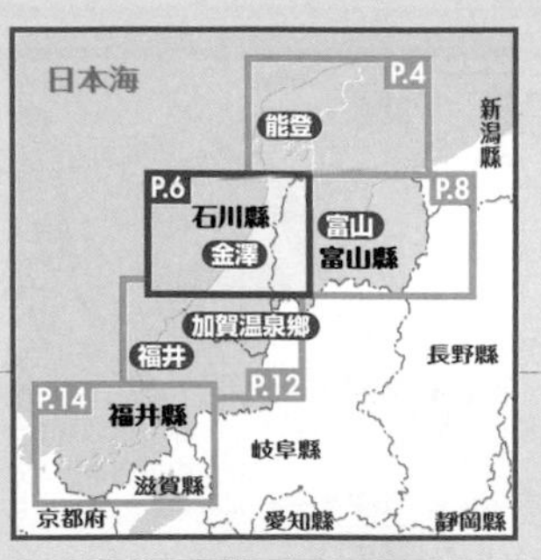

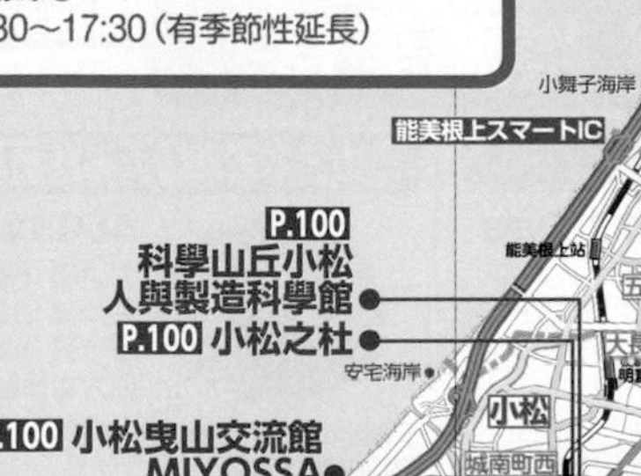

富山
1:270,000
0 2.5 5km
地圖上的1cm等於2.7km
周邊圖 附錄②P.2
●景點·玩樂 ●美食 ●咖啡廳
●購物 ●溫泉 ●住宿
新潟縣
糸魚川市
朝日町
入善町
黑部市
魚津市
上市町
小谷村
白馬村
長野市
長野縣
大町市
松川村
安曇野市
北陸新幹線
越中境PA
附錄②P.8
白馬岳
五龍岳
劍岳
立山
朝日岳
鹿島槍ヶ岳
白馬站
黑部峽谷
黑部ダム
宇奈月
冰見
1:50,000
冰見站
冰見市
P.102 松葉壽司
しげはま P.103
氷見・魚市場食堂 P.103
割烹かみしま P.15·104
食彩居酒屋 灘や P.104
氷見牛 焼肉・しゃぶしゃぶ 牛屋 P.105
居酒屋まる甚 P.104
公路休息站 氷見 附錄② P.16
高岡
1:50,000
高岡站
高岡市
新高岡站
大野屋 P.114
P.116 高岡 新大谷飯店
P.102 味喜壽し
P.103 柿の匠 海鮮問屋
北陸PA 推薦美食
柔滑泡芙
1個210日圓
甜味清爽高雅，大受歡迎的自家製泡芙。
▶吳羽PA（北陸自動車道·上下行線）
MAP 附錄②9B-3 7:00～20:00
富山日本玻璃蝦天婦羅蕎麥麵
580日圓
在溫蕎麥麵放上使用富山縣名產日本玻璃蝦炸成的大塊天婦羅。
▶越中境PA（北陸自動車道·上下行線）
MAP 附錄②8E-1
7:00～19:00（L.O.18:30）

富山
氷見／高岡
往P.5
往P.6
石川縣
中能登町
七尾市
七尾IC
越過富山灣可看到
劔立山連峰的雄姿呈現眼前
冰見民宿 濱野莊 P.117
冰見市
P.8 冰見
冰見站
行駛松林間的爽快道路
うどん茶屋
海津屋
P.105
附錄② P.16
公路休息站
万葉の里 高岡
P.8 高岡
高岡站
高岡市
新高岡站
割烹かわぐち P.19•103
寿し竹 P.102
JF新湊女性部食堂 P.103
海王丸公園 P.118
天氣晴朗時，越過富山灣可看見整個能登半島
立體交匯處多且順暢，能夠遙望立山連峰
P.15•19•104 附錄② P.16
公路休息站
カモンパーク新湊
北陸新幹線
射水市
富山灣
P.118 DINING&CAFE 吳音
P.118 富山玻璃工房
富山站
P.10 富山市區廣域
小杉
吳羽PA
附錄② P.8
北陸自動車道
高岡PA
P.115 能作 本社
FACTORY SHOP
P.7 能作
高岡砺波スマートIC
小矢部
砺波Jct
砺波市
富山kitokito機場（富山機場）
P.118
すしだるま
源 鱒魚壽司
博物館 P.108
越中庄川旅情
人肌之宿 川金 P.117
井波別院 瑞泉寺 P.118
南砺市
P.115
五箇山
和紙村莊
五箇山 P.112
相倉合掌造村落 P.112
五箇山合掌民宿 勇助 P.113
村上家 P.112
五箇山莊 P.117
五箇山IC
五箇山
可以看見大海的道路
P.103 レストラン航海灯
P.114 昌栄堂
幸運的話，在5～6月的晴天，平靜無風的上午會出現「海市蜃樓」
P.103 幻魚房
パノラマレストラン光彩
P.104
有磯海SA
有磯海SA 附錄② P.3
滑川市
里山の駅
つるぎの味蔵 P.114
流杉PA
流杉スマートIC
立山町
富山地方鐵道立山線
富山縣
富山市
小佐波御前山
岐阜縣
飛騨市
高山
東笠山
鉢伏山
大多和峠
白木峰
小白木峰
高清水山
高峰
八乙女山
牛岳

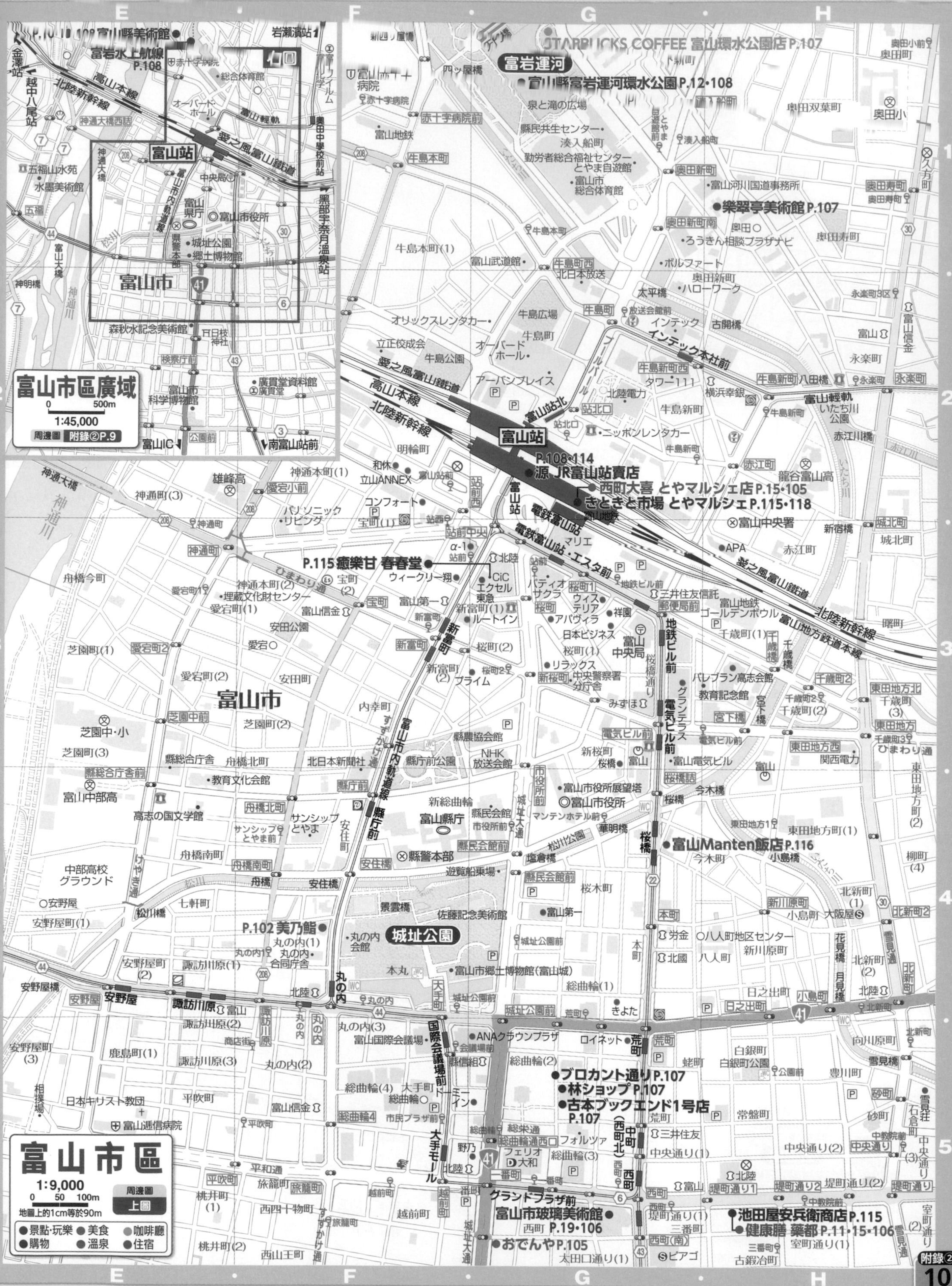

富山市區廣域
1:45,000
富山站
富山市
富山市區
1:9,000
地圖上的1cm等於90m
景點・玩樂
美食
咖啡廳
購物
溫泉
住宿
富岩運河
富岩運河環水公園 P.12・108
STARBUCKS COFFEE 富山環水公園店 P.107
樂翠亭美術館 P.107
P.108・114
源 JR富山站賣店
西町大喜 とやマルシェ店 P.15・105
きときと市場 とやマルシェ P.115・118
P.115 廣樂甘 春春堂
富山Manten飯店 P.116
城址公園
P.102 美乃鮨
富山市郷土博物館(富山城)
佐藤記念美術館
富山縣庁
富山市役所
ブロカント通り P.107
林ショップ P.107
古本ブックエンド1号店 P.107
富山市玻璃美術館
西町 P.19・106
池田屋安兵衛商店 P.115
健康膳 薬都 P.11・15・106
おでんや P.105
愛之風富山鐵道
高山本線
北陸新幹線
富山地方鉄道本線
神通川
松川
いたち川

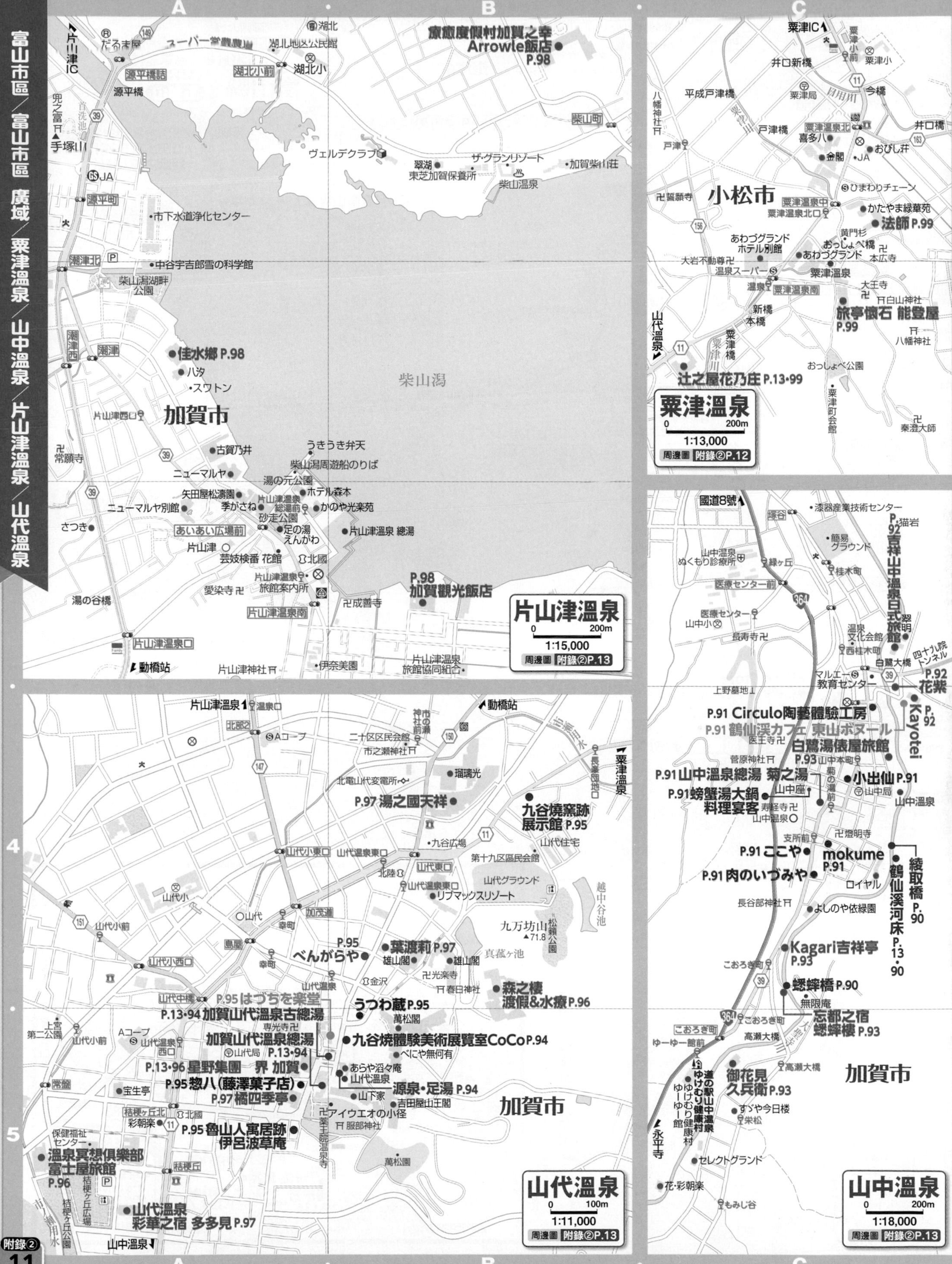

片山津溫泉
0 200m
1:15,000
周邊圖 附錄②P.13
Arrowle飯店 P.98
佳水郷 P.98
加賀市
柴山潟
P.98 加賀觀光飯店
片山津温泉 總湯
片山津IC
動橋站
粟津溫泉
0 200m
1:13,000
周邊圖 附錄②P.12
小松市
法師 P.99
旅亭懐石 能登屋 P.99
辻之屋花乃庄 P.13·99
粟津IC
山代溫泉
0 100m
1:11,000
周邊圖 附錄②P.13
P.97 湯之國天祥
九谷焼窯跡展示館 P.95
べんがらや P.95
葉渡莉 P.97
森之棲 渡假&水療 P.96
P.95 はづちを楽堂
P.13·94 加賀山代溫泉古總湯
加賀山代溫泉總湯 P.13·94
九谷焼體験美術展覧室CoCo P.94
うつわ蔵 P.95
P.13·96 星野集團 界 加賀
P.95 惣八(藤澤菓子店)
P.97 橘四季亭
源泉・足湯 P.94
P.95 魯山人寓居跡 伊呂波草庵
温泉冥想俱樂部 富士屋旅館 P.96
山代溫泉 彩華之宿 多多見 P.97
加賀市
山中溫泉
0 200m
1:18,000
周邊圖 附錄②P.13
國道8號
P.92 吉祥山中溫泉日式旅館
P.92 花紫
P.91 Circulo陶藝體驗工房
P.91 鶴仙渓カフェ 東山ボヌール
Kayotei P.92
白鷺湯俵屋旅館
P.91 山中溫泉總湯 菊之湯
小出仙 P.91
P.91 螃蟹湯大鍋 料理宴客
P.91 ここや
mokume P.91
P.91 肉のいづみや
綾取橋 P.90
鶴仙渓河床 P.13·90
Kagari吉祥亭 P.93
蟋蟀橋 P.90
忘都之宿 蟋蟀樓 P.93
御花見 久兵衛 P.93
道の駅山中溫泉 ゆけむり健康村
加賀市
永平寺

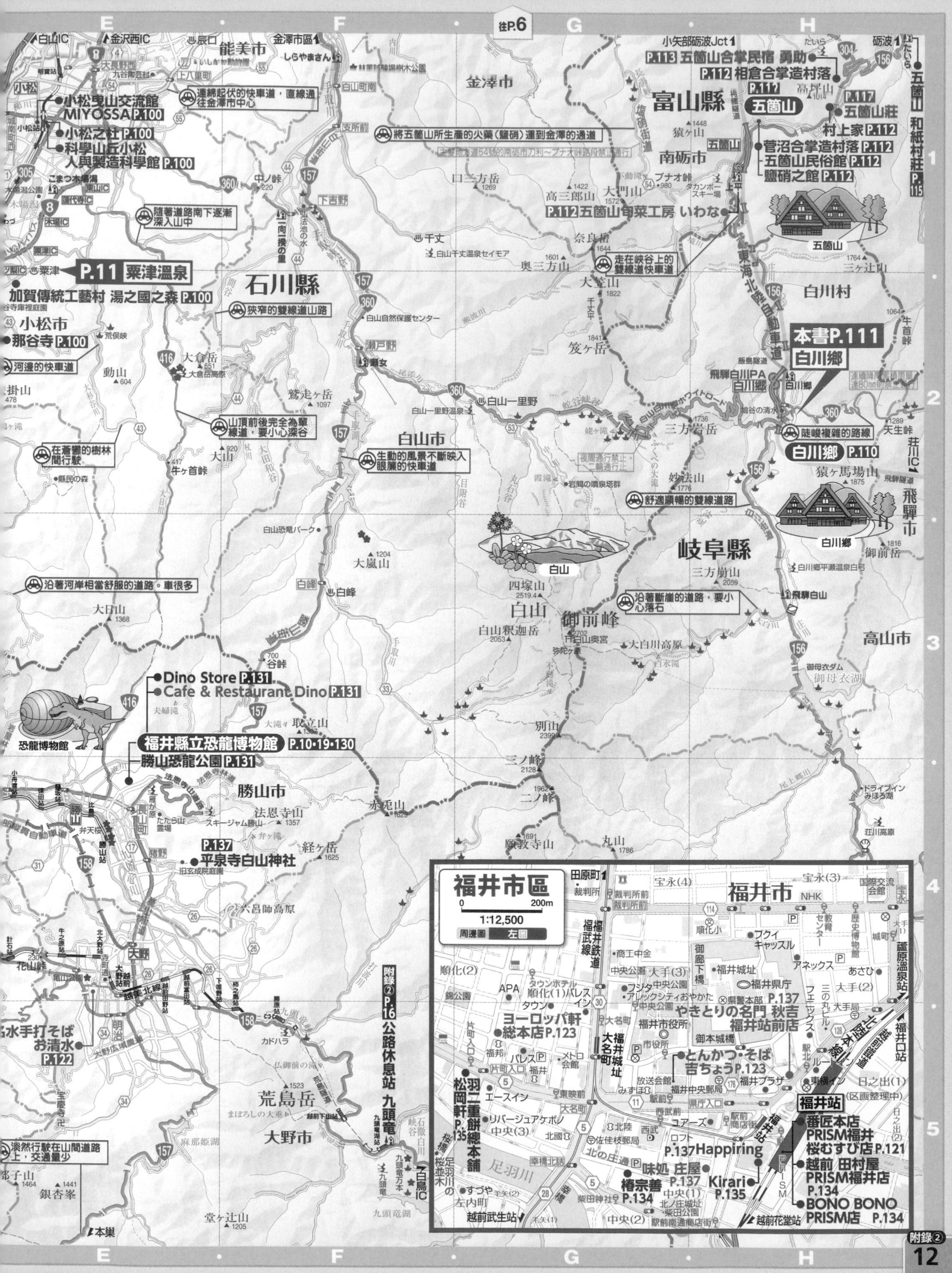
能美市
金澤市
富山縣
石川縣
白山市
岐阜縣
勝山市
大野市
小松市
南砺市
白川村
飛驒市
高山市
P.113 五箇山合掌民宿 勇助
P.112 相倉合掌造村落
P.117 五箇山
P.117 五箇山荘
村上家 P.112
菅沼合掌造村落 P.112
五箇山民俗館 P.112
鹽硝之館 P.112
五箇山 和紙村荘 P.115
小松曳山交流館 MIYOSSA P.100
小松之杜 P.100
科學山丘小松 人與製造科學館 P.100
連綿起伏的快車道，直線通往金澤市中心
將五箇山所生產的火藥（鹽硝）運到金澤的通道
隨著道路南下逐漸深入山中
P.112 五箇山旬菜工房 いわな
走在峽谷上的雙線道快車道
P.11 粟津溫泉
加賀傳統工藝村 湯之國之森 P.100
那谷寺 P.100
狹窄的雙線道山路
河邊的快車道
本書P.111 白川郷
山頂前後完全為單線道，要小心深谷
陡峭複雜的路線
白川郷 P.110
在蒼鬱的樹林間行駛
生動的風景不斷映入眼簾的快車道
舒適順暢的雙線道路
沿著河岸相當舒服的道路。車很多
沿著斷崖的道路，要小心落石
白山
御前峰
Dino Store P.131
Cafe & Restaurant Dino P.131
恐龍博物館
福井縣立恐龍博物館 P.10・19・130
勝山恐龍公園 P.131
P.137 平泉寺白山神社
名水手打そば お清水 P.122
附錄② P.16 公路休息站 九頭竜
荒島岳
淡然行駛在山間道路上，交通量少
福井市區
1:12,500
福井市
ヨーロッパ軒 総本店 P.123
やきとりの名門 秋吉 福井站前店
とんかつ・そば 吉ちょう P.123
松岡軒 P.135
羽二重餅總本舗
P.137 Happiring
味処 庄屋
椿宗善 P.134
Kirari P.135
福井站
番匠本店 PRISM福井 桜むすび店 P.121
越前 田村屋 PRISM福井店 P.134
BONO BONO PRISM店 P.134

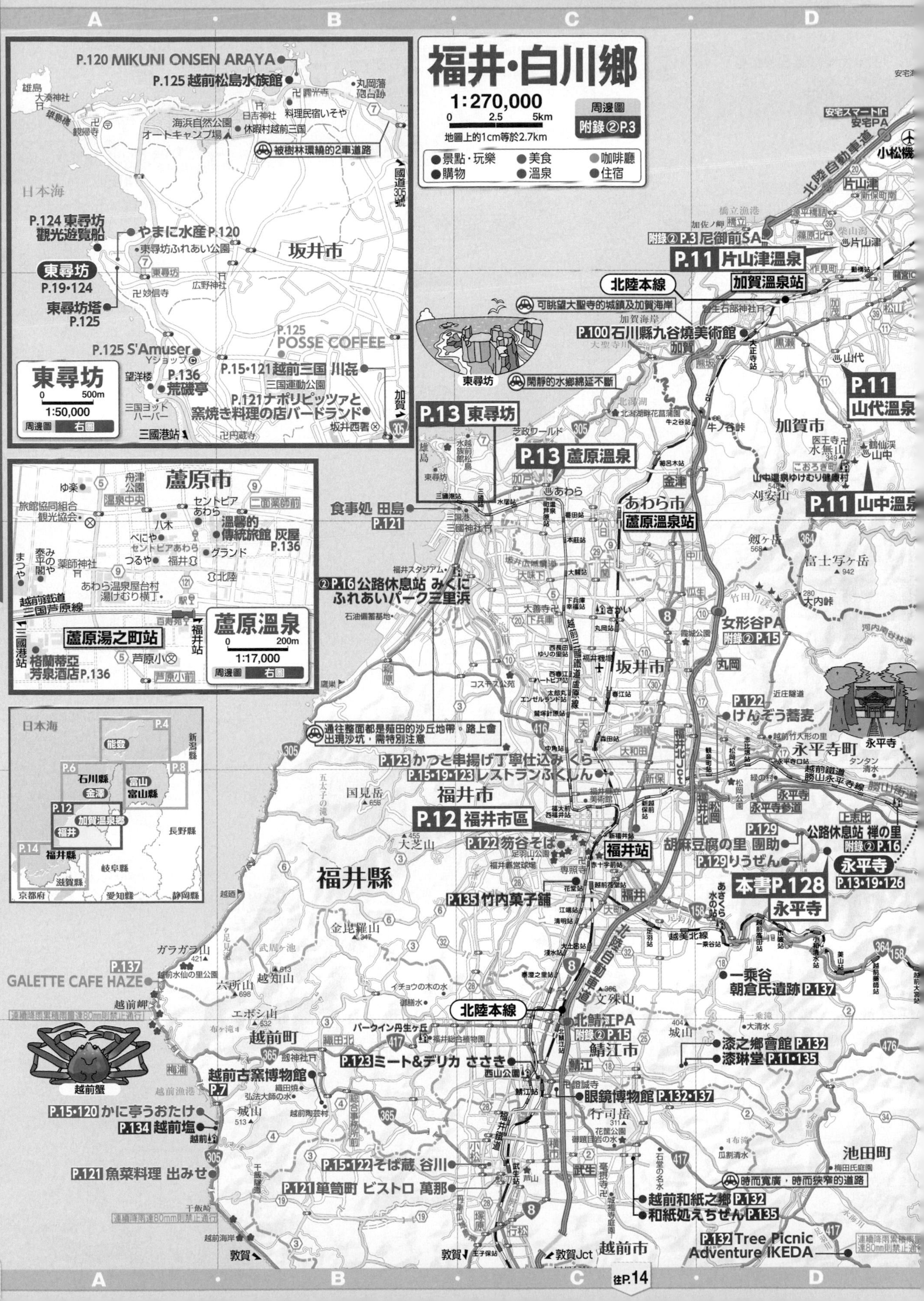

福井・白川鄉

1:270,000

0 2.5 5km

地圖上的1cm等於2.7km

周邊圖 附錄② P.3

● 景點・玩樂 ● 美食 ● 咖啡廳
● 購物 ● 溫泉 ● 住宿

東尋坊

P.120 MIKUNI ONSEN ARAYA
P.125 越前松島水族館
P.124 東尋坊觀光遊覽船
やまに水産 P.120
東尋坊 P.19・124
東尋坊塔 P.125
P.125 S'Amuser
P.125 POSSE COFFEE
P.136 荒磯亭
P.15・121 越前三国 川㐂
P.121 ナポリピッツァと窯焼き料理の店バードランド
被樹林環繞的2車道路
坂井市
日本海

東尋坊 0 500m 1:50,000 周邊圖 右圖

蘆原市

溫馨的傳統旅館 灰屋 P.136
格蘭蒂亞芳泉酒店 P.136
蘆原湯之町站
越前鐵道三国芦原線

蘆原溫泉 0 200m 1:17,000 周邊圖 右圖

索引圖

日本海 P.4 能登 新潟縣 P.6 石川縣 金澤 P.8 富山 富山縣 P.12 加賀溫泉鄉 福井 P.14 福井縣 長野縣 岐阜縣 滋賀縣 京都府 愛知縣 靜岡縣

地圖

附錄② P.3 尼御前SA
P.11 片山津溫泉
北陸本線
加賀溫泉站
可眺望大聖寺的城鎮及加賀海岸
P.100 石川縣九谷燒美術館
P.11 山代溫泉
加賀市
P.11 山中溫泉
閑靜的水鄉綿延不斷
P.13 東尋坊
P.13 蘆原溫泉
食事処 田島 P.121
あわら市
蘆原溫泉站
② P.16 公路休息站 みくに ふれあいパーク三里浜
女形谷PA 附錄② P.15
坂井市
通往整面都是薤田的沙丘地帶，路上會出現沙坑，需特別注意
P.122 けんぞう蕎麦
永平寺町
P.123 かつと串揚げ丁寧仕込み くら
P.15・19・123 レストランふくしん
福井市
P.12 福井市區
P.122 笏谷そば
福井站
P.129 胡麻豆腐の里 團助
公路休息站 禅の里 附錄② P.16
P.129 りうぜん
永平寺 P.13・19・126
本書P.128 永平寺
福井縣
P.135 竹内菓子舗
P.137 GALETTE CAFE HAZE
一乘谷 朝倉氏遺跡 P.137
北陸本線
北鯖江PA 附錄② P.15
越前町
鯖江市
漆之鄉會館 P.132
漆琳堂 P.11・135
P.123 ミート&デリカ ささき
越前古窯博物館 P.7
眼鏡博物館 P.132・137
P.15・120 かに亭うおたけ
P.134 越前塩
P.15・122 そば蔵 谷川
P.121 魚菜料理 出みせ
時而寬廣，時而狹窄的道路
P.121 華筍町 ビストロ 萬那
越前和紙之鄉 P.132
和紙処えちぜん P.135
池田町
P.132 Tree Picnic Adventure IKEDA
越前市
越前蟹

往P.14

往P.13
越前海岸
越前町
P.121 魚菜料理 出みせ
P.15·122 そば蔵 谷川
P.121 華咢町 ビストロ 萬那
越前市
越前蟹
連續降雨量達80mm則禁止通行
越前和紙之鄉 P.132
和紙処えちぜん P.135
大野市區
福井IC
武生
北陸本線
北陸自動車道
日野山
野見ケ岳
Tree Picnic Adventure IKEDA P.132
池田町
大野市
舒適的海岸線連綿不絕，沿路林立著以名產越前蟹為噱頭的食堂及民宿
交通量少的快車道 建議走靠海的北上路線
這一帶以北為平坦的雙線道
南条SA 附錄② P.3
南条スマートIC
ホノケ山
今庄
陰暗的隧道持續延伸 通往斷崖上方的道路
河野
海邊的海景路線 遇天候惡劣則停止通行
R8與R365的捷徑
舊北陸線的廢線遺址 隧道內以先入車優先
南越前町
金草岳
冠山峠
冠山
立石岬
杉津PA 附錄② P.15
保留古早街道氣息
蠑螺が岳
西方が岳
美麗的沙灘呈現眼前
千回沢山
常宮神社
三周ヶ岳
道路寬廣車輛少 相當舒適的海邊
敦賀灣的景色 相當壯麗
R8的近路
敦賀
敦賀Jct
敦賀市
交通量大
三国岳
岐阜縣
揖斐川町
夜叉ケ池の里さかうち
敦賀南スマートIC
舞鶴若狭自動車道
刀根PA
野坂岳
岩籠山
福井縣
横山岳
墓谷山
八草峠
若狭三方
三方五湖スマートIC
通往山中沒有礙望景觀的雙線道路段
雲谷山
美浜町
エコファームみかた P.134
三方五湖PA 附錄② P.15
高速流通 雙線道
金糞岳
若狭町
三国山
赤坂山
塩津海道あぢかまの里
塩津
賤ヶ岳SA
己高山
滋賀縣
長浜市
三十三間山
幾乎沒有彎道、通行順暢的車道
木之本
倉見峠
マキノ追坂峠
小谷城スマートIC
若狭熊川宿
箱館山
湖北みずどりステーション
北陸本線
浅井三姉妹の郷
伊吹山
水坂峠
竹生島
宝厳寺
都久夫須麻神社
湖西線
琵琶湖
若狭街道
米原市
長浜
伊吹の里
東海道新幹線
椿峠
高島市
くつき新本陣
しんあさひ風車村
神田PA
近江母の郷
京都市區
米原Jct
名神高速道路
関ヶ原町
伊吹PA

敦賀・小濱
1:270,000
0 2.5 5km
地圖上的1cm等於2.7km
周邊圖
附錄②P.3
●景點・玩樂 ●美食 ●咖啡廳
●購物 ●溫泉 ●住宿
日本海
P.4
能登
新潟縣
P.6
石川縣
金澤
富山
富山縣
P.8
P.12
加賀溫泉鄉
福井
勝山
長野縣
P.14
福井縣
岐阜縣
滋賀縣
京都府
愛知縣
靜岡縣
北陸PA 推薦美食&伴手禮
竹田油豆腐蘿蔔泥蕎麥麵
780日圓
在越前蘿蔔泥蕎麥麵上擺上高人氣的「竹田油豆腐」。
▶北鯖江PA（北陸自動車道・上行線）
MAP附錄②13C-5 24小時
名產套餐
950日圓
使用福井縣越光米的醬豬排蓋飯及前蘿蔔泥蕎麵的套餐。
▶女形谷PA（北陸自動車道・上行線）
MAP附錄②13D-3 7:30～19:30
羽二重銅鑼燒
194日圓
添加福井銘菓羽二重餅的人氣伴手禮。
▶三方五湖PA（舞鶴若狭自動車道）
MAP附錄②14E-4
24小時（全家超商）
杉津海賊蓋飯
1500日圓
擺上大量新鮮魚獲，CP值相當高的海鮮蓋飯。
▶杉津PA（北陸自動車道・下行線）
MAP附錄②14F-2 7:30～19:30
小島(沓島)
大島(冠島)
成生岬
毛島
磯葛島
博奕岬
竜宮浜
ふるるファーム
馬立島
正面崎
押廻鼻
今戸鼻
內浦湾
樸素的漁村，隔著海灣可眺望青葉山及梯田景色，相當美麗
大海的景色不多
青葉山的景色相當壯觀
這附近一帶，每逢海水浴季節就會塞車
連接樸素港口的道路
寬闊的道路，沿路轉彎及起伏不斷
可俯瞰大海的舒適道路
小心側風
隧道連續不斷
可通過R27的快車道
常神岬
三方海域公園
御神島
神子
第二展望台
第一展望台
獅子ヶ崎
黒崎
烏辺島
食見
奈胡崎
蘇洞門
久須夜ヶ岳 619
鋸崎
松ヶ崎
阿納尻三美路
赤礁崎
朝倉鼻
小浜湾
蒼島
神崎
小浜漁港
羽賀寺
若狭おばま
小浜
東小浜
若狭上中
大鳥羽
若狭有田
上中
天徳寺
三宅
青葉山 693
難波江
松尾寺
中山寺
三松
若宮
白浜
若狭和田
和田マリーナ
シーサイド高浜
青戸入江
うみんぴあ大飯
小浜西
加斗
勢浜
三丁町
丹後街道
小浜線
越前街道
若狭高浜
高浜
高浜町
馬居寺
若狭本郷
大飯高浜
舞鶴若狭自動車道
加斗PA
若狭西街道
飯盛山 584
小浜市
多田寺
若狭姫神社
若狭彦神社
萬徳寺
神宮寺
明通寺
多田ヶ岳
712
大門松島
小倉
金剛院
東舞鶴
五老岳公園
舞鶴線
吉原漁師町
舞鶴市
舞鶴東
舞鶴PA
西舞鶴
佐分利川
戸島
舞鶴湾
児童館前
三番の滝
大飯町
堀越街道
舞鶴西
君尾山 582
光明寺
弥仙山 664
野鹿の滝
名田庄
頭巾山 871
八反の滝
おにゅう峠
百里ヶ岳 931
綾部Jct
堀越峠 370
八ヶ峰 800
京都府
綾部市
南丹市
周山街道
京都市區
京丹波町

416 MAP附錄②13D-4

禅の里

ぜんのさと

【福井縣】永平寺町

備有豐富的
限定甜點及講究菜單

「成人的吟釀酒饅頭」是以讓人聯想到酒米及酒粕的白豆沙，添加永平寺町酒藏「黑龍酒造」的吟釀酒粕及清酒，並加入鮮奶油增添濃稠，為味道芳醇的成人和風甜點。

⊃柔滑的口感中帶有酒的風味，吃起來相當美味。1個130日圓

☎0776-64-3377
🅛9:00～18:00
休第3週三
所福井縣永平寺町清水2-21-1

8 MAP附錄②6G-3

メルヘンおやべ

【富山縣】小矢部市

別具趣味、可以玩樂的公路休息站
亦附設寵物公園及足湯

除了備有足湯、投幣式淋浴等兜風後休息設施外，也有遊具設施。食用時淋上醬油的奇特霜淇淋「培根蛋奶麵霜淇淋」大有人氣。

⊃添加溫泉蛋，霜淇淋與醬油的搭配，口感如同奶昔。420日圓

☎0766-68-3811
🅛9:00～20:00（綜合服務處）
休無休
所富山縣小矢部市桜町1535-1

249 MAP附錄②5D-1

すず塩田村

すずえんでんむら

【石川縣】珠洲市

只有這裡才能
體驗日本傳統製鹽！

將日本只有奧能登仍繼續採用的「揚濱式製鹽法」傳承至今的公路休息站。5月到9月時，可以體驗將海水撒在鹽田上的傳統製鹽（需預約）。（→請參見P.84！）

⊃體驗製鹽（濱土體驗課程）的情況

☎0768-87-2040
🅛8:30～17:30 休無休 ¥濱土體驗課程 成人2000日圓，小孩1000日圓
所石川縣珠洲市清水町1-58-1

8 MAP附錄②7D-5

めぐみ白山

めぐみはくさん

【石川縣】白山市

2018年4月開幕！
讓白山的恩惠變得更美味

宣揚白山豐富的恩惠所培育的里、山、海魅力的順路景點。在陳列當地產品的直銷市場及餐廳均備有活用食材做成的各種美食。

⊃白山定食附蕎麥麵1500日圓，可以吃到使用獵物肉品做的漢堡肉

☎076-276-8931
🅛9:00～19:00（1～3月為18:00）
休無休（1～3月為週二）
所石川縣白山市宮丸町2183

嚴選！石川 富山 福井 北陸公路休息站導覽

公路休息站不只是開車兜風及觀光之際的休息站，現在已變成超人氣兜風觀光景點。並備有使用當地食材做成當地才吃得到的美食、販售新鮮蔬菜及伴手禮，甚至設有溫泉設施，相當多樣化。

305 MAP附錄②13C-3

みくに ふれあいパーク三里浜

みくにふれあいパークさんりはま

【福井縣】坂井市

花蕹的故鄉
附設餐廳及資料館

販售日本全國少見的「三年子花蕹」，亦備有眾多相關商品。另附設餐廳及辣蕹資料館。

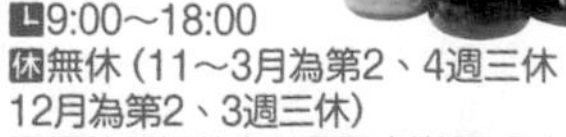

⊃辣蕹沙拉醬540日圓

☎0776-82-3339
🅛9:00～18:00
休無休（11～3月為第2、4週三休，12月為第2、3週三休）
所福井縣坂井市三国町山岸67-3-1

8 MAP附錄②9A-2

万葉の里 高岡

まんようのさとたかおか

【富山縣】高岡市

名產特大可樂餅
吃1個就能填飽肚子

可以嘗到人氣逐漸上升的當地美食高岡可樂餅的公路休息站。這裡所販售的是直徑14cm的特大號可樂餅。

⊃大佛可樂餅咖哩800日圓

☎0766-30-0011
🅛9:00～21:00（L.O.20:30） 休無休 所富山縣高岡市蜂ヶ島131-1

303 MAP附錄②5C-3

のと里山空港

のとさとやまくうこう

【石川縣】輪島市

能看到飛機的展望餐廳
提供充實的周邊觀光資訊

整個機場就是公路休息站。設有餐館、小賣店及能登旅遊資訊中心，可供利用。

⊃餐廳あんのん所供應的能登牛蓋飯1600日圓

☎0768-26-2000
🅛8:30～17:30（視店鋪而異）
休無休 所石川縣輪島市三井町洲衛10部11-1

257 MAP附錄②5C-4

のとじま

【石川縣】七尾市

濱燒區人氣旺
七尾北灣的景色也相當優美

販售能登半島及能登島的伴手禮。可品嘗新鮮海鮮的濱燒區人氣相當旺，從文化公園可眺望七尾北灣的景色。

⊃可自己烘烤海鮮等的濱燒區

☎0767-84-0225
🅛9:00～17:00 休無休（12月～3月20日為週四休） 所石川縣七尾市能登島向田町122部4

158 MAP附錄②12F-5

九頭龍

くずりゅう

【福井縣】大野市

鄰近有許多景點
可作為觀光據點

鄰接JR九頭龍湖站。生產物直賣所內陳列著許多舞茹、舞茹便當及當令蔬菜等。

⊃福井縣觀光不可或缺的恐龍迎接所有遊客

☎0779-78-2300 🅛8:30～17:00
休過年期間（直賣所於12～3月休息）
所福井縣大野市朝日26-30-1

8 MAP附錄②9B-2

カモンパーク新湊

カモンパークしんみなと

【富山縣】射水市

前往帆船海王丸公園車程15分
使用北國紅蝦做的料理人氣旺

可獲得射水市觀光資訊的公路休息站。亦備有眾多特產品及美食。北國紅蝦炸什錦蓋飯及北國紅蝦漢堡肉受到好評。（請參見P.104）

⊃北國紅蝦漢堡肉420日圓

☎0766-83-0111
🅛8:00～21:00 休無休
所富山縣射水市鏡宮296

415 MAP附錄②8H-2

氷見

ひみ

【富山縣】氷見市

分成東南西北番屋
可享受美食與溫泉的大型設施

氷見漁港場外市場「氷見番屋街」為主要設施。館內分成東南西北4區番屋，亦設有餐館、販售農水產物以及入浴設施「總湯」。

⊂氷見牛握壽司500日圓

☎0766-72-3400
🅛8:30～18:00（視店鋪而異）
休無休 所富山縣氷見市北大町25-5

232 MAP附錄②6F-1

のと千里浜

のとちりはま

【石川縣】羽咋市

2017年7月開幕！
備有山與海的豐富恩惠

除了販售能登產蔬菜及米等的直賣所外，還有使用當地食材的餐廳及義式冰淇淋、麵包區等多項設施。亦設有足湯。

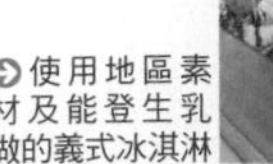

⊃使用地區素材及能登生乳做的義式冰淇淋

☎0767-22-3891
🅛9:00～18:00（12月～3月為17:00） 休週三
所石川縣羽咋市千里浜町タ1-62

MAPPLE まっぷる 哈日情報誌

北陸·金澤 CONTENTS 1

可以拆下使用帶著走

2大特別附錄

特別附錄① 金澤逛街Map

特別附錄② 北陸兜風MAP

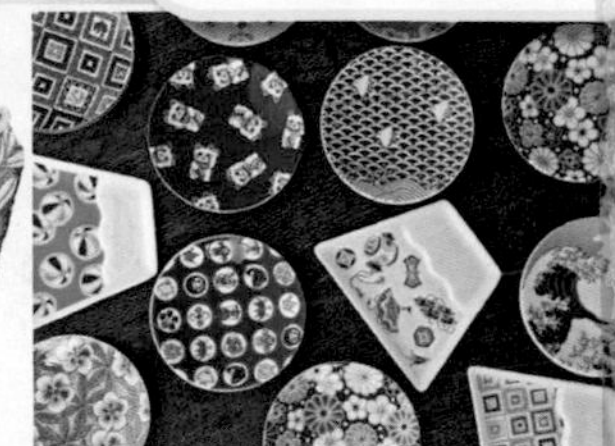

THE BEST OF TRIP

北陸心動之旅

20 金澤

金澤必逛3大景點

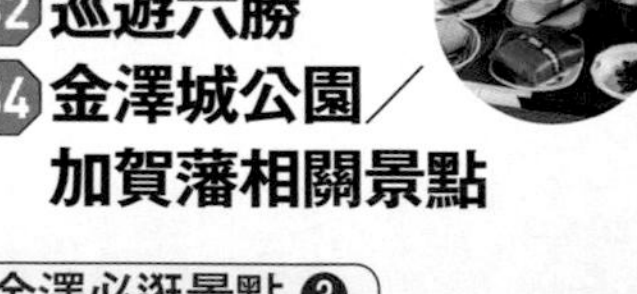

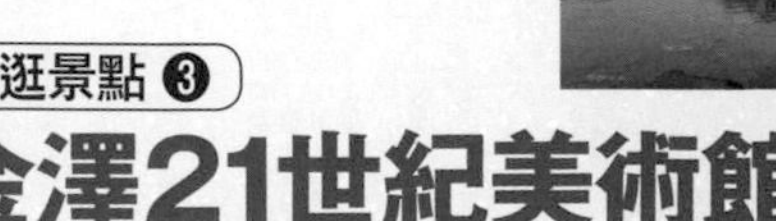

金澤美食

好想帶回家 金澤伴手禮

充滿流行趨勢的金澤人氣區域

MAPPLE まっぷる 哈日情報誌

北陸・金澤 CONTENTS②

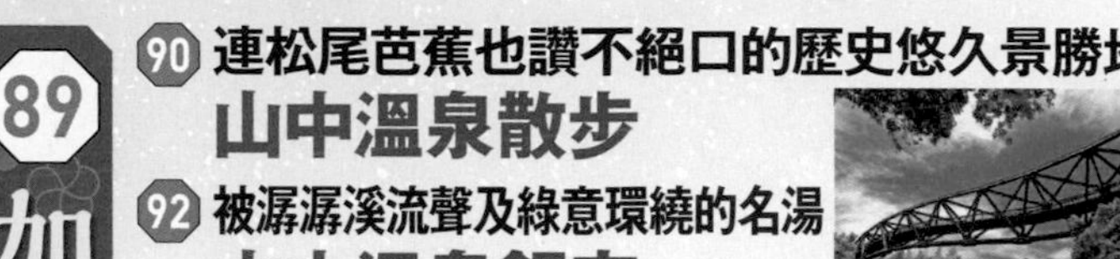

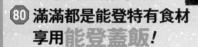

●本書刊載的內容為2018年6～8月採訪、調查時的資訊。
本書出版後，餐飲店菜單和商品內容、費用等各種資訊可能有所變動，也可能因為季節性的變動和臨時公休等因素而無法利用。因為消費稅的調高，各項費用可能變動，因此會有部分設施的標示費用為稅外的情況，使用前請務必事先確認。因本書刊載內容而造成的糾紛和損害等，敝公司無法提供補償，請在確認此點之後再行購買。

●本書的標示
各區域導覽的各物件所記載的標示內容如下。

●各類資訊以下列基準刊登
✆…電話號碼　本書標示的是各設施的洽詢用號碼，因此可能會出現非當地號碼的情況。使用衛星導航等設備查詢地圖時，可能會出現和實際不同的位置，請注意。
L…營業時間·開館時間　營業時間及開館時間是標示實際上可使用的時間。餐飲店為開店到最後點餐時間；設施則標示開館至可以入館的最晚時間。
休…公休日　原則上只標示公休日，基本上省略過年期間、黃金週、盂蘭盆節和臨時休業等情況。
¥…費用·價位
◎各種設施的費用，基本上標示成人1位的含稅費用。
◎住宿費用標示的是該飯店一般客房的費用。若附餐，原則上標示的是2人1間的費用。標示的費用雖然已包含服務費、消費稅，但隨著季節與週間或週末、房型的差異等，費用會有所異動，預約時請務必確認。
交…交通方式　原則上標示最近的車站。所需時間為粗估時間，有可能隨著季節與天候、鐵路運行時刻更改而變動。
P…停車場　標示有無停車場。只要有停車場，基本上都會標示「收費（或免費）」或免費，若無停車場則不標示圖示。
所…所在地

MAP 00X-0 標示設施在地圖上的位置。

北陸檔案 一定要知道的旅遊資訊

在連綿山脈與大海並行的北陸，能夠親身感受在此孕育的加賀百萬石歷史及傳統文化，品嘗新鮮美食。現在就來確認北陸全區資訊，享受一趟愉快的旅程吧！

旅行Q&A

Q 如何前往北陸？
從關東來可搭乘北陸新幹線，從關西、中京則搭乘JR特急前往最快。若不介意時間，也可以開車前往。

Q 推薦在此住幾晚？
雖然也可以2天1夜行，不過最推薦3天2夜行！可在金澤市內住宿，前往其他區域交通相當便利。

Q 北陸地區多雨，一定要帶傘!!
當地有句話說：「可以忘了帶便當，千萬不能忘記帶傘」，金澤降雨量多，記得攜帶折疊傘。

石川縣 到里山里海兜風

能登 P.73

三面環日本海，擁有優美景觀及飲食文化等眾多魅力。「能登的里山里海」在2011年獲認定為世界農業遺產，受到全世界注目。最適合兜風。

從金澤車程2小時

石川縣 加賀百萬石城下町

金澤 P.20

兼六園、金澤城公園及茶屋街等充滿城下町情懷的街道極具魅力。金澤21世紀美術館等藝術景點也融入街道，洋溢摩登氣氛。另外，將傳統工藝稍加變化成的雜貨及食品也相當豐富。

石川縣 充滿個性的4大溫泉地

加賀溫泉鄉 P.89

從金澤車程1小時

加賀溫泉鄉是山中溫泉、山代溫泉、片山津溫泉及粟津溫泉4個氣氛及景觀各有不同的溫泉地總稱。這些溫泉地不但湯量豐富泉質好，也有許多以賓至如歸的款待自豪的飯店。

富山縣 蔚為話題的藝術景點

富山 P.101

從金澤車程1小時

來富山能遇見被立山連峰及富山灣環抱的雄壯自然景觀、獨特的美食以及傳統文化。除了世界遺產五箇山及白川鄉之外，還有美術館等形形色色的藝術景點。

福井縣 名勝及美食的寶庫

福井 P.119

從金澤車程1小時30分

福井擁有奇岩怪石連綿不絕，北陸首屈一指的海邊景勝地東尋坊、能接觸禪心的曹洞宗大本山永平寺、魄力十足的福井縣立恐龍博物館等眾多景點，以及豐富的美食。

知道就很方便!! 北陸金澤季節月曆

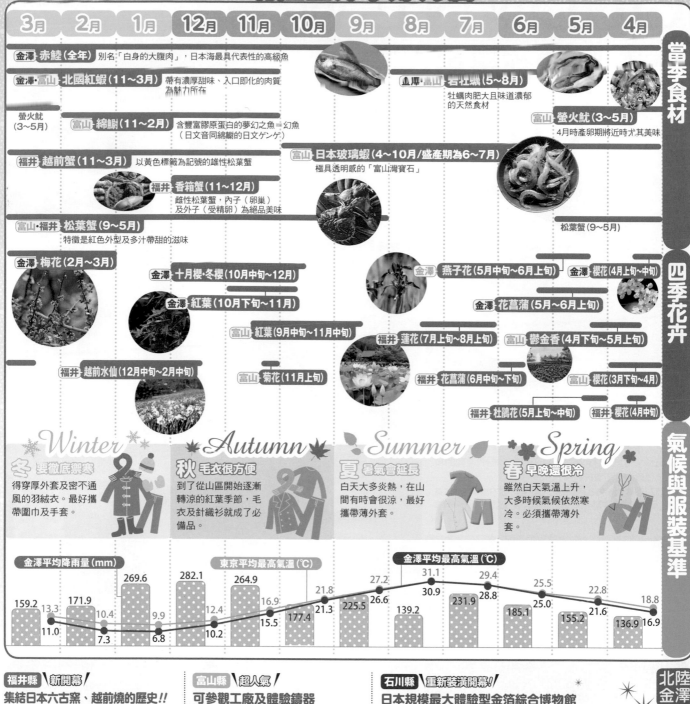

3月 | 2月 | 1月 | 12月 | 11月 | 10月 | 9月 | 8月 | 7月 | 6月 | 5月 | 4月

當季食材

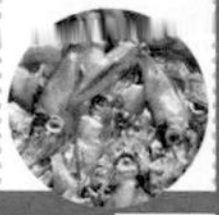

- 金澤 赤鯥（全年） 別名「白身的大腹肉」，日本海最具代表性的高級魚
- 金澤·富山 北國紅蝦（11～3月） 帶有濃厚甜味、入口即化的肉質為魅力所在
- 金澤·富山 岩牡蠣（5～8月） 牡蠣肉肥大且味道濃郁的天然食材
- 螢火魷（3～5月）
- 富山 綿鯽（11～2月） 含豐富膠原蛋白的夢幻之魚＝幻魚（日文音同綿鯽的日文ゲンゲ）
- 富山 螢火魷（3～5月） 4月時產卵期將近時尤其美味 
- 福井 越前蟹（11～3月） 以黃色標籤為記號的雄性松葉蟹
- 富山 日本玻璃蝦（4～10月/盛產期為6～7月） 極具透明感的「富山灣寶石」
- 福井 香箱蟹（11～12月） 雌性松葉蟹，內子（卵巢）及外子（受精卵）為絕品美味
- 富山·福井 松葉蟹（9～5月） 特徵是紅色外型及多汁帶甜的滋味 
- 松葉蟹（9～5月）

四季花卉

- 金澤 梅花（2月～3月）
- 金澤 十月櫻·冬櫻（10月中旬～12月）
- 金澤 紅葉（10月下旬～11月） 
- 富山 紅葉（9月中旬～11月中旬）
- 福井 越前水仙（12月中旬～2月中旬）
- 富山 菊花（11月上旬） 
- 金澤 燕子花（5月中旬～6月上旬） 
- 金澤 櫻花（4月上旬～中旬）
- 金澤 花菖蒲（5月～6月上旬） 
- 福井 蓮花（7月上旬～8月上旬） 
- 富山 鬱金香（4月下旬～5月上旬）
- 福井 花菖蒲（6月中旬～下旬） 
- 富山 櫻花（3月下旬～4月）
- 福井 杜鵑花（5月上旬～中旬）
- 福井 櫻花（4月中旬）

氣候與服裝基準

Winter 冬 要徹底禦寒
得穿厚外套及密不通風的羽絨衣。最好攜帶圍巾及手套。

Autumn 秋 毛衣很方便
到了從山區開始逐漸轉涼的紅葉季節，毛衣及針織衫就成了必備品。

Summer 夏 暑氣會延長
白天大多炎熱，在山間有時會很涼，最好攜帶薄外套。

Spring 春 早晚還很冷
雖然白天氣溫上升，大多時候氣候依然寒冷。必須攜帶薄外套。

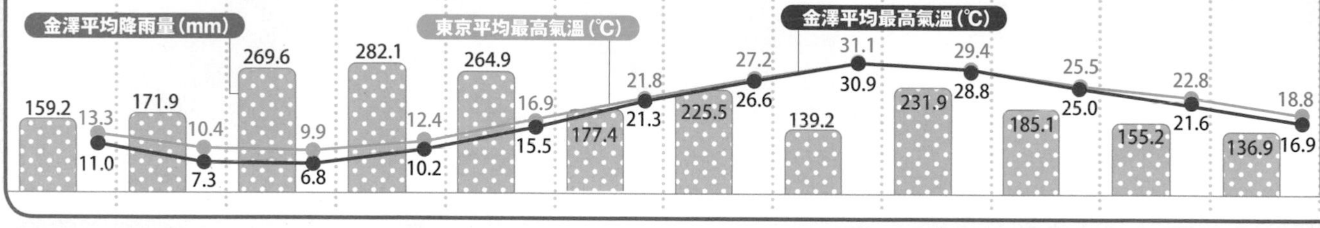

	3月	2月	1月	12月	11月	10月	9月	8月	7月	6月	5月	4月
金澤平均降雨量(mm)	159.2	171.9	269.6	282.1	264.9	177.4	225.5	139.2	231.9	185.1	155.2	136.9
東京平均最高氣溫(℃)	13.3	10.4	9.9	12.4	16.9	21.8	27.2	31.1	29.4	25.5	22.8	18.8
金澤平均最高氣溫(℃)	11.0	7.3	6.8	10.2	15.5	21.3	26.6	30.9	28.8	25.0	21.6	16.9

北陸金澤 最新消息!! 可遊玩的博物館資訊

福井縣 \新開幕/

集結日本六古窯、越前燒的歷史!!
越前古窯博物館
えちぜんこようはくぶつかん

☎0778-32-3262 🕘9:00～17:00（入館到16:30為止） 休週一、逢假日則翌日休（六、日、國定假日除外） 所福井縣越前町小曽原107-1-169 交JR武生站搭福鐵巴士30分，陶芸村口下車即到 P免費

↑展示水野收藏品（國家登錄有形文化財）

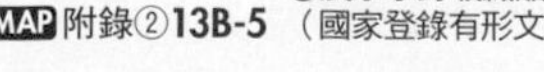

MAP 附錄②13B-5

富山縣 \超人氣/

可參觀工廠及體驗鑄器附設咖啡廳的產業觀光
能作
のうさく ➲P.115

☎0766-63-0001 🕘10:00～18:00，工廠參觀為9:30～17:00（每場約60分鐘，1天5場，需預約） 休週日、國定假日（工廠參觀為不定休） 所富山縣高岡市オフィスパーク8-1 交JR新高岡站搭世界遺產巴士28分，能作前下車即到 P免費

↑宛如美術館般時尚的建築

MAP 附錄②9A-3

石川縣 \重新裝潢開幕!/

日本規模最大體驗型金箔綜合博物館
箔一本店 箔巧館
はくいちほんてんはくこうかん

2018年4月重新裝潢開幕。館內盡是採用最新數位藝術的各種景點。不論大人或小孩都能透過愉快的體驗學習金箔製作。

↑備有鎧甲頭盔虛擬體驗及金箔製作工程等玩中學的展示

☎076-240-8911 🕘9:00～18:00（體驗受理時間到16:00為止） 休年中無休 ¥參觀免費，體驗費用500日圓～ 所石川縣金沢市森戸2-1-1 交北鐵巴士新金沢郵便局前巴士站下車，步行10分 P免費

MAP 附錄②7A-2

OLD&NEW 每個瞬間都是畫 KANAZAWA

拍照上傳到SNS也是旅行的樂趣之一。不妨將金澤美麗的藝術景點及街道等諸多回憶都拍照留念吧。

高雅可愛！

上鏡2 可愛又好吃 金澤和菓子

金澤素以「日本三大菓子產地」之一聞名。在「菓舖 Kazu Nakashima」可以享用和菓子老舖「中島」第4代老闆的和菓子，亦提供適合下酒的和菓子。

✆076-252-5280 L 10:00～18:00 休週四 所石川県金沢市東山1-7-6 交北鐵巴士橋場町巴士站下車步行3分 MAP 附錄①10H-3

圓滾滾的外型相當可愛

上鏡3 可愛的 色彩繽紛的はちまんさん ➲P.57

這是源自以紅色棉布包裹安江八幡宮的祭神應神天皇的幼體模樣所誕生的鄉土玩具。在八幡不倒翁及加賀人偶專賣店「中島めんや」內，陳列著色彩繽紛的はちまんさん等充滿個性的鄉土玩具。

只是走在路上就很上相

很推薦穿和服散步喔！

上鏡1 漫步街道就能穿越時空 東茶屋街 ➲P.22

這條出格子窗及石板連綿不絕的道路，是在日本國內相當寶貴的花街，保存著至今仍謝絕生客的茶屋。一邊聆聽不知從哪傳來的三味線聲，一邊漫步，就能振奮旅程的心情。

別有情趣的茶屋建築值得注目

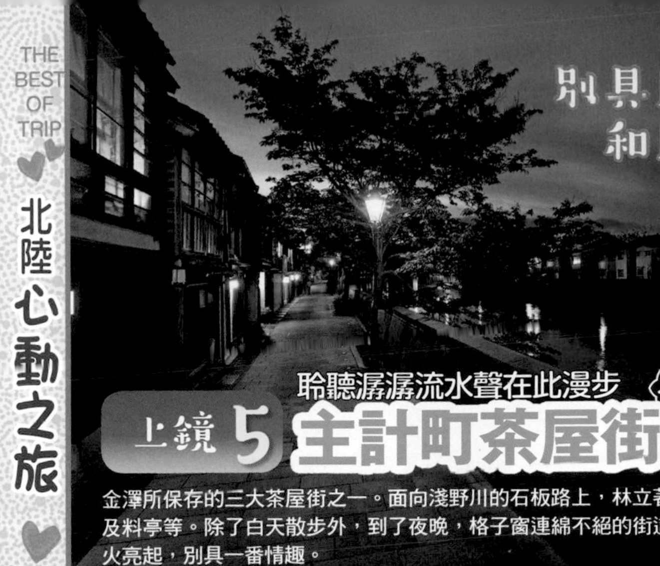

聆聽潺潺流水聲在此漫步

上鏡5 主計町茶屋街

P.28

金澤所保存的三大茶屋街之一。面向淺野川的石板路上，林立著茶屋及料亭等。除了白天散步外，到了夜晚，格子窗連綿不絕的街道上燈火亮起，別具一番情趣。

有好多可愛的護身符

上鏡4 石浦神社

P.35

草創於2200年前，是金澤最古老且歷史悠久的神社。有眾多香客為祈求結緣及順產而到此參拜。其中以有色彩鮮艷可愛圓點圖案的護身符（800日圓～）及御朱印帳（1000日圓～）最受歡迎。

讓人覺得不可思議的「游泳池」

由紅、黃、藍三原色的玻璃構成美麗的「彩色屋（Colour activity house）」

利用藝術拍出
不可思議的照片♪

上鏡6 讓人忍不住想拍照 金澤21世紀美術館

P.36

金澤是匯集各式各樣藝術景點的「藝術街道」。其中「金澤21世紀美術館」的人氣位居全國之冠。只要與現代藝術作品一起拍照，保證能拍出出色有趣的照片！

上鏡7 品嘗傳統工藝 金箔霜淇淋

P.54

大口品嘗極具
衝擊的霜淇淋

只有在金箔產量高達99％的金澤才能嘗到金光閃閃的逸品美食。金箔霜淇淋的發祥店「箔一」所經營的「はくいちカフェ　アトリオ店」，在味道濃郁的霜淇淋上大膽貼上10㎝見方的金箔，其外觀蔚為話題！

上鏡8 也能欣賞餐具 金澤的壽司

P.46

盡享具金澤特色
的外觀與味道

石川縣海上一年四季都能捕捉到豐富的魚介。「金沢回転寿司 輝らり」的壽司不但採用鮮度超群的素材，餐具也是採用充滿金澤特色的繪皿及九谷燒，滿足您視覺及味蕾的享受。

北陸・金澤的 傳統&摩登 遇見傳統及藝術之旅

在連綿山脈與大海並行的北陸，可親身感受在此孕育的加賀百萬石歷史、傳統文化、工藝品及美食。現在就來確認北陸全區景點，享受一趟愉快的旅程吧！

加賀・傳統

持續進化且摩登的 九谷燒

➔P.16

自古流傳的九谷燒形狀、色調及花樣會根據窯戶不同而有多樣變化！由於設計時尚且價格實惠，注目度也跟著攀升。在「dilft金澤廣坂店」，容易融入生活的豆皿最受歡迎。

加賀・傳統

近在身邊的傳統雜貨 加賀水引

➔P.57

金澤的稀少傳統工藝。近年來，水引加工製成的飾品等陸續登場。在擁有百年以上歷史的「津田水引折型」，可體驗製作水引耳環及胸針，相當難得。

福井・藝術

恐龍王國的藝術品 福井縣立恐龍博物館

➔P.130

擁有全國性粉絲的世界三大恐龍博物館之一。館內展出各項從化石發掘場挖掘出的珍貴展示品值得一看！

能登・傳統

三大早市之一 輪島朝市

➔P.76

自平安時代延續至今的日本三大早市之一。生鮮海產、加工海產品、民藝品、工藝品等，約有200個攤位在此林立。

富山・藝術

以可在工作室及屋頂等遊玩蔚為話題的 富山縣美術館

➔P.108

於2017年夏季全面開館的美術館。使用富山縣的木材及鋁打造出宛如巨船般的外型為特徵。館內有工作室、屋頂等不少免費區，不論男女老少都能在此接觸藝術。

金澤・傳統
接觸華麗的藝妓文化
體驗茶屋文化

P.23

茶屋以藝妓跳舞及三味線款待來客，謝絕生客。在東茶屋街，您也可以輕鬆體驗此一優美空間。不妨前往屋齡190年、堪稱金澤第二大的茶屋「懷華樓」，一窺這個華麗世界。

富山・傳統
在藥材城市富山補充元氣
富山藥膳

P.106

藥材城市富山盛行將東洋醫學知識運用在飲食中，烹調成藥膳。不妨品嘗藥材老舖「池田屋安兵衛商店」所經營的餐廳「健康膳藥都」的料理，讓身心變得美麗健康。

能登・藝術
遇見閃耀的大海及玻璃
石川縣能登島玻璃美術館

P.88

收藏國內外現代玻璃作家的造型作品。亦展示根據畢卡索、夏卡爾等藝術家設計而製成的玻璃雕刻。室外展示也是本館的一大看頭，從美術館可以遠望閃耀的七尾灣。

金澤・傳統
裁縫不可或缺的
加賀頂針

P.63

加賀頂針源自以前加賀友禪的縫紉女工利用多餘絲線、布料及絲棉等製成頂針。一針一線都密密縫合毫無空隙，視光照程度所產生的陰影相當美麗。在「加賀てまり毬屋」可體驗製作。

福井・傳統
每天都想使用的彩色漆器
越前漆器

P.135

越前市的越前漆器在漆工藝五大產地所生產的業務用漆器全國市佔率高達80%。「漆琳堂」的漆器有著漆特有的豐富色調，適合平時使用。相信一定能為您的餐桌增色不少。

這才是JAPANESE BEAUTY!

\可隨四季變換欣賞/

絢麗美景集錦

下面精選能夠療癒觀看者的心靈，帶來感動的四季美麗絕景。介紹的都是能反映和之心且深植人心的優美景色。

金澤 Collection

體會加賀百萬石的精華 兼六園

P.30

美得像幅畫的兼六園是初次探訪金澤時非去不可的景點。佔地約3萬4600坪的園內擁有點綴四季的樹木、河川及瀑布等，凝聚日本之美的真髓。

春 兼六園是知名的賞梅及賞櫻地點。3月起多達200棵梅花樹一齊盛開的景色非看不可

秋 到了似錦秋天，園內的樹木全都變色，讓來園訪客感受到季節變換

冬 每年11月起都會舉行「雪吊」。雪附著在雪吊上的凜然光景就是日本之美

夏

富山 Collection

一覽運河絕景 富山縣 富岩運河環水公園

運河周圍有餐廳及咖啡廳等環繞的開放式親水文化公園。晚上會實施全年無休的點燈活動。燈光會隨季節變換而變動，反射在水面上的燈光也相當美麗。

在晴朗的日子可越過運河眺望立山連峰景觀

P.108

福井 Collection

禪道場的最高峰
永平寺

➔P.126

在法國旅遊導覽《米其林綠色指南日本版（Michelin Green Guide Japan）》改訂版中，永平寺獲得2顆星評價。2樓有別名「天井繪大廣間」的大廣間「傘松閣」，陳列著144名畫家所畫的230幅出色的日本畫。

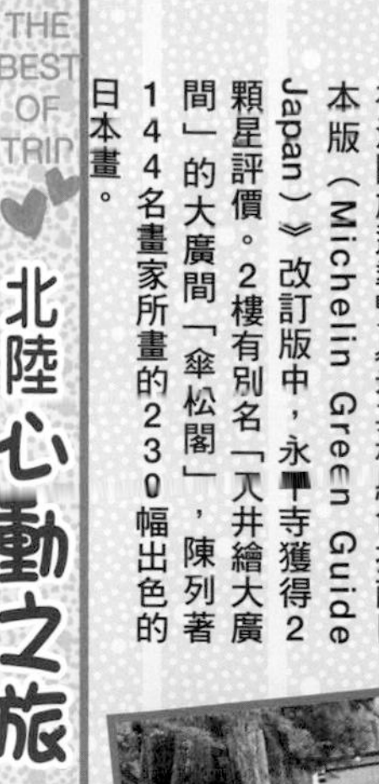
迎接皇室等使者專用的敕使門

加賀 Collection

匯集4大名湯
加賀溫泉鄉

➔P.89

匯集山代、山中、片山津、粟津4大名湯的北陸首屈一指溫泉鄉。這些個性獨具的溫泉街擁有許多充滿魅力的景點，像是傳統與摩登兼具的山代溫泉飯店「星野集團界加賀」等。

連松尾芭蕉也流連忘返的山中溫泉的溪谷。「鶴仙溪河床」的茶席為療癒人心的景點。

山代溫泉擁有寬廣的「總湯」及以花窗玻璃及拭漆打造的豪華「古總湯」。

粟津溫泉的「TSUJINOYA HANANOSHO」夜間會舉辦投影藝術「數位掛軸」。

column 季節限定美景集錦

冬天的富山 五箇山的雪景

獲登錄世界遺產的人氣觀光景點。佇立在雪景中的合掌構造村落值得一見。

夏天的石川‧能登 能登的切子(KIRIKO)燈籠祭

每年7～10月約在200個地區舉辦。巨大的「切子」燈籠在街上遊行的模樣魄力十足！

春天的福井 櫻花街樹

足羽川沿岸的林蔭道上種植約600棵櫻樹，並獲選為「日本賞櫻名地百選」之一。

春天的富山 鬱金香

在鬱金香栽培面積全國第一的富山，4月底起會舉辦多達300萬朵鬱金香盛開的活動。

深受金澤人喜愛的

金澤美食

除了壽司及加賀料理外，還有便宜好吃的當地美食。下面就來介紹深受老饕眾多的當地人支持的美食！

發祥自金澤分量十足的洋食菜色！

炸蝦蛋包飯 ➔P.52

在名店「Grill Otsuka」品嘗炸旗魚及炸蝦與酸味重的塔塔醬相當搭配的炸蝦蛋包飯。

海鮮蓋飯 ➔P.45

可一次享用多種金澤海鮮食材的海鮮蓋飯。不妨到近江町市場的「井ノ弥」品嘗大碗滿溢、宛如寶石的當季海鮮吧！

大碗滿溢、鮮度超群的大塊海鮮食材！

金澤咖哩 ➔P.52

「Champion's Curry」是金澤咖哩元祖。近江町店辛辣濃稠的濃郁咖哩醬搭配高麗菜絲及現炸豬排，令人無法擋的美味！

辛辣濃郁的咖哩醬與炸豬排的究極組合

縣民自豪的

盡享北陸當地美味！

令人喜愛的當地美食

以當地特有的調理方式進行烹調，深受地方民眾喜愛的在地美食。請務必來品嘗雖非主流卻受到饕客垂涎的美食。

使用里山里海的食材

能登美食

不論在任何季節來訪都能盡情享用當令食材製成的能登美食。

能登前壽司 ➔P.75

位於寒暖流交會處的能登沿海是絕佳的漁場。在「松乃鮨」可品嘗在地當令海鮮食材搭配能登里山所栽種的白米，大受歡迎。

在「壽司王國」享受絕品握壽司

蔚為話題的當地美食 ～in加賀～

下面介紹年銷1萬份，只有在加賀市部分店舖才能嘗到的人氣當地美食。2019年起美味更新。➔P.100

含豐富且色彩鮮豔的加賀蔬菜！

加賀聖代 950日圓（全店）

使用加賀久谷蔬菜配料、味平南瓜冰及溫泉蛋等製成各店舖獨創的地產地消5層聖代。使用山中漆器及九谷燒盛裝，附獻上加賀棒茶。

HP http://www.kagaparfait.com

品嘗整隻香箱蟹！

加賀螃蟹飯 2250日圓（全店）

使用加賀市橋立港卸貨上岸的整隻香箱蟹（雌松葉蟹）烹調成的「螃蟹飯」，附小鉢料理及甜點的頂級款待料理。

HP http://www.kagakanigohan.com

※內容於2019年3月變動，請上官網確認

富山美食

從Kitokito、麵類到藥膳

從正統王道到B級美食，一舉介紹探訪富山時必吃當地美食。

藥材城市富山特有的健康美食

藥膳 ➔P.106

使用富山食材及有益健康的食材烹調成的料理。藥材老舖所經營的餐廳「健康膳 藥都」提供養顏美容又健康的藥膳料理深受歡迎。

用最美味的吃法品嘗冰見寒鰤

寒鰤 ➔P.104

脂膏豐腴、化在舌尖的美味寒鰤。在「割烹かみしま」以涮肉方式品嘗鰤魚，吃起來清淡爽口。

漆黑的濃口醬油湯底會讓人上癮！

黑拉麵 ➔P.105

考量到戰後的勞動者所誕生的拉麵。拉麵在黑拉麵發祥店「西町大喜」成了配菜，配飯吃更美味。

全世界只有富山才能大量捕獲！

日本玻璃蝦 ➔P.104

由於日本玻璃蝦稀少且美麗，被稱為「富山灣的寶石」。在「公路休息站カモンパーク新湊」可品嘗奢華的炸什錦蓋飯。

福井美食

定能讓你「大飽口福」！

「幸福指數」名列榜首的福井縣美食，每一道都是吃了會讓人感到幸福的絕品料理！

越前蘿蔔泥蕎麥麵 ➔P.122

特徵是淋上日式高湯後食用的鄉土料理。「そば蔵谷川」的蘿蔔泥蕎麥麵因為費工，只能在上午2小時才能嘗到，相當珍貴。

蕎麥麵的風味與白蘿蔔泥的辛辣絕配！

壓倒性的分量及醬汁香味讓人招架不住！

醬汁豬排蓋飯 ➔P.123

在福井縣提到炸豬排蓋飯就想到醬汁口味。「レストランふくしん」的醬汁豬排蓋飯是將炸豬排高高疊起，相當豪邁，在縣內縣外擁有廣大的粉絲。

只有在福井才能嘗到的冬季味覺之王！

越前蟹 ➔P.120

越前蟹是獻給皇室的冬季味覺代表菜。務必品嘗「かに亭うおたけ」的越前蟹蓋飯及老舖料亭「越前三國川㐂」的水煮螃蟹，體會箇中美味。

猶豫不決就選這個!!

2天1夜 專為新手規劃的金澤經典行程

為您介紹盡情享受北陸中心觀光地金澤的行程。想去的觀光景點多到傷腦筋的人，選此行程準沒錯！

第1天

START 金澤站

11:00 近江町市場（おうみちょういちば） ➲P.42

到金澤的廚房散步&享用海鮮午餐

近江町市場是金澤的廚房，販賣鮮魚及蔬菜等的食品店鱗次櫛比。散步後，可到「近江町海鮮丼家ひら井」品嘗使用14種海鮮食材及金箔、色彩鮮艷的人氣蓋飯！

美食多到不知該吃哪個才好

13:00 尾山神社（おやまじんじゃ） ➲P.35

到異國風神社來趟御朱印巡禮

尾山神社祭祀加賀藩祖前田利家公及正室阿松夫人。興建於明治初期的和漢洋融合的神門，上面裝設彩繪玻璃，被指定為國家重要文化財。

也有各種御朱印帳，御朱印費用300日圓

14:00 金澤21世紀美術館（かなざわにじゅういっせいきびじゅつかん） ➲P.36

美術館販賣部也很好玩!!

在室內外體驗藝術

全年超過200萬名藝術粉絲來訪的超人氣景點。館內展示諸多看得到、摸得到、還能親身體驗的作品，讓大人小孩都開心。

這座不鏽鋼製的球體「圓（まる）」是美術館的象徵

16:00 [g]ift金澤廣坂店（ギフトかなざわひろさかてん）

採購伴手禮！

店內陳列超過500種工作人員採訪北陸的創作者所挑選出的逸品。

076-222-2126
營10:00～18:00 休週一（逢假日正常營業，下一個平日休息） 所石川県金沢市広坂1-2-18 中村ビル1F 交北鐵巴士香林坊巴士站下車步行5分
MAP 附錄①13D-3

閃耀的施華洛世奇水晶製成高雅的水引耳環，各4500日圓

傳統工藝品為每天的生活增色不少

17:30 金澤的關東煮 ➲P.53

享用當地美食

石川縣的「關東煮店數人口比位居日本第一」。不妨到「おでん居酒屋　三幸」品嘗創業50年以來代代相傳的秘傳關東煮，享受金澤特有風味。

在金澤市內的飯店住宿
住宿資訊 ➲P.68

東京出發快閃旅行!!

當日來回行程規劃

從東京搭北陸新幹線到金澤約2.5小時!!
下面就來介紹樂趣十足的行程。

START 金澤站

步行16分

11:00 近江町市場邊走邊吃 P.42

近江町市場的「近江町コロッケ」、「近江町市場飲食街いっぷく横丁」等提供豐富的小吃。不妨來探尋市場才有的「好料」!

也有金澤關東煮專賣店

滿滿都是北國紅蝦的豪華可樂餅

步行18分

13:00 漫步東茶屋 P.22

充滿風情的東茶屋街石板路上林立著建有出格子窗的民家。可租和服穿，享受漫步茶屋及和風雜貨店等的樂趣。

邊走邊吃也是一大樂趣

巴士6分

15:00 在兼六園欣賞名庭 P.30

加賀藩歷代藩主曾在此欣賞庭景的大名庭園。可在此遊覽園內眾多池塘及曲水、以土築成的假山，以及種植豐富多樣樹木等的庭園。

建地面積約東京巨蛋的2.4倍

步行8分

16:30 在金澤21世紀美術館體驗藝術 P.36

在傳統工藝色彩濃厚的金澤吹入一股現代藝術新風的美術館。不妨來此欣賞獨特的作品，刺激一下感性吧!

在當地的暱稱為「圓美(まるびぃ)」

巴士24分

18:30 在金澤站Anto購物 附錄①P.3

快閃旅行的最後一站，來到除了可在此購買自用及送禮用的伴手禮外，也能享用鄉土料理、當地美食等金澤美食的景點。

該店位於站內，沒時間時相當方便

店內也有許多金澤特色商品

步行即到

GOAL!! 金澤站

第2天

10:00 東茶屋街 P.22

漫步人氣區域

咖啡廳及午餐也很充實

出格子窗建築民家櫛次鱗比、在日本全國也相當稀少的花街。除了氣氛冶豔的茶屋之外，還有不少民家咖啡廳及販賣雜貨的商店。

爽朗的車伕態度親切地介紹茶屋街

這裡也很推薦!!

主計町茶屋街 P.28

面向淺野川建有民家的金澤三大茶屋街之一。石板路上林立著許多往昔的料亭及茶屋，氣氛絕佳。

光是散步也很有趣

點燈也很美

12:30 八百萬本舖 P.29

想買金澤伴手禮就來這裡!!

觀光PR吉祥物百萬先生週邊商品

曾是五金行的民家經過改裝，成了匯集石川各式各樣「物品」的選貨店。亦有販賣百萬先生的週邊商品。

也出現在當地美食金澤咖哩上

金色閃耀的百萬先生T恤

園內的「茶屋 見城亭」在期間限定內，週日8～11時會供應早餐。可在此享用早餐，體會名園的季節變換。

週日也有供應早餐

13:30 兼六園 P.30

在日本三大名園之一散步欣賞加賀百萬石之美

加賀藩前田家的歷代藩主費時約180年所打造的大名庭園，也獲得米其林所發行的旅行導覽的最高級評價。

15:00 石浦神社 P.35

購買可愛的護身符

創建於2200年前的金澤最古老神社。在受到歷代藩主崇敬且歷史悠久的神社，陳列許多可愛繽紛的圓點護身符。

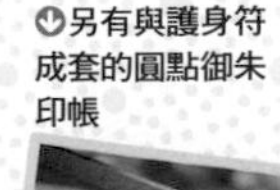

另有與護身符成套的圓點御朱印帳

16:00 金澤站Anto 附錄①P.3

最後來品嘗金澤美食及購買金澤伴手禮

北陸特產品全都匯聚一堂，可享受購物及美食樂趣的區域。可在此購買忘記買的伴手禮!

位於剪票口附近，位置絕佳!!

GOAL 金澤站

and more 1 能登行程

能登兜風行程 美食&絕景

能眺望能登美麗海岸及景色的兜風之行實在太棒了！可租車自駕，盡情遊逛充滿魅力的主要景點。

START 金澤站 8:50

車程40分

9:30 能登 ちりはまなぎさドライブウェイ

千里濱渚海濱公路 ➲P.88

全日本只有這裡！！在海灘兜風！

日本唯一可開車騎車奔走的沙灘。奔馳在全長約8km的臨海沙灘上，這種暢快感讓人無法抵擋。推薦在海風舒爽的春夏兩季前來。

車程12分

10:15 能登 けたたいしゃ

氣多大社

在能登第一宮祈求結緣

擁有2100年歷史，連《萬葉集》也曾吟誦過的古老神社。祈求結緣相當靈驗。

✆0767-22-0602 L8:30～16:30 休無休 所石川県羽咋市寺家町ク-1 交JR羽咋站車程12分 MAP附錄②6F-1

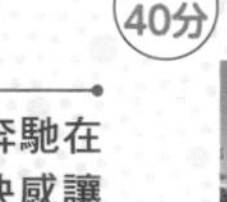

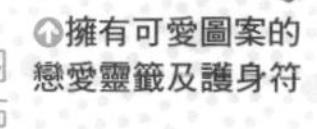
↑擁有可愛圖案的戀愛靈籤及護身符

車程32分

11:30 能登 がんもん

巖門

走遊步道直達海灘！

日本海的駭浪長年累月侵蝕岩塊而成的巨大洞門。奇岩岸壁延續約29km長，成了魄力十足的景勝地。

✆0767-32-1111（志賀町商工觀光課） 所石川県志賀町富来牛下 交能登里山里海道西山IC車程20分 MAP附錄②5A-4

車程90分

13:30 輪島 かいこう

海幸 ➲P.80

午餐吃當地美食

輪島港的河豚漁獲量位居日本之冠。擺滿河豚肉的河豚蓋飯的白子也是絕品美味，堪稱是產地特有的奢侈美食。

➲添加平時吃不太到的「河豚白子」的「輪島河豚蓋飯」

車程15分

15:00 輪島 わじましろよねせんまいだ

輪島·白米千枚田 ➲P.88

風景會隨不同季節與時間而變化！

超過1000塊田地在陡峭的海岸上描繪出幾何圖案。隨季節及時段的不同，圖案也會跟著改變，堪稱絕景！

車程120分

GOAL 往金澤站 18:00

推薦的途中下車景點

輪島 オープンカフェきのこえ

Open Cafe Kinokoe

前往輪島的寺院咖啡廳 ➲P.83

開設在創建約600年之久的慶願寺境內走廊的咖啡廳。在充滿木質溫度的氣氛中，享用由當地食材製成的料理等。

↓利用傾斜，將桌子配置成階梯狀

↑使用能登豬肉做成的蓋飯相當美味

and more2 富山行程

到富山鎮體驗藝術 Kitokito的鮮魚及內川懷舊散步

富山鎮充滿許多極具設計感的美麗建築，一同來享受大人小孩都入迷的美術館及風景吧。

START 富山站 9:50

車程6分

10:00 富山市 とやまけんびじゅつかん 富山縣美術館 P.108

用五感感受藝術為其魅力

大量使用富山縣的木材及鋁打造成的美術館。有許多工作室及屋頂等免費區域，不分男女老少都能玩得開心。

富山縣美術館©小川重雄

設置在Onomatope屋頂的白鷹

三沢厚彦《Bird 2017-01-B》2017年 青銅，塗料 富山縣美術館所藏

步行7分

世界知名建築家隈研吾所設計。以立山連峰為形象，御影石、玻璃及鋁反射光線，顯得閃閃發亮

11:30 富山市 とやましガラスびじゅつかん 富山市玻璃美術館 P.106

「玻璃街道富山」的聖地

位於富山市「TOYAMA KIRARI」內的美術館。現代玻璃美術巨匠戴爾·奇胡利（Dale Chihuly）工房所製作的空間藝術作品等為常設展示。

車程35分

13:00 新湊 かっぽうかわぐち 割烹かわぐち P.103

享用晶瑩剔透的海鮮蓋飯

從熟練師傅所煮的定食到創作懷石料理等各式菜色為其魅力。

海鮮蓋飯套餐附小鉢、豆腐料理及沙拉

車程8分

14:30 新湊 みちのえきカモンパークしんみなと 公路休息站 カモンパーク新湊 P.104

有美食也有伴手禮

可品嘗及購買新湊美食及海產物的景點。

堆如小山的日本玻璃蝦

車程8分

15:45

前往與水共存的美麗街道「日本威尼斯」

內川是起自富山新港，東西綿延約3km的運河。河川兩岸是成排的漁船，這種港都特有的風景相當優美，被稱為「日本威尼斯」。

神樂橋為代表性景點

新西橋的欄杆相當獨特

也有觀光船喔 巡遊內川橋

東橋是有著切妻式屋頂的人行天橋

飾有大理石手部雕刻的山王橋

洽詢 射水市港灣·觀光課 0766-51-6676 射水市觀光協會 0766-84-4649

車程30分

GOAL 往富山站 17:30

and more3 福井行程

前往三大明星景點 恐龍·永平寺·東尋坊

出發前往現在名聞海外、擁有諸多看頭的明星景點！

START 福井站 9:40

車程50分

10:30 勝山 ふくいけんりつきょうりゅうはくぶつかん 福井縣立恐龍博物館 P.130

盡情觀賞世界最大規模恐龍博物館

日本規模最大的恐龍博物館。擁有恐龍全身骨骼及超過1000件標本等，這些珍貴資料受到全世界矚目。

館內相當寬敞，即使加快腳步觀看也得花上1小時

展示超過44座恐龍全身骨骼

車程50分

13:00 永平寺 えいへいじ 永平寺 P.126

禪道場的最高峰

日本曹洞宗的大本山永平寺為眾多僧侶致力修行的禪道場發源地。可透過雲水僧的話來接觸「禪」心。

車程60分

15:30 三國 とうじんぼう 東尋坊 P.124

極具魄力的斷崖絕壁連綿不斷

眾多旅客來此目睹名為「輝石安山岩柱狀節理」的罕見奇岩奇勝，是日本海首屈一指的景勝地。

車程35分

17:30 福井市 レストランふくしん P.123

別忘了品嘗當地美食!!

醬汁豬排蓋飯是當地代表性美食。好吃到連女性也會馬上吃光光。

味道絕妙的秘傳醬汁

GOAL 往福井站 19:00

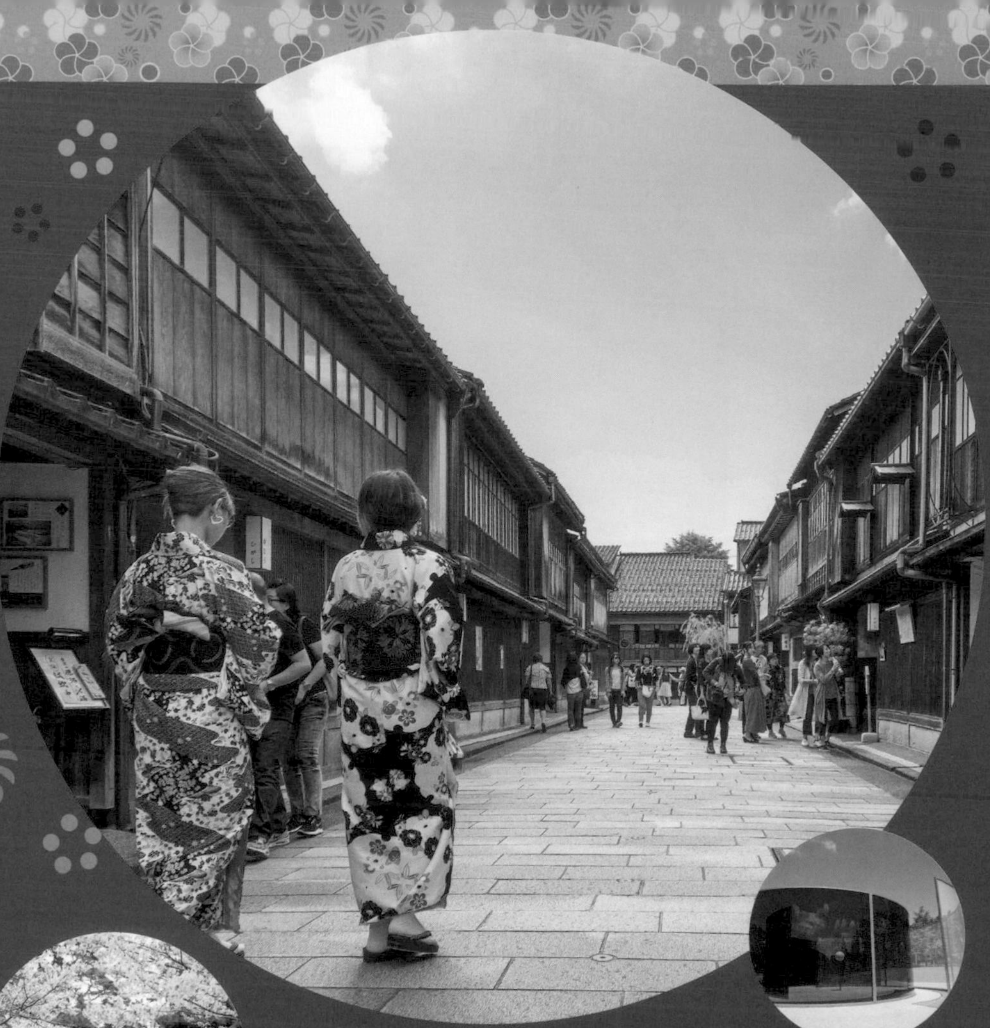

金澤

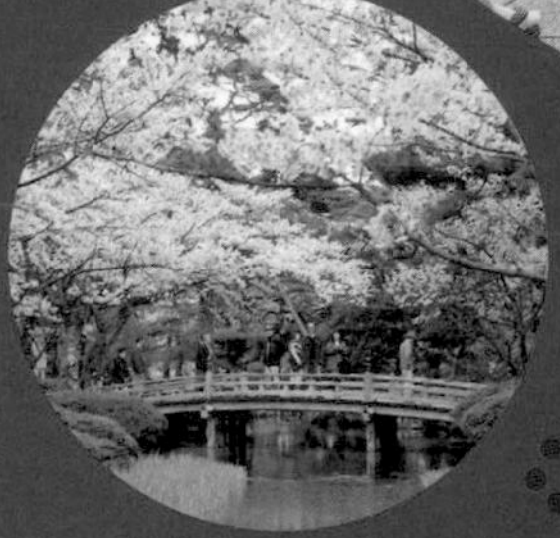

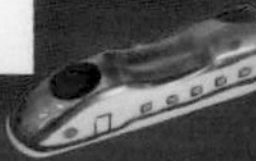

集結所有人氣景點!!

將傳統工藝現代性昇華，擁有美食及可愛的和風雜貨，還能與溫暖的當地人交流，這就是城下町金澤。
讓我們一起到這個有著融合新舊文化、別有情趣的街道，全國各地遊客紛紛前來探訪的人氣區域旅行吧！

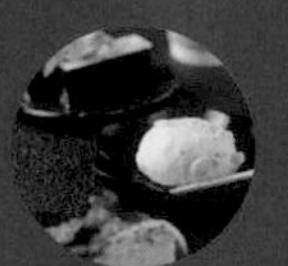

前往金澤的交通方式

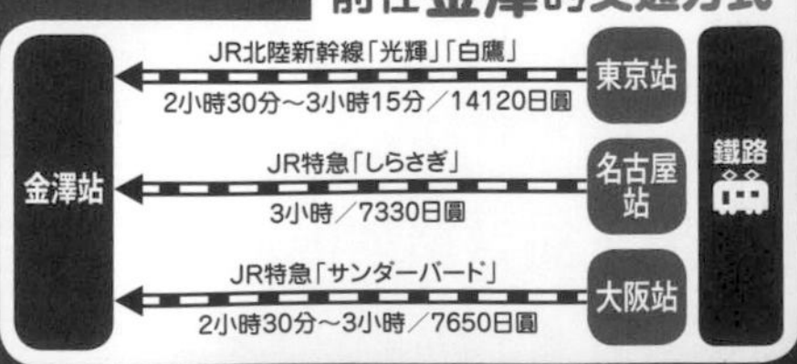

洽詢資訊

金澤市觀光協會（JR金澤站內）
9：00～17：45　☎076-232-5555
金澤觀光案內所
8：30～20：00　☎076-232-6200

金澤 人氣區域要CHECK！

金澤站

→附錄① P.2

旅行的出發點，從美食到伴手禮一舉囊括。觀光服務處提供旅行支援的各項服務。周邊也有眾多飲食店及住宿設施。

主計町茶屋街

→P.28

澤三大茶屋街之一。在面向淺野川的石板路上，建有格子窗的茶屋及料亭櫛次鱗比，到了傍晚時分可在街道聽見三味線聲，別具情趣。

近江町市場

→P.42

陳列著新鮮魚介及加賀蔬菜等的「金澤的廚房」。這裡有販賣海鮮蓋飯及壽司、關東煮及甜點等諸多店舖，到了週末更是大排長龍，相當熱鬧。

人氣景點速見MAP

JR金澤站、北陸鐵道淺野川線、まちのり事務局、県立音楽堂、淺野川、彦三大橋、小橋、中の橋、東茶屋街、主計町茶屋街、尾張町、八百萬本舗、武蔵、めいてつエムザ、近江町いちば館、近江町市場、橋場町、瀧の白糸碑、百万石通、尾山神社、長町武家宅邸遺跡、菱櫓、金澤城公園、三十間長屋、石川門、本丸園地、兼六園下、石川四高記念文化交流館、広坂、香林坊、霞池、西田家庭園玉泉園、兼六園、曲水、片町、金澤市役所、石浦神社、石川縣立傳統產業工藝館、金澤21世紀美術館、縣立美術館、竪町、犀川、犀川大橋、本多通、石川縣立歷史博物館、新竪町、西茶屋街、妙立寺（忍者寺）

0　200　400m　N

西茶屋街

→P.66

位於犀川附近，與「東」、「主計町」並列為金澤三茶屋街。長約100m的道路兩側林立著以格子窗為特徵的茶屋建築，瀰漫著寧靜氣氛。

東茶屋街

→P.22

獲選為國家重要傳統建築物群保存地區，具備金澤特色的街道。擁有眾多能感受茶屋文化氣息的民家咖啡廳、金箔化妝品及雜貨店等。

兼六園

→P.30

加賀藩歷代藩主費時約180年所打造，為日本三大名園之一。園內配置有築山、曲水及池塘，來此探訪時可欣賞春天的櫻花及秋天的紅葉等四季不同的美景。

金澤21世紀美術館

→P.36

可實際接觸嶄新獨特的現代藝術的體驗型美術館。以如同公園般開放的建築物為特徵，年間來自國內外的訪客多達150萬人以上，是極具人氣的景點。

金澤旅行的基本

金澤市內的移動 搭巴士最方便

觀光巴士路線系統稍微複雜，建議事先查好離目的地最近的巴士站比較方便。記得也要確認1日周遊券等優惠資訊。

金澤市內中心區 也很推薦騎腳踏車移動

由於主要觀光景點位於中心區起1km圈內，可活用設置於市內22處的公共租賃腳踏車「Machinori」，移動更便利。

若在金澤市中心區 搭計程車也OK

想穿和服觀光的人，若想輕鬆移動也可搭乘計程車。與熟悉在地情況的司機閒聊也是旅行的一大樂趣。

前往能登方向 建議最好開車

若選擇奔馳沙灘的爽快兜風行程等，前往擁有豐富大自然的能登，則推薦租車自駕。既可當天來回，在溫泉地度過療癒時光也很不賴。

搭電車&巴士 前往山中、山代溫泉

從金澤站搭乘JR北陸本線特急30分鐘抵達加賀溫泉站，以此為入口，搭乘前往山中、山代的巴士。住宿時，記得事先確認有無接送服務。

搭飛機移動 也很快速便利

前往金澤、加賀以小松機場，前往能登則以能登里山機場為入口。能登里山機場只有飛往東京的航班，小松機場則有來自新千歲、仙台、羽田、成田、福岡、那霸的定期航班。

傳達日本茶屋文化的懷舊街道

東茶屋街

心情激動雀躍的漫步&體驗花街

美麗的石板路及出格子窗設計民家能振奮旅程的心情。不妨到全國少見、冶豔的和風街道體驗金澤特色。

東茶屋街
●ひがしちゃやがい

MAP 附錄①10H-4
洽詢觀光事項
✆076-232-5555（金澤市觀光協會）
所 石川県金沢市東山界隈
P 1小時300日圓（東茶屋街前十字路口及淺野川沿岸有市營停車場）

從JR金澤站出發的交通方式

兼六園口（東口）巴士總站
↓ 北鐵巴士7分、城下町金澤周遊巴士（右迴）11分
橋場町（東、主計町茶屋街）
↓ 步行3分
東茶屋街

↑約200年前的珍貴歷史令人驚嘆

東茶屋街MAP

公共廁所在這裡
別忘了這條路也要確認喔！
公園
菅原神社
Higashiyama Mizuho P.24
森八「うつわの器」店 P.27
東山ギャラリー エッジ P.26
十月亭 P.24
箔座ひかり藏 P.27
茶屋美人 P.27
選購金澤伴手禮的人氣景點
金澤東茶屋街 懷華樓 P.23
茶房素心 P.25
光是看符合風情的招牌也很開心
這邊也有許多店家
巴士站橋場町

和服出租

可當天預約！穿和服逛街♪

心結
ここゆい

抵達金澤站後，立刻換上和服變身！除了和服及腰帶外，亦有許多免費方案可任選。可免費寄放行李，換上成熟的加賀友禪及可愛和服後就能享受金澤之旅。

MAP 附錄①11C-2
✆076-221-7799
L 9:00～18:00 休 週二、不定休 所 石川県金沢市本町1-3-39 交 JR金澤站步行5分 P 補貼鄰近的COINPARK停車費

親身體驗花街特有的「款待之心」

參觀茶屋與盡情體驗

黃金塌塌米映照在燈光下的奢華茶室

參觀茶屋

金澤東茶屋街 懷華樓
かなざわひがしちゃやがい かいかろう

1820（文政3）年興建的金澤最大茶屋建築。來此能夠鑑賞使用金箔以水引技法織成的黃金塌塌米茶室及全面塗漆的階梯等輝煌裝飾。參觀之後可在附設咖啡廳歇息。

MAP 附錄①10H-3
☎076-253-0591
L9:00～17:00 休無休
¥入館750日圓（僅使用大廳則免費）
所石川県金沢市東山1-14-8
交北鐵巴士橋場町巴士站下車步行5分

➲使用高級葛粉製成的「黃金葛粉條」1400日圓

⬆晚上則謝絕生客，僅招待熟客

體驗傳統文化

體驗貼金箔
600日圓～
（約60分）

金銀箔工芸さくだ 本店
きんぎんはくこうげいさくだほんてん

不光是金箔，亦販售銀箔製商品的老舖。可體驗在筷子及墜飾貼金箔，製作自己專屬的工藝品（需預約）。

MAP 附錄①10H-3
☎076-251-6777
L9:00～18:00（有季節性變動）
休無休
所石川県金沢市東山1-3-27
交北鐵巴士橋場町巴士站下車步行5分
P免費

體驗三味線
500日圓
（附點心）30分

福嶋三絃店
ふくしまさんげんてん

創業於藩政末期，為北陸唯一使用原木手工製作三味線的專門店。在此可接受入門指導，體驗用三味線演奏傳統民謠「櫻花（さくらさくら）」。

MAP 附錄①10G-3
☎076-252-3703
L10:00～16:00
休週日、第2、4週六及國定假日
所石川県金沢市東山1-1-8
交北鐵巴士橋場町巴士站下車步行2分

體驗宴席
500日圓（2首曲子約1小時，最晚需於2天前預約）

雀
すずめ

為傳遞花街文化，在豪華包租宴席上將由4歲起生長在東茶屋街，成為活躍在宴席間的跳舞名手的ふみ小姐展現60年來所磨練的舞藝。

MAP 附錄①10H-3
☎076-251-4863
L13:00～18:00（完全包租制）
休不定休
所石川県金沢市東山1-15-7
交北鐵巴士橋場町巴士站下車步行5分

推薦咖啡廳

⬆採自助式，可輕鬆入店

➲推薦甜點「五郎島金時大福」300日圓

可一覽東茶屋街景色的室內咖啡廳!!

東山一久
ひがしやまいっきゅう

店內享用式和風咖啡廳。提供品項豐富的飲料、甜點及餐點。不妨在能夠一覽東茶屋街景色的2樓座位度過悠閒時光。

MAP 附錄①10H-3
☎076-255-0519
L10:30～17:30 休無休
所石川県金沢市東山1-14-1
交北鐵巴士橋場町巴士站下車步行2分

在別有情趣的空間度過悠閒時光

民家餐館&咖啡廳

難得造訪東茶屋街，很推薦到別具風情的民家翻修而成的咖啡廳及餐館坐坐。不妨在極富雅趣的空間度過優雅時光。

以特別日子的料理款待來客

↑可品嘗家庭傳統料理「蟹面壽司御膳」2160日圓（可免預約）

押壽司體驗廚房 金沢寿し

おしずしたいけんちゅうぼうかなざわすし

推薦菜單
特上押壽司御膳（可免預約） 2700日圓
體驗製作古早味祭壽司 2160日圓
※體驗最晚需在前天預約

可品嘗金澤鄉土料理的店。亦可接受由當地主婦指導的押壽司製作體驗。也推薦在午餐時享用自己做的押壽司。

076-251-8869 MAP附錄①10H-3
11:00～14:00（15:00打烊）
休不定休
所石川県金沢市東山1-15-6
交北鐵巴士橋場町巴士站下車步行3分

十月亭

じゅうがつや

金澤最具代表性的「日本料亭　錢屋」所經營的店。中午提供使用當季海鮮及蔬菜製成的便當，晚上則提供無菜單懷石料理。14～16時亦備有甜點。

MAP附錄①10H-3
076-253-3321
11:30～14:00（午餐）、14:00～16:00（甜點）、18:00～22:00（晚餐需預約） 休週三（逢假日則營業） 所石川県金沢市東山1-26-16 交北鐵巴士橋場町巴士站下車步行5分

將人氣料亭的當令美味製成色彩豐富的便當

推薦菜單
午餐菜單 竹籠便當 2830日圓
晚餐菜單 懷石料理 8640日圓

↑人氣套餐竹籠便當附治部煮3640日圓

Higashiyama Mizuho

ひがしやまみずほ

該店招牌是以土鍋將能登產的6種自然栽培米，炊煮成粒粒飽滿有光澤的白米飯。配上使用大量加賀蔬菜等煮成的家常料理おばんざい一起享用，相當下飯。

076-251-7666 MAP附錄①10H-3
10:30～16:00 休不定休 所石川県金沢市東山1-26-7 交北鐵巴士橋場町巴士站下車步行5分

↓讓人重新發現和食美味的「一湯六菜定食」1600日圓

大啖土鍋炊飯及おばんざい

推薦菜單
赤鯥乾 1280日圓
能登雞蛋 150日圓
能登醃烏賊 400日圓
米糠醃鯖魚 460日圓

うしおや ひがし茶屋街店

うしおやひがしちゃやがいてん

品嘗濃縮海鮮美味的半敲燒

在販售特選海產物的近江町市場中，大有人氣的海產物店「潮屋」所經營的餐館。該店使用濃縮海鮮美味的半敲燒進行烹調，可享用別具風味、本店獨有的餐點。

MAP附錄①10H-3
076-201-8408
10:00～16:30（17:00打烊）
休無休 所石川県金沢市東山1-7-9
交北鐵巴士橋場町巴士站下車步行3分

推薦菜單
鰤魚半敲燒茶泡飯 1500日圓
赤鯥烤飯糰茶泡飯 2000日圓
河豚親子茶泡飯 1500日圓 等

↓裝有赤鮭、鰤魚及鮭魚的「含赤鮭三色重」2800日圓

享用咖啡及和風甜點稍微歇息

推薦菜單
抹茶聖代 1000日圓
店內供應的人氣甜點全都是自家製

➲亦有多種和風聖代及甜點可供選擇

茶房 素心
さぼうそしん

以正統咖啡受到好評，點餐後才開始磨豆，用心沖調每杯咖啡。另外，和風聖代等讓少女心蠢蠢欲動的甜點也大有人氣，不妨在茶屋般的氣氛下小歇一下。

☎076-252-4426　MAP 附錄①10H-3
L 10:00～因時日而有變動　休 週三
所 石川県金沢市東山1-24-1
交 北鐵巴士橋場町巴士站下車步行5分

和美茶美
わびさび

為了讓顧客能輕鬆品茗石川縣的加賀棒茶，「天野茶店」於2017年夏天店鋪內部增設日本茶專門咖啡廳。第4代店主所沖泡的自家煎焙加賀棒茶香氣濃郁，與甜點也很搭配。

☎076-252-3489　MAP 附錄①10G-3
L 11:00～17:00　休 無休　所 石川県金沢市東山1-3-35
交 北鐵巴士橋場町巴士站下車步行3分

推薦菜單
加賀棒茶套餐 810日圓
亦可選擇喜歡的日本茶搭配點心套餐

➲與和菓子老舖的「檸檬柚餅子」味道絕配！

茶店老舖的日本茶專門咖啡廳

使用能登的恩惠製成和風甜點

推薦菜單
蛋糕卷 378日圓
紅豆與鮮奶油讓人上癮的人氣菜單

➲大量使用能登大納言紅豆，風味超群

甘味処 和味 東山茶屋街店
かんみどころわみひがしやまちゃやがいてん

金鍔燒相當有名的金澤點心老舖「中田屋」所經營的甜點店。使用色澤鮮艷飽滿的大納言紅豆所製成的菜單中，亦包括東山茶屋街店限定的原創甜點。

☎076-254-1200　MAP 附錄①10G-3
L 10:00～傍晚　休 無休　所 石川県金沢市東山1-5-9
交 北鐵巴士橋場町巴士站下車步行3分

Cafe 多聞
カフェたもん

藝人MEGUMI擔任店長，將屋齡100年以上的民家翻修成咖啡廳。招牌是用日本國內生產有機麵粉製成麵糊所做成的鬆餅，口感鬆軟，吃了會面露笑容。

☎076-255-0370　MAP 附錄①10H-3
L 9:00～18:30（平日為～17:30）
休 不定休
所 石川県金沢市東山1-27-7
交 北鐵巴士橋場町巴士站下車步行5分

推薦菜單
加賀藩前田家傳來五色水果鬆餅
1380日圓
以金澤的五色生菓子為概念

➲備有諸多由豐富的當地食材製成的菜單

在屋齡100年的民家享用絕品鬆餅

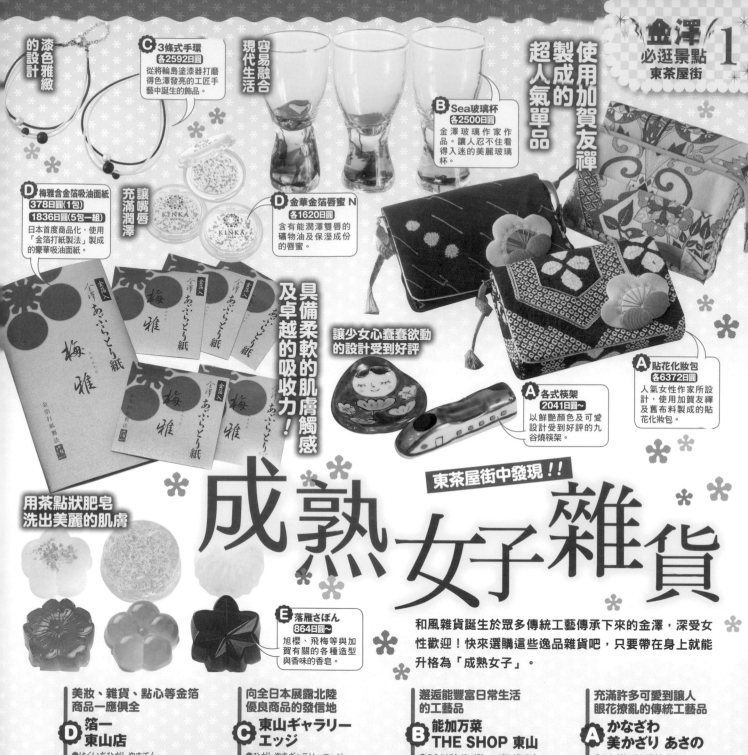

使用加賀友禪製成的超人氣單品

漆色雅緻的設計

C 3條式手環
各2592日圓
從將輪島塗漆器打磨得色澤發亮的工匠手藝中誕生的飾品。

容易融合現代生活

B Sea玻璃杯
各2500日圓
金澤玻璃作家作品。讓人忍不住看得入迷的美麗玻璃杯。

讓嘴唇充滿潤澤

D 梅雅含金箔吸油面紙
378日圓(1包)
1836日圓(5包一組)
日本首度商品化，使用「金箔打紙製法」製成的豪華吸油面紙。

D 金華金箔唇蜜 N
各1620日圓
含有能潤澤雙唇的礦物油及保溼成份的唇蜜。

具備柔軟的肌膚觸感及卓越的吸收力！

讓少女心蠢蠢欲動的設計受到好評

A 貼花化妝包
各6372日圓
人氣女性作家所設計，使用加賀友禪及舊布料製成的貼花化妝包。

A 各式筷架
2041日圓~
以鮮艷顏色及可愛設計受到好評的九谷燒筷架。

東茶屋街中發現!!

成熟女子雜貨

用茶點狀肥皂洗出美麗的肌膚

E 落雁さぼん
864日圓~
旭櫻、飛梅等與加賀有關的各種造型與香味的香皂。

和風雜貨誕生於眾多傳統工藝傳承下來的金澤，深受女性歡迎！快來選購這些逸品雜貨吧，只要帶在身上就能升格為「成熟女子」。

美妝、雜貨、點心等金箔商品一應俱全

D 箔一 東山店

●はくいちひがしやまてん

金箔霜淇淋風潮的發祥店。也是匯集金箔工藝品等多樣化商品的人氣商店。

MAP 附錄①10H-3
076-253-0891
L 9:00～18:00 休 無休
所 石川県金沢市東山1-15-4
交 北鐵巴士橋場町巴士站下車步行5分

向全日本展露北陸優良商品的發信地

C 東山ギャラリーエッジ

●ひがしやまギャラリーエッジ

從美術品到伴手禮，一舉囊括北陸3縣優良商品，宣揚手工藝魅力的商店。

MAP 附錄①10H-3
076-282-9909
L 10:00～17:00 休 週三
所 石川県金沢市東山1-13-7
交 北鐵巴士橋場町巴士站下車步行5分

邂逅能豐富日常生活的工藝品

B 能加万菜 THE SHOP 東山

●のうかばんざいザショップひがしやま

由店長親自挑選個性豐富的九谷燒及輪島塗等商品。每次來此探訪都能遇見嶄新設計。

MAP 附錄①10H-4
076-213-5600
L 10:00～18:00 休 無休
所 石川県金沢市東山1-15-13
交 北鐵巴士橋場町巴士站下車步行5分

充滿許多可愛到讓人眼花撩亂的傳統工藝品

A かなざわ 美かざり あさの

●かなざわびかざりあさの

由多位對流行敏感的女性工作人員所經營的精品店。亦售有年輕作家及女性作家的原創作品。

MAP 附錄①10H-3
076-251-8911 L 9:00～18:00 休 週二(逢假日則營業)
所 石川県金沢市東山1-8-3
交 北鐵巴士橋場町巴士站下車步行3分

金箔圓點圖案顯得高雅時髦

G 羅緞豆腐化妝包 紅色
4752日圓
使用高級紅色布料搭配純金白金箔製成的時尚化妝包。

F CHAYA cosme On Bright 眼影 金衣・銀衣
各2376日圓
堅持採用天然成份及有機素材製成的含金箔眼影。

加上金箔讓外觀更顯華麗！

F CHAYA cosme 身體乳液 紅梅香
2700日圓
含金箔身體乳液，質地濃稠，帶有甜甜香味。

讓人聯想到紅色梅花的高雅香味

戴在手上就會增色不少

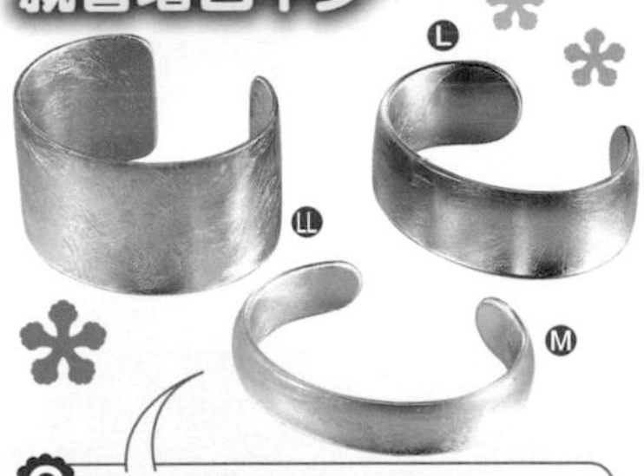

G 壓克力手環
6210日圓(M) 7452日圓(L) 9936日圓(LL)
以純金白金箔加工而成，散發凜然存在感的手環。M・LL…永遠色／L…久遠色

與罕見的作品邂逅！

H ❶庄三酒盃 2160日圓
❷庄三小皿 5400日圓
❸赤繪小皿 4320日圓
以上均是明治時代的九谷燒。亦有許多至今仍難以入手的作品。

以九谷燒為中心的古董餐具店

H 森八「うつわの器」店

●もりはちうつわのうつわてん

和菓子老舖「森八」所經營的販售餐具及飲茶店。除了展示珍貴作品外，也可購買商品。

MAP 附錄①10H-3
☎076-253-2939
L 10:00～17:00 休 無休
所 石川県金沢市東山1-27-11
交 北鐵巴士橋場町巴士站下車步行5分

使用金箔製的高設計感商品值得注目

G 箔座ひかり蔵

●はくざひかりぐら

店內匯集使用箔座原創「純金白金箔」製成講究的餐具、飾品及化妝包等多樣商品。千萬不要錯過店內的「黃金之藏」。

MAP 附錄①10H-3
☎076-251-8930
L 9:30～18:00 (冬季為17:30)
休 無休 所 石川県金沢市東山1-13-18 交 北鐵巴士橋場町巴士站下車步行5分

金箔廠商所經營以「美」為主題的商店

F 茶屋美人

●ちゃやびじん

在美麗的茶屋建築內販售含金箔美妝、美容及食品。提供活化美感的時間及空間。

MAP 附錄①10H-3
☎076-253-8883
L 9:30～18:00 (冬季為17:30)
休 無休 所 石川県金沢市東山1-26-17 交 北鐵巴士橋場町巴士站下車步行5分

誕生自金澤傳統的新感覺肥皂超有人氣！

E 加賀落雁さぼん 水野増吉商店

●かがらくがんさぼんみずのますきちしょうてん

販售仿造傳統點心落雁及鄉土料理べろべろ的洗面皂。有4種不同的和風香味及效果任君選擇。

MAP 附錄①10G-3
☎076-255-1000
L 10:00～18:00 休 無休
所 石川県金沢市東山3-3-35
交 北鐵巴士橋場町巴士站下車步行3分

再走5分鐘!!

保留城下町特色街道 主計町茶屋街周邊

主計町茶屋街為完整保留城下町特色的街道，可一邊聆聽淺野川的潺潺流水聲一邊散步，是悄悄成為話題的景點。

曾是文學作品舞台 淺野川的文學性景點

中之橋

なかのはし MAP 附錄①10F-3

曾是泉鏡花作品《化鳥》及《照葉狂言》舞台的橋。以前每次過橋都得支付一文錢，又名「一文橋」。

白天也光線微暗的坡道充滿風情

暗坂

くらがりさか MAP 附錄①10G-4

久保市乙劍宮境內通往主計町茶屋街的向下的石階路。在白天也光線微暗，據說以前的大老爺們曾走這條路前往茶屋街。

明坂

あかりさか MAP 附錄①10G-4

深受當地居民喜愛的石階坡道

連結閑靜住宅區與茶屋街的寂靜石階路。2008年，作家五木寬之於作品中替這條無名坡道命名為「金澤明坂」。

認識文藝街道、金澤

體驗泉鏡花獨特的感性及幻想世界

泉鏡花紀念館

いずみきょうかきねんかん

館內收藏約2000件美麗的初版書等

紀念館興建於泉鏡花的老家遺址

MAP 附錄①10F-4
076-222-1025
L 9:30～16:30 休 展示更換期間 ¥ 300日圓 所 石川県金沢市下新町2-3 交 北鐵巴士橋場町巴士站下車步行3分
P 免費（4輛）

接觸與金澤有淵源的作家五木寬之的世界

金澤文藝館

かなざわぶんげいかん

本館是作為金澤文藝活動的據點與發信基地而設置

昭和現代主義建築也值得一看

MAP 附錄①10G-4
076-263-2444
L 10:00～17:30（18:00閉館）
休 週二（逢假日則翌日休）
¥ 100日圓 所 石川県金沢市尾張町1-7-10 交 北鐵巴士橋場町巴士站下車即到

主計町茶屋街

●かずえまちちゃやがい

MAP 附錄①10G-4
076-220-2194
（金澤市觀光政策課）
L 自由參觀
所 石川県金沢市主計町
交 北鐵巴士橋場町巴士站下車步行3分

八百萬先生「週邊」大集合

「ひゃくまんさんの家」內陳列著八百萬先生原創週邊商品

八百萬本舖
やおよろずほんぽ

販賣九谷燒、保存食、當地創作者的創作商品等石川縣相關商品的精品店。亦附設咖啡廳。

076-213-5148　MAP 附錄①10G-4
L 10:00～19:00　休 週三　所 石川県金沢市尾張町2-14-20　交 北鐵巴士橋場町巴士站下車即到

充滿雅趣的空間及味道深邃的咖啡大有人氣

歇腳咖啡廳

將3種咖啡豆特別混合而成

土家
つちや

將1913（大正2）年興建於淺野川畔的茶屋盡可能復原重建成的咖啡廳。原創咖啡味道香醇豐富。

090-8097-4702　MAP 附錄①10G-3
L 10:00～17:00（遇櫻花季延長）　休 週一、二
所 石川県金沢市主計町2-3
交 北鐵巴士橋場町巴士站下車步行2分

時光靜靜流逝適合大人的咖啡廳

附「吉はし」和菓子套餐550日圓～

上林金沢茶舗 茶fe
かんばやしかなざわちゃほちゃフェ

日本茶專門咖啡廳，可享用精通茶葉的店主所沖泡的美味茶飲。加賀棒茶及抹茶可搭配茶點一起慢慢享用。

076-231-0390　MAP 附錄①10F-4
L 9:30～17:30　休 第3週日　所 石川県金沢市下新町1-7　交 北鐵巴士尾張町巴士站下車步行3分
P 免費（2輛）

選購伴手禮

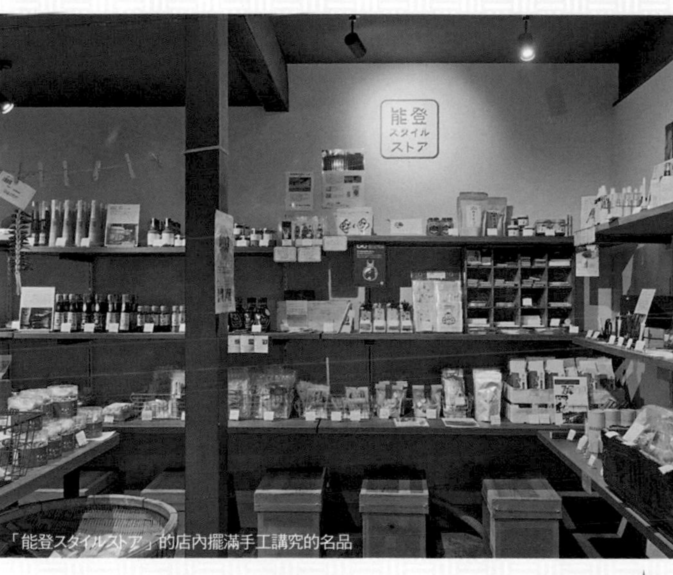

「能登スタイルストア」的店內擺滿手工講究的名品

保存食專賣店「stoock」內也有少見逸品

2樓是咖啡廳，可作為休息場所

體驗金澤的傳統 貼金箔

體驗時間 約1小時

貼金箔體驗 かなざわカタニ
きんぱくはりたいけんかなざわカタニ

MAP 附錄①10F-4
076-231-1566
L 9:00～17:00（受理為～16:00）　休 無休
所 石川県金沢市下新町6-33
交 北鐵巴士尾張町巴士站下車即到　P 免費

1 貼貼紙
選一張喜歡的貼紙並貼上，貼的時候避免空氣跑進去。

2 鋪上金箔
以竹筷鋪上金箔。這個步驟會大幅影響完工，一定要慎重！

3 撕除貼紙
慢慢地撕下貼紙後，將多餘金箔擦乾淨。

大功告成!!

體驗DATA
費用 小碟950日圓、小箱1200日圓，小鏡子（小）1450日圓
時間 隨時　預約 需預約（受理～16：00）

兼六園

體會加賀百萬石的精華

けんろくえん

兼六園是由加賀藩前田家歷代藩主持續興建完成，與水戶的偕樂園、岡山的後樂園並稱日本三大名園，是象徵加賀百萬石美感的大名庭園。也是造訪金澤時一定要前去參觀的人氣觀光勝地。

你知道嗎？ 這就是兼六園！

費時180年完成

1676（延寶4）年，加賀藩第5代藩主前田綱紀於面向金澤城的斜坡上興建「蓮池御亭」，並在周邊興建庭園，據說就是兼六園的起源。此後一直到第14代藩主為止，耗時約180年才完成現在的兼六園。

國寶級庭園

大名庭園「兼六園」乃是懷著祈求長壽永恆的願望所建造。1985（昭和60）年被指定為國家「特別名勝」，相當於史蹟名勝中的國寶，讓更多民眾心醉於其美景。

東京巨蛋2.4倍

受到加賀藩歷代藩主喜愛的兼六園面積約11公頃，約東京巨蛋的2.4倍大。佔地廣大的園內種植多達160多種，約8200棵樹木，其面積之大，想逛遍園內每一處得足足花費1個半小時之久。

米其林三星評價

兼六園為日本三大名園之一，同時也是世界知名。2009年米其林所發行的旅行導覽《米其林綠色指南日本版》中，給予兼六園最高級的三星評價。自此，來自國外的觀光客參訪人次也逐年增加。

聰明遊逛的訣竅

① 清晨就開園

兼六園於清晨免費開園。可進出的入口有蓮池門口、隨身坂口2處。開園時間隨季節變動而異，最好事先洽詢。

② 點燈活動必看！

兼六園及金澤城公園會定期舉辦點燈活動。夜晚的水面上浮現霞池及名樹，充滿幻想氣氛的景觀相當美麗。

③ 確認免費開園日！

園內於4月櫻花季、11月3日文化日以及過年期間等會定期實施免費開園。點燈活動期間也是免費。

④ 跟著導覽逛會更充實

兼六園觀光協會（☎076-221-6453）一天會實施5次導覽服務（成人500日圓）。請撥電話或上網洽詢。

兼六園

【けんろくえん】

☎076-234-3800
(石川縣金澤城·兼六園管理事務所)
L 7:00～18:00(10月16日～2月底為8:00～17:00) ¥ 310日圓、5歲以下、65歲以上免費，限當天可再入園 所 石川県金沢市兼六町 P 使用兼六停車場(最初1小時350日圓，每超過30分鐘加150日圓) MAP 附錄①12F-2

從金澤站出發的交通方式

兼六園口（東口）巴士總站
↓ 北鐵巴士9分，城下町金澤周遊巴士（右迴）16分，兼六園接駁巴士15分
巴士站 兼六園下·金澤城或広坂·21世紀美術館
↓ 步行3分
兼六園

春

彷彿受到春天的氣息所吸引，園內約420棵櫻花樹（染井吉野櫻）一齊綻放。

夏

剛長出的嫩葉閃耀新綠，讓人感受到草木強悍的生命力。

秋

群樹在冬季來臨前紛紛染紅染黃，參訪者皆能感受到季節的更迭。

冬

防雪吊繩「雪吊」在覆蓋白雪的庭園中畫出美麗的幾何圖案。園內空氣變得清澈凜然。

EVENT CALENDAR

春

4月初旬 兼六園免費開園&金澤城、兼六園賞櫻期點燈活動

4月下旬 點燈活動〔春之段〕&兼六園免費

5月7日 兼六園開園紀念日

夏

6月上旬 點燈活動〔初夏之段&兼六園免費開園（百萬石祭）〕

8月14～16日 兼六園免費開園（暑假）

8月中旬 點燈活動〔夏之段〕

秋

11月3日 兼六園免費開園（文化日）

11月中旬～下旬 點燈活動〔秋之段〕

冬

12月31日～1月3日 兼六園免費開園（過年期間）

2月上旬 點燈活動〔冬之段〕

FLOWER CALENDAR

春（2～5月）

2～3月 梅

4月上旬～中旬 染井吉野櫻

4月中旬～5月上旬 兼六園菊櫻

4～5月 杜鵑花

夏（5～9月）

5月 燕子花

6月 皐月杜鵑

8～9月 胡枝子

秋・冬（10～3月）

10月下旬～11月 紅葉

12～3月 山茶花

小知識！「六勝」是？

兼六園的「六」是指「宏大、幽邃、人力、蒼古、水泉、眺望」。舉例來說，宏大與幽邃原是完全相反的概念，像這樣上述六種景觀一應俱全，就是名園的證明。

水泉【すいせん】	人力【じんりょく】	宏大【こうだい】
在高台也能夠欣賞池塘、曲水等流水。	可看見許多池塘、橋、噴水池等人工造景。	表示寬廣明亮且具開放性的模樣。
↕	↕	↕
眺望【ちょうぼう】	**蒼古【そうこ】**	**幽邃【ゆうすい】**
站在高台眺望市街及白山山系的景色。	讓人感覺到帶有懷古風情的自然景色。	具備深山般的寂靜及深邃。

兼六園美麗的祕密 巡遊六勝

悠閒漫步也要90分

逛遍兼六園的每個景點大約得花費1.5小時。下面精選六勝及名樹等非看不可的景點，讓初次探訪兼六園的人也能放心逛。

① 霞池 徽軫燈籠

かすみがいけ ことじとうろう

霞池位於兼六園幾近中央的位置，為園內最大的池塘。正面浮現的是蓬萊島，別名龜甲島。徽軫燈籠因外型近似支撐琴弦的琴柱，而得其名。

日本最大的池塘及兼六園的象徵

這就是六勝
宏大
總面積約5800m²，園區超寬廣具開放感。

兼六園導覽

有許多推薦的景色

兼六園導覽員 田中美穗女士

每天實施5次（10、11、12、14、15時）導覽。最晚於前天來電，或是當天到位於桂坂口前方的兼六園觀光島協會服務處洽詢。

✆076-221-6453（兼六園觀光協會）
L 受理9:00～17:00（10月16日～2月底為～16:00）
¥ 500日圓（約40分， 入園費另付） 所 石川県金沢市兼六町1-25 P 同兼六園 MAP 附錄①12F-2

這就是六勝
幽邃
如同在水面攀爬般的枝幹相當優美，讓人感受到歷史氣息。

從種子開始培育、園內首屈一指的名樹

② 唐崎松

からさきのまつ

第13代藩主前田齊泰向近江八景之一「琵琶湖的唐崎松」取得種子培育而成的黑松。由於枝幹姿態優美，成了園內首屈一指的名樹。

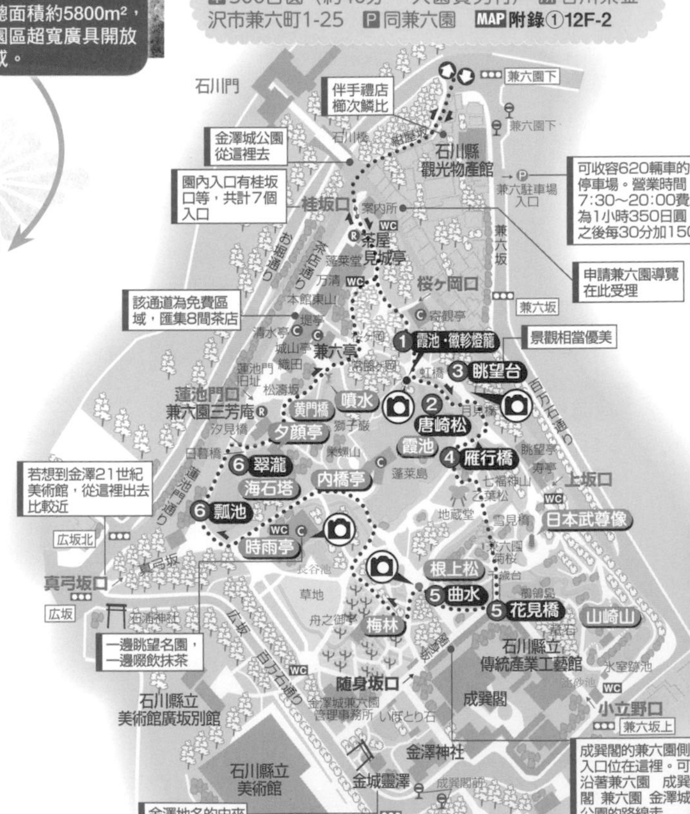

稍微在茶屋歇腳一下

邊聆聽翠瀧的流水聲邊享用加賀料理

兼六園三芳庵
けんろくえんみよしあん

自1875（明治8）年創業以來受到許多知名人士喜愛的料亭老舖。在離瓢池不遠的「水亭」可以嘗到眾多加賀鄉土料理，讓人食指大動。可以在療癒的空間享用四季時鮮。

076-221-0127 9:30～17:00（有季節性變動）※午餐11:00～14:30 休週三（視預約等情形，於前後日休息） MAP附錄①12F-2

除了用餐，還能購買伴手禮

兼六亭
けんろくてい

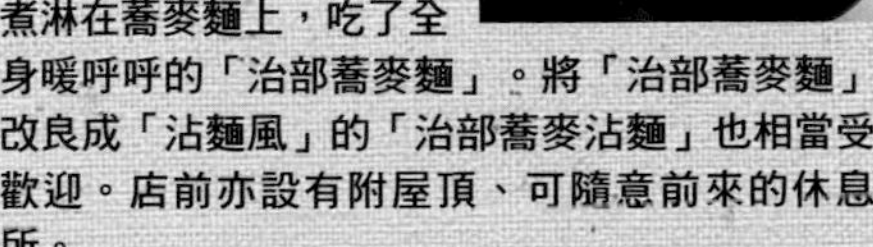

招牌菜是將鄉土料理治部煮淋在蕎麥麵上，吃了全身暖呼呼的「治部蕎麥麵」。將「治部蕎麥麵」改良成「沾麵風」的「治部蕎麥沾麵」也相當受歡迎。店前亦設有附屋頂、可隨意前來的休息所。

076-261-3783 8:30～17:00（11月下旬～2月底為～16:00） 休無休 MAP附錄①12F-2

週日限定的早餐也很人氣!
→P.17

一邊眺望石川門，一邊享受奢華時光

茶屋 見城亭
ちゃやけんじょうてい

位於兼六園桂坂料金所旁邊的茶屋。1樓售有「元祖 黃金霜淇淋」、和菓子等及伴手禮。2樓是和食餐廳，可在此品嘗集聚金澤魅力的「金澤便當」及「能登牛陶板燒」等。

076-263-7141 1F 9:00～16:30、2F 10:30～15:00 休無休 MAP附錄①12F-2

3 眺望台
ちょうぼうだい

活用小立野台的地理位置，視野絕佳的觀景台。除了能眺望以黑瓦為特徵的金澤美麗街道及卯辰山外，晴朗無雲時甚至能夠眺望遠方的日本海及能登半島。

可眺望白山山系180度全景圖

這就是六勝 眺望
可觀看180度全景圖，讓人心情舒爽。

以11塊赤戶室石表現雁鳥飛舞的姿態

4 雁行橋
がんこうばし

這就是六勝 人力
小橋、池塘、噴水等造景的外觀讓許多遊客威銘萬分，值得注目。

是座以11塊石頭表現雁鳥在黃昏的天空列隊飛行姿態的橋。由於石頭形狀如龜甲般呈六角形，又名龜甲橋。現在因進行維護無法通行。

這裡也值得一看！
根上松［ねあがりのまつ］
樹根相當隆起的黑松相當壯觀

5 曲水・花見橋
きょくすい はなみばし

從小立野口進來直走就會看到這座搭建在曲水上別具風情的木造小橋。到了5月燕子花一齊綻放，就能如同其名般在橋上欣賞壯觀的花海。

這就是六勝 水泉
引自辰巳用水的流水為景觀帶來滋潤。

欣賞隨四季更迭而變化的美麗景色

6 翠瀧・瓢池
みどりたき ひさごいけ

以前稱作蓮池庭，是最初建造兼六園的地點。高6.6m的翠瀧自霞池流下，注入葫蘆形的池塘中。這裡也是賞櫻及紅葉的知名景點。

注入池塘的瀑布聲使人感受到清涼感

這就是六勝 蒼古
稍微帶有陰影的池塘飄散著一股寂靜，不禁感受到大自然的開闊胸襟。

金澤城公園

【かなざわじょうこうえん】

✆076-234-3800
(石川縣金澤城·兼六園管理事務所) 7:00～18:00(10月16日～2月底為8:00～17:00)，菱櫓·五十間長屋·橋爪門續櫓·橋爪門設施內為9:00～16:30(最後入館是16:00) 休無休 ¥免費(菱櫓·五十間長屋·橋爪門續櫓·橋爪門設施內為310日圓) 所石川県金沢市丸の内1-1 交北鐵巴士兼六園巴士站下·金沢城下車後步行3分 P使用兼六停車場(最初1小時350日圓，每超過30分加150日圓)
MAP附錄①12E-1

加賀百萬石 歷史

自前田利家起，代代都是由前田家擔任城主

自1583（天正11）年前田家入主金澤起，開始修築金澤城。據說曾邀請高山右近指導築城。由於多次發生火災，許多部份遭到燒毀，在平成大改建後改建為金澤城公園，持續進行復原工作。

緊鄰兼六園 步行即到 令人緬懷加賀百萬石的城下町象徵

●かなざわじょうこうえん

金澤城公園

金澤城公園是加賀百萬石城下町的象徵，緊鄰兼六園。金澤城是身為外樣大名、俸祿最高的加賀藩前田家歷代藩主的居城，其壯觀的建築定能引人入勝。

在平成復甦的金澤城

橋爪門続櫓 はしづめもんつづきやぐら
能俯瞰二之丸的正門「橋爪門」，監視前往三之丸的人。

五十間長屋 ごじっけんながや
武器保管庫，危急時則變成附設可投擲落石或發射鐵砲窗口的堡壘。

菱櫓 ひしやぐら
建築平面呈菱形，能環顧四周。特徵是連柱子也是菱形。

看點！金澤城是「石牆博物館」

色紙短籤砌牆 ●しきしたんざくづみ
設計性高，上方所嵌入的V字型石牆為讓水流出的構造。在此背景下，將縱長形石塊做3段式配置。

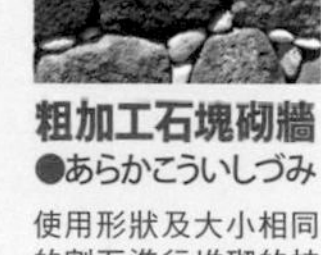

粗加工石塊砌牆 ●あらかこういしづみ
使用形狀及大小相同的割石進行堆砌的技法。常用於櫓等外圍部份。

切石砌牆 ●きりいしづみ
使用經過加工的工整割石緊密堆砌，不留縫隙的技法。可在本丸入口處等看到這種石牆。

天然石塊砌牆 ●しぜんいしづみ
使用天然石塊或粗略切割的石塊進行堆砌。金澤城初期的石牆大多使用這種技法。

威風凜凜的金澤城三御門

橋爪門 はしづめもん
通往藩主居住的二之丸御殿最後一道門，地位極高。

河北門 かほくもん
由一之門、二之門所構成的枡形門，是金澤城實質上的正門。

石川門 いしかわもん
興建於1788（天明8）年的遺構，被指定為國家重要文化財。

看點！築城技術之高令人驚奇!!

出窗 ●でまど
出窗不僅是建築設計的重點所在，也是用來朝攀登石牆的敵軍扔擲石塊的空間。

鉛瓦 ●なまりがわら
屋頂的瓦片是在木造屋頂貼上厚度1.8mm的鉛板。據說是出自戰時可用來打造成槍砲用鉛彈的考量。

隱藏式射口 ●かくしざま
乍看只是普通的海鼠牆，只要自牆內打破埋在牆上的一片瓦片，就會出現可架設鐵砲的洞穴。這是為了防範敵人來襲時所下的功夫。

重現加賀藩主私人庭園

玉泉院丸庭園

ぎょくせんいんまるていえん

石牆環繞，高低差22m的立體式公園。是加賀藩主的私人庭園，在園內的「玉泉庵」可品嘗抹茶及生菓子。

從兼六園 步行5分 尾山神社
おやまじんじゃ

祭祀加賀藩祖前田利家及其正室阿松夫人。1873（明治6）年建立，和漢洋融合的三層拱形神門上裝有五彩繽紛的彩繪玻璃，到了夜晚會點燈。

076-231-7210
L境內自由 休無休 ¥免費
所石川県金沢市尾山町11-1
交北鐵巴士南町·尾山神社巴士站下車步行3分 P免費
MAP附錄①13D-1

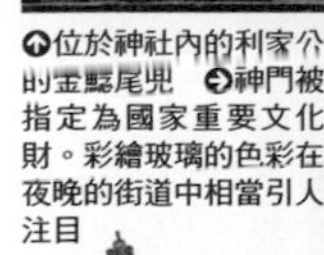

↑位於神社內的利家公的金鯱尾兜 →神門被指定為國家重要文化財。彩繪玻璃的色彩在夜晚的街道中相當引人注目

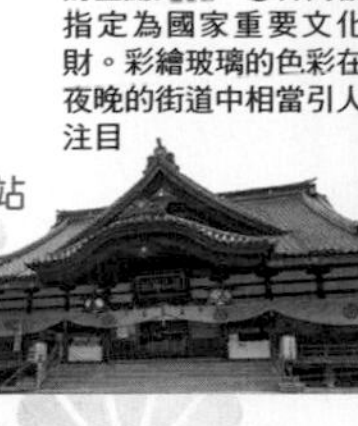

→擁有日本現存最古老的避雷針

祭祀利家公及阿松夫人

還有 加賀藩相關景點

外觀飄散著一股莊嚴風格

↑展現四季之美的庭園
←建有格子天花板及色彩鮮豔欄杆的謁見之間

優美的裝飾
引人注目的奧方御殿

從兼六園 步行即到 成巽閣
せいそんかく

加賀藩第13代藩主前田齊泰於1863（文久3）年為母親真龍院所建造的奧方御殿。細部設計及極盡奢華的陳設相當引人注目。被指定為國家重要文化財。

076-221-0580
L9:00～17:00（入館為～16:30） 休週三 ¥700日圓（特別展費用另計） 所石川県金沢市兼六町1-2 交北鐵巴士県立美術館·成巽閣巴士站下車後即到 P免費
MAP附錄①12G-3

享受加賀藩相關
名園及料理

從兼六園 步行3分 金澤玉泉邸
かなざわぎょくせんてい

將當季美食盛裝得相當美觀的宴席料理

可一邊享用山珍海味的庭園餐廳，一邊欣賞前田家的重臣脇田家於江戶時代初期，費時近百年所打造的庭園「玉泉園」。白天可以散步，晚上則能欣賞點燈後的庭園。

076-256-1542 L上午宴席11:30～14:30，晚上宴席18:00～22:00 休週一（逢假日則營業） ¥上午宴席5400日圓～，晚上宴席7560日圓～，※用餐須另付小費（餐費的10%） 所石川県金沢市小将町8-3 交北鐵巴士兼六園下·金沢城公園巴士站下車即到 P免費 MAP附錄①12G-2

受到歷代藩主崇敬
金澤最古老的神社

從兼六園 步行3分 石浦神社
いしうらじんじゃ

↑神前式婚禮相當有人氣，會舉行花嫁道中

據傳創設於2200年前，規模雖小卻別具風情的金澤最古老神社。受到加賀藩歷代藩主及日本代表性事業家的信仰。

076-231-3314
L自由參觀 休無休 ¥免費
所石川県金沢市本多町3-1-30
交北鐵巴士広坂·21世紀美術館巴士站下車即到 P免費
MAP附錄①12E-3

第11代藩主前田治脩所創建

從兼六園 步行即到 金澤神社
かなざわじんじゃ

第11代藩主前田治脩於1794（寛政6）年所創建。祭祀前田家的祖先，學問之神菅原道真。

076-261-0502 L自由參觀 休無休 ¥免費 所石川県金沢市兼六町1-3 交北鐵巴士県立美術館·成巽閣巴士站下車即到 P免費 MAP附錄①12F-3

←金澤地名的發祥地金城靈澤（湧泉）

盡享金澤美味及眺望城郭

豆皿茶屋
まめざらちゃや

2017年夏天於金澤城公園內開幕的時尚茶屋。可享用石川縣各式「美味」的豆皿御膳，讓人體驗主公氣氛。女性則推薦姬皿御膳1800日圓。

→門簾令人印象深刻。使用能登羅漢柏所打造的時尚店舖

076-232-1877 L9:00～17:30（冬季為～16:30） 休無休 所石川県金沢市丸の内1-1（金沢城公園 鶴の丸休憩館內） 交北鐵巴士兼六園下·金沢城巴士站下車步行3分 MAP附錄①12E-1

品嘗金澤特有美味

金澤さくら亭
かなざわさくらてい

↑來金澤一定要品嘗治部煮
←春天時櫻花盛開，夜景也相當美麗的店舖

鄰近兼六園的和食店。推薦料理是鄉土料理治部煮及附烤赤鮭的金澤御膳3456日圓。亦有附烤赤鮭及松葉蟹的加賀御膳4104日圓，可輕鬆享用金澤和食。

076-264-8739 L11:00～14:30、17:00～21:00 休無休 所石川県金沢市兼六町2-32 交北鐵巴士兼六園下·金沢城巴士站下車步行3分 MAP附錄①12G-2

順路一逛 話題景點

稍微體驗和菓子師傅氣氛

石川縣觀光物產館
いしかわけんかんこうぶっさんかん

可挑戰製作金澤傳統和菓子（30～40分，1230日圓※附500日圓觀光物產館購物券）。最適合作為自用伴手禮。館內亦備有種類齊全的金澤名產及特產品。（→P.57）

↑體驗課程可接受師傅的指導

076-222-7788 L9:50～17:50（4～11月的週六、日及國定假日、8～10月為8:50～） 休無休（12～2月週二休息，過年期間正常營業） 所石川県金沢市兼六町2-20 交北鐵巴士兼六園下·金沢城巴士站下車步行1分 P免費 MAP附錄①12G-1

原來藝術這麼有趣！
讓大人小孩一起同樂

金澤21世紀美術館

金澤21世紀美術館以「宛如街上公園般的美術館」為建築概念，為傳統工藝色彩濃厚的金澤吹入了一股新風。相信館內眾多獨特作品定能刺激你的感性！！

站在不同的場所體驗無數種色彩。在美術館外可以看到風景也是一種藝術。

色彩無限的世界「彩色屋(Colour activity house)」

「測量雲的男人」刻劃實際存在的人物

感覺不可思議的「游泳池」

金澤21世紀美術館

●かなざわにじゅういっせいきびじゅつかん

MAP附錄①12 E-3 ☎076-220-2800
L展覽會區10:00～18:00(週五、六為～20:00)，交流區9:00～22:00 休週一(逢假日則下一個平日休息) ¥免費入館(展覽區須收費，費用因展覽會而異) 所石川県金沢市広坂1-2-1 P地下停車場30分內免費，之後每30分加150日圓

從JR金澤站出發的交通方式

兼六園(東口)
巴士總站3～7號

北鐵巴士**10**分、
城下町金澤周遊巴士(右迴)**18**分

巴士站 広坂・21世紀美術館

步行**3**分

金澤21世紀美術館

暱稱「圓美」的圓形建築物

「Klangfeld Nr.3 für Alina」

入館前一定要知道 關於「21美」!!

「21美」是? 基本!

玻璃牆環繞，善用整個展示室展示最先端當代藝術的美術館。亦簡稱為「21美」。圓形的建築物沒有裡外之分，可從四面八方的任一入口自由進入。

↑不管從哪裡入館都很有趣

亦有免費參觀作品區 划算!

美術館分成免費的交流區以及收費的展覽會區。10個與建築物融為一體的恆久展示有近半數可免費參觀，不妨順路來此參觀吧。

↑紀念開館10週年首度登場的「圓」

→不僅大人小孩同時也受到外國觀光客的歡迎。「Wrapping」LAR / Fernando ROMERO 2005年製作

入館人數在日本國內名列前茅 驚訝!

2015年度的入館人數受到北陸新幹線開通的影響，來館人數約237萬人，是開館以來最多的一次，2016年度為255萬人次，刷新了來館人數最高紀錄！入館人數在日本全國名列前茅。

↑至今也受到日本全國注目！

設有4處免費投幣式置物櫃 便利!

↓提大包小包的遊客也能放心

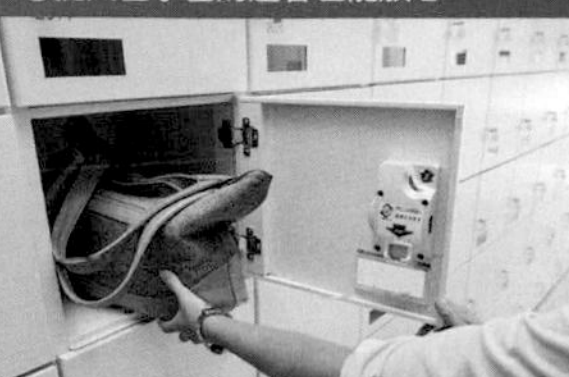

館內設有4處（演講廳後面、美術館販賣部附近、會議室1綜合諮詢服務處背面、地下1樓）投幣式置物櫃，相當便利。費用100日圓，用畢退還。

「21美」館内MAP

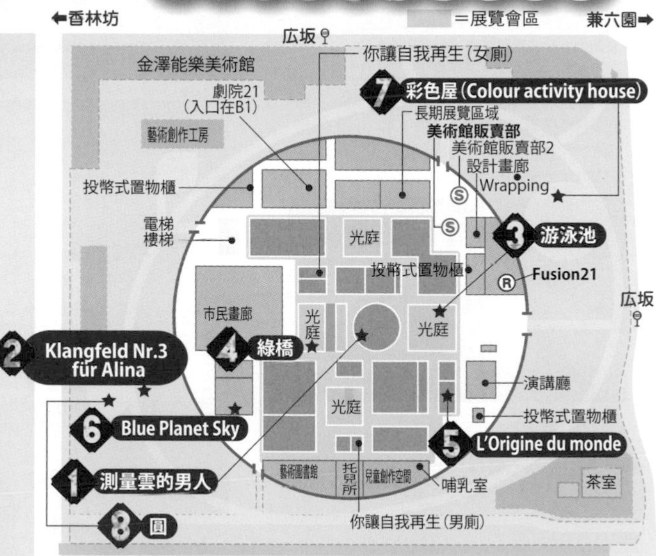

SANAA(サナア)建築也不容錯過 世界級!

以「Dior表參道」、「羅浮宮朗斯分館」等受到極高評價的建築師組合妹島和世及西澤立衛擔綱設計。

→妹島和世＋西澤立衛 / SANAA 攝影 / 岡本隆史

兒童創作空間 體驗!

以週末為中心，實施以兒童為主的作品製作及展覽會等各項藝術體驗工作室。

↑假日時訪客眾多，相當熱鬧

有關各景點的詳細說明請看下一頁

推薦首次來訪者 必看景點行程

1. 測量雲的男人
2. Klangfeld Nr.3 für Alina
3. 游泳池
4. 綠橋(Green Bridge)
5. L'Origine du monde
6. Blue Planet Sky
7. 彩色屋(Colour activity house)
8. 圓

還有其他必看景點

- Wrapping
- 油壓式電梯
- 水滴椅
- 藝術圖書館

完善的托兒所 安心!

↓外出觀光時也能托育小孩

原則上採預約制，出生3個月大到學齡前兒童可托育。托育需事前預約。（1名1小時500日圓～☎076-220-2815）

推薦首次來訪者 附欣賞重點

必看景點行程

2 竟有這麼有趣的藝術?!

Klangfeld Nr.3 für Alina

Florian Claar
《Klangfeld Nr.3 für Alina》2004年
金澤21世紀美術館所藏 攝影:渡邊修
照片提供:金澤21世紀美術館

設置在草坪上的作品。構造為每2組在地底下連在一塊成對，只要朝其中一根管子說話，就能從配對的另一根管子聽到聲音。

欣賞重點
相鄰的管子不一定會成對，尋找配對的管子也相當有趣。

3 感覺不可思議的體驗型藝術

游泳池

Leandro Erlich
《游泳池》2004年
金澤21世紀美術館所藏 攝影:渡邊修
照片提供:金澤21世紀美術館

乍看下只是普通的游泳池，裡面卻設有可供訪客進去的空間。從泳池內抬頭仰望就如同身在水中般，可體驗奇妙感覺的體驗型作品。

欣賞重點
說不定會出現觀看者彼此揮揮手，隔著水面進行交流的場景！？

1 他朝著天空做什麼?

測量雲的男人

★くもをはかるおとこ

Jan Fabre／1998年製作

從1961年美國上映電影《終身犯》的男主角台詞「測量雲也能過日子吧」中獲得靈感而完成的作品。以生與死為主題。

欣賞重點
當雲飄到正上方時，看起來就像真的在測量雲的大小一樣，很有意思。

4 每天不斷形成的藝術

綠橋

★みどりのはし

Patrick Blanc／2004年製作

欣賞重點
顏色及形狀也會隨季節變換，不愧是活藝術。

是藝術家也是植物學者的作者在薄玻璃牆上栽種植物而成的自然藝術作品。使用約100種適合金澤氣候的植物。

這也是藝術

利用油壓伸縮的罕見電梯

移動時也能清楚看見館內情況的電梯。搭乘時安靜無聲，充滿未來感

讓人忍不住想坐坐看！？令人注目的可愛椅子

設置於1樓的兔子椅

設置於室外，狀如水滴的水滴椅

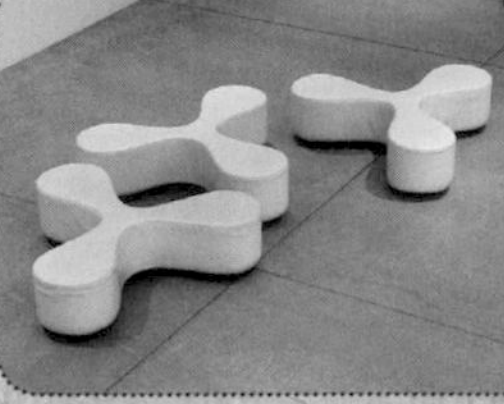

設置在地下1樓的花朵椅

6 不妨坐在長椅上抬頭仰望

Blue Planet Sky

James Turrell／2004年製作

房間的天花板正中央挖空呈正方形，可透過天空來體會季節與時間的變換。建議可坐在長椅上慢慢欣賞。

欣賞重點
除了晴朗的日子外，在雨天或是下雪天仰望天空也很有趣。

5 上面開了一個洞？黑色橢圓的真面目是？

L'Origine du monde

★ロリジンドゥモンド

Anish Kapoor／2004年製作

在傾斜的水泥牆上有一個黑色橢圓的作品。看起來像是凹洞，又像是突起，甚至也像平面等，感覺相當不可思議。

欣賞重點
重點在於變換角度來欣賞，不光是從正面，亦可從上下左右來看。

8 不可思議的球體匯集而成的建築物

圓

SANAA／2016年製作

為紀念開館10週年，由負責美術館建築設計的SANAA所設計的新象徵。這座寬6.4m、深6.6m的建築物是由不鏽鋼製的球體匯集而成，如同鏡子般映照出四周景象。

欣賞重點
這個能柔和映出街景的可愛建築物，成為21美的新地標。

7 變化不斷的繽紛景色

彩色屋（Colour activity house）

Olafur Eliasson／2010年製作

該作品是將青、洋紅、黃三原色的玻璃配置成漩渦狀。隨著色玻璃的重疊，眼前景色的顏色也會跟著變化。

欣賞重點
不論從哪片玻璃來看，同樣的景觀也會呈現不同的表情，相當有趣。

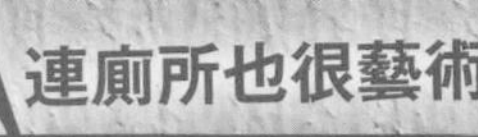

連廁所也很藝術

這也是藝術

你讓自我再生

★あなたはじぶんをさいせいする

Pipilotti Rist／2004年製作

將廁所化作神聖祭壇的作品。並播放影像及音樂。

★晚上到22時也OK!! 充滿幻想氣氛的夜間美術館!!

彩色屋（Colour activity house）

晚上會點亮作品中央的照明，照亮整個玻璃，相當美麗。

推薦時間 18:00～20:30

Blue Planet Sky

到了夜晚，月亮及星光閃爍，可悠閒觀賞夜空。

推薦時間 18:00～20:30

游泳池

照明的燈光會照射水面，使夜晚的游泳池變得很浪漫。進入內部時間只到18時。

推薦時間 週五、六到20:00

人氣商品 BEST 3

隨觀看角度及動作的不同
表情也會隨之變化!!

第1名 ZUROKKING 各3240日圓

使用蚊帳等具通氣性素材製成的原創托特包。方便將場刊帶回家。

商品也很獨特!
美術館販賣部

美術館販賣部

店內備齊許多展現美術館特有的美感，拿在手上會露出笑容，獨特且可愛的商品。

MAP附錄①12 E-3 ☎076-236-6072
🕒10:00～18:30 (週五、六為～20:30)
休週一 (逢假日則翌平日休息)

第2名 手巾 各1080日圓

以金澤站到21世紀美術館的地圖為設計，可當作伴手禮的手巾。

可愛到好想
帶著走的手巾

第3名 Dot Flowers Crayon 6支裝1382日圓

由色彩繽紛的色片濃縮成馬賽克狀，美麗又可愛的蠟筆

作為伴手禮也很
合適的花色蠟筆

Check 不可錯過的新商品!!

金澤金魚呑杯 1個2160日圓

住在金澤市的設計師作品。以金魚為主題設計的呑杯。

小小金魚悠然
在水中游?!

好想放在書桌上
的療癒文具

POOLEAF 3支裝1793日圓

只要將許多草形筆放進花盆內，也能充當室內擺飾。

無論何時都能
看到繁星

星空信封 967日圓

只要窺視信封內，就能看到滿天繁星。不妨送給最重視的人吧。

享用午餐及晚餐也OK
咖啡餐館

Fusion21

以「創造美術館的第二感動」為概念的咖啡餐館。可以享用使用加賀蔬菜製成的摩登法式料理及手工甜點。

MAP附錄①12 E-3 ☎076-231-0201
🕒10:00～20:00 (午餐為11:30～14:00，晚餐為17:00～)
休週一 (逢假日則下一個平日休息)

不用可惜聖代 650日圓

使用榨汁後的能登葡萄皮製成的成人風味雪寶。

也能吃到加賀蔬菜喔!

金澤美人盤 750日圓

以金澤美人為形象製成入口即化的舒芙蕾下午茶套餐。

Fusion午餐 1800日圓

經常提供約30種以上當令食材及當地美食等的buffet。

好期待成品！

➊ 起來製作獨一無二的作品吧

逛完美術館後 21美步行即到♪ 體驗藝術 & 逛咖啡廳

野村右園堂

★のむらうえんどう

輕鬆製作屬於自己的瓷器

2樓是九谷燒專賣店。設有彩繪體驗空間，可在盤子、飯碗、馬克杯上自由彩繪。有九谷燒作家在一旁細心指導，可放心體驗。

MAP附錄①12 F-1
076-231-5234
10:00～17:30（受理到16:00） 休週四
所石川県金沢市兼六町2-3
交北鐵巴士兼六園下·金沢城巴士站下車步行5分

⬆先用墨筆打草稿，然後再彩繪即可
➡乾燥時間須1～2週，成品會在日後寄出

體驗DATA

體驗彩繪九谷燒

金額	1000日圓～（運費另付）
時間	1～2小時
預約	最晚須在前天預約

⬆亦可挑戰體驗道地的蒔繪
⬇位於4樓的和風咖啡廳「甘味処 漆の実」的空間很摩登

能作 本店

★のさく ほんてん

在漆器老舖來趟充實體驗

在這家於1780（安永9）年開創漆業的漆器老舖可體驗蒔繪。4樓也能享用餐具講究的和風甜點。

MAP附錄①13 D-3
076-263-8121
10:00～19:00
休週三（8月無休）
所石川県金沢市広坂1-1-60
交北鐵巴士香林坊巴士站下車步行3分 P免費

體驗DATA

蒔繪體驗

金額	3240日圓
時間	10:30～、13:30～（所需時間:約90分）
預約	最晚須在前天預約

⬇使用能登大納言製成的抹茶鮮奶油紅豆湯圓780日圓

古都美

★ことみ

和洋融合的點心相當美味

店內販賣好吃又可愛的甜點，皆運用加賀的焙茶及能登的大納言等石川縣大地的恩惠，並融入「金澤與生俱來的美」所製成。

⬇加賀焙茶棒茶花色小蛋糕套餐1090日圓

MAP附錄①12 E-3 076-222-5103
11:00～18:00
休週一、週二不定休 所石川県金沢市広坂1-2-27 交北鐵巴士広坂·21世紀美術館巴士站下車即到

TORi

★トリ

⬆除了可享用咖啡外，還能欣賞餐具

韻味十足的北歐古董傢俱

販賣從北歐當地採購的北歐古董傢俱店。可以坐在喜歡的椅子及沙發上品嘗麵包、烤點心及咖啡。

MAP附錄①12 E-3 076-223-7475
11:00～18:00 休週一、不定休
所石川県金沢市広坂1-2-32 北山堂ビル1F
交北鐵巴士広坂·21世紀美術館巴士站下車即到

⬅舒適的時尚空間

Patisserie Ofuku

★パティスリー オフク

大正時代創立，和洋融合

本店可享用在廣坂開業90多年的「お婦久軒」第3代店主所做的和菓子，以及曾擔任「東京文華東方酒店」副主廚的第4代店主所做的洋菓子。

⬆色彩繽紛、組合相當有趣的馬卡龍1個195日圓

MAP附錄①13 D-3 076-231-6748 10:00～18:00
休週一、週二不定休 所石川県金沢市広坂1-2-13
交北鐵巴士広坂·21世紀美術館巴士站下車即到

Cafe & Brasserie Paul Bocuse

★カフェ&ブラッスリー ポール·ボキューズ

法國料理巨匠監製

由法國料理的巨匠Paul Bocuse監製的餐廳。可在備有露台、玻璃牆環繞的空間輕鬆享用甜點及午餐。

⬆讓人感受法國氣息的設計空間

MAP附錄①12 E-2
076-261-1162
11:00～18:00（19:00打烊）
休週一
所石川県金沢市広坂2-1-1 石川県政記念しいのき迎賓館1F
交北鐵巴士広坂·21世紀美術館巴士站下車即到

⬆夜晚會點燈，氣氛絕佳

⬇甜點套餐850日圓

近江町市場

朝氣蓬勃！金澤人的廚房

① 目標是貨色豐富的上午！

在9點剛開店時，有許多新鮮且多樣化的商品。由於人潮還不多，可以愉快地購物。

② 傍晚有許多特價品

將近打烊時間的傍晚4點起，就會開始推出降價及組合優惠，能買到特價品。跟店員交涉也相當有趣。

③ 午餐就決定是海鮮蓋飯!!

說起近江町市場，就想到能享用豪華當季鮮魚的海鮮蓋飯。而市場上也到處林立著好吃的海鮮蓋飯店。

➡P.44

近江町市場上販賣鮮魚、蔬菜及水果等的食品店櫛次鱗比。可在店前或店內的美食廣場食用，最適合散步。

近江町市場

●おうみちょういちば

MAP 附錄①11 D-4　☎076-231-1462
L 9:00～17:00（因店舖而異）
所 石川県金沢市上近江町50　P 近江町市場停車場現正重建中（預定2020年4月完工）。近江町市場館停車場、近江町Parking1小時30分150日圓，之後每超過30分加100日圓

從金澤站出發的交通方式

兼六園口（東口）巴士總站3、6、8～10號
↓ 北鐵巴士5分
武蔵ヶ辻・近江町市場
↓ 下車即到
近江町市場

\美食評比!/ 探訪輕食

市場內有許多輕食。下面就來介紹讓人忍不住想吃遍各家、最推薦的美味好料。也很推薦當作伴手禮！

D 近江町コロッケ
●おうみちょうコロッケ

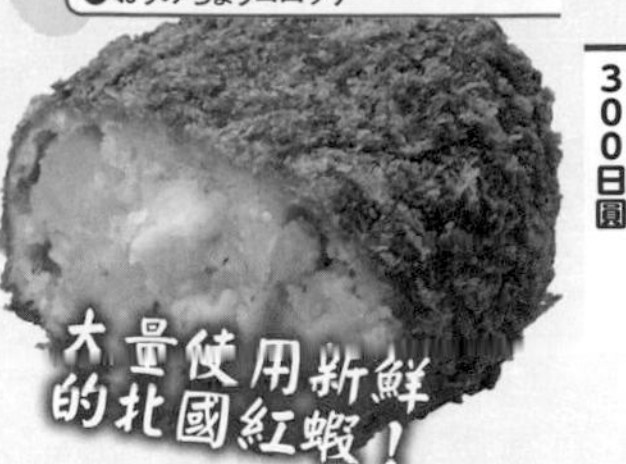

北國紅蝦可樂餅 300日圓
大量使用新鮮的北國紅蝦！

含大塊新鮮北國紅蝦的手工可樂餅。亦有蟹肉及章魚可樂餅，品嘗評比不同口味的可樂餅也相當有趣。

MAP附錄①11 D-4
☎076-232-0341
（世界の食品ダイヤモンドL-Ⅱ）
L9:00～售完打烊 休不定休

A 杉本水產
●すぎもとすいさん

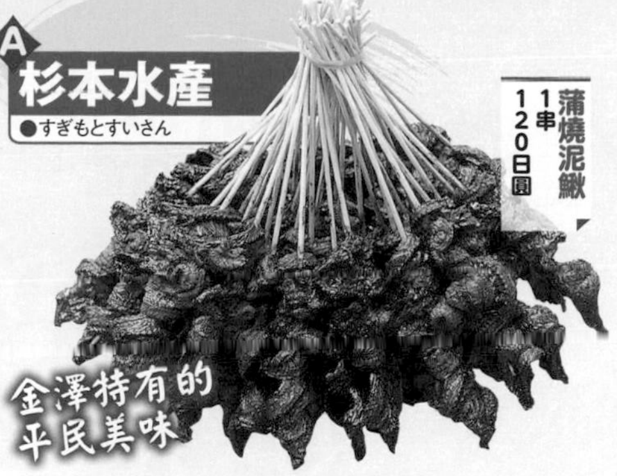

蒲燒泥鰍 1串120日圓

一年四季都能吃到金澤的平民美味——蒲燒泥鰍。以炭火烘烤泥鰍，最後塗上甜辣醬。獨特的苦味更是絕品。

MAP附錄①11 D-4 ☎076-261-3300
L9:00～17:00 休週日、國定假日

現烤魚肉質柔軟！
能登河豚串 1串350日圓

B 大口水産焼き焼きコーナー
●おおぐちすいさんやきやきコーナー

這裡的攤位擺滿了新鮮海產串烤。菜色豐富到讓人眼花撩亂。可在隔壁的空間內用。

MAP附錄①11 D-4 ☎076-263-4545
L9:00～16:00 休不定休

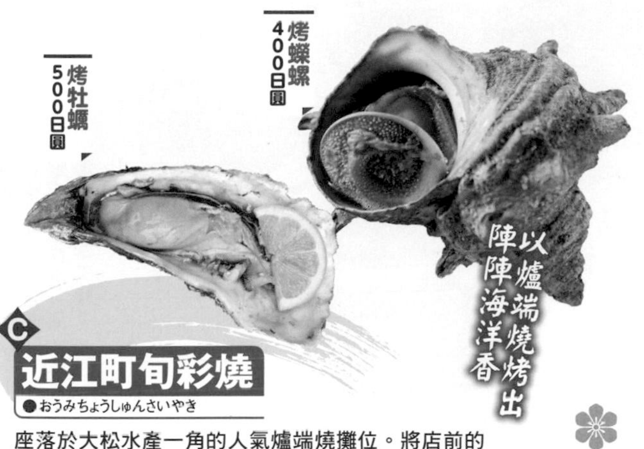

烤蠑螺 400日圓
以爐端燒烤出陣陣海洋香

C 近江町旬彩燒
●おうみちょうしゅんさいやき

座落於大松水產一角的人氣爐端燒攤位。將店前的新鮮海產進行現場烘烤。不妨前來品嘗熱呼呼且彈性十足的烤海產！

MAP附錄①11 D-4 ☎076-232-2758
L9:00～15:00 休週三

E NEW景點！

←關東煮100日圓～。另外也很推薦別處吃不到的蝦面及赤鯥面！

→匯集了由精通日本酒的工作人員精選約40種北陸3縣的地酒。營業到晚上8點也是一大重點！

↑盛有牡蠣、扇貝、鰤魚、鯛魚等的七福神燒1500日圓

↑使用早上剛進貨的鮮魚做成的5道生魚片拼盤1600日圓

近江町市場飲食街 いっぷく横丁
●おうみちょういちばいんしょくがいいっぷくよこちょう

金澤關東煮專賣店「いっぷくや」更名為「いっぷく横丁」。除了名產金澤關東煮外，也能以公道的價格品嘗使用新鮮海產製成的生魚片、壽司及鹽烤海產，還能喝到北陸3縣的地酒。請務必前來這個能輕鬆享用金澤美食的空間。

MAP附錄①11 D-4 ☎076-223-3789
L8:30～20:00 休週三（逢假日則營業）

近江町市場內唯一的小巷大有人氣

↑週末、國定假日及10月以後改成立食式。店內總是充斥著當地顧客及觀光客

來近江町市場一定要品嘗！

品嘗剔透的海鮮蓋飯

不惜費工刀工細緻且味道有深度

金澤匯集了從石川縣內外漁港捕獲的當季海產，種類豐富。
想要品嘗多種海產，則推薦可一次享用多種海鮮食材的海鮮蓋飯。
快到海鮮蓋飯激戰區的近江町市場品嘗吧！

① 近江町海鮮蓋飯 2500日圓

14種海鮮食材擺放成鮮花般的人氣蓋飯。除了吧臺座外，亦有桌席及和式座位，可慢慢品嘗。

會根據進貨及時令而變更食材。灑上金箔、色彩鮮艷的擺盤也受到好評。

店主　平井慎太郎先生

這些料理也很推薦！

海鮮蓋飯	1850日圓
特選海鮮蓋飯	3200日圓
金澤三昧蓋飯	2900日圓

② 百萬石蓋飯 2980日圓

牡丹蝦的美味爆發海產滿溢、令人滿足的蓋飯

位在正中央彈性十足的牡丹蝦充滿存在感，周圍的海產也相當美味。

歡迎到氣氛沉穩的店內，盡情享用金澤料理及地酒。在地名產金澤關東煮也大有人氣。

店主　雨坪毅樹先生

這些料理也很推薦！

日本海鮮蓋飯	2380日圓
小碗海鮮蓋飯	1580日圓
金澤關東煮	150日圓～

③ 近江町特選市場屋蓋飯 2680日圓

不僅食材，連器皿也堅持選用石川產的豪華蓋飯

在醋飯上擺放超過10種以上的海鮮，店家使出渾身解數製成的特別蓋飯。不經意擺放的金箔也很有金澤特色。

料理人　武田州平先生

請享用以山中塗及九谷燒等瓷器裝盛的新鮮海鮮、壽司及金澤關東煮。

這些料理也很推薦！

市場屋蓋飯	1880日圓
名產螃蟹加賀手鞠蓋飯	2880日圓
壽司10貫	2680日圓

④ 迷你金澤蓋飯 1500日圓

連適合女性食用的迷你蓋飯也裝滿了奢華的海鮮食材

雖然尺寸迷你，卻包含12～14種食材，味道自不用說，外觀拍起來也很豪華，因此大受女性顧客的歡迎。

使用金澤港直送的新鮮海鮮食材。蓋飯均附味噌湯。

店員　工藤龍二先生

這些料理也很推薦！

いきいき亭蓋飯	2000日圓
特選北陸蓋飯	4000日圓
朝どれ丼	1500日圓

④ いきいき亭 近江町店
いきいきていおうみちょうてん

早上7點就開始營業，僅設有10席吧臺席的居家小店。僅使用當天早晨進貨的海鮮食材製成的朝どれ丼也很推薦。

MAP附錄①11D-4　☎076-222-2621
L 7:00～15:00(食材用完即打烊)
休 週四(逢假日則營業)，每月1次不定休
所 石川県金沢市青草町88 近江町いちば館1F

③ 能加万菜 市場屋 近江町総本店
のうかばんざいいちばやおうみちょうそうほんてん

堅持使用石川縣產食材及器皿的「能家万菜」所經營的店。亦使用石川縣傳統調味料「いしる」等來調味。

MAP附錄①11D-4　☎076-254-1088
L 8:00～18:00　休 無休
所 石川県金沢市下堤町19-1

② 市場めし あまつぼ
いちばめしあまつぼ

居酒屋老舖「あまつぼ」的系列店。除了海鮮蓋飯，也能嘗到居酒屋料理及當地料理金澤關東煮。

MAP附錄①11D-4　☎076-208-3571
L 8:00～21:00(因季節而異)
休 無休　所 石川県金沢市下堤町38-1

① 近江町海鮮丼家ひら井 いちば館店
おうみちょうかいせんどんぶりやひらいいちばかんてん

均為上等海鮮食材，像是一支釣鮪魚的腹肉等。晚上亦有7道菜3500日圓的全餐（需預約）及生魚片拼盤（2000日圓）等一品料理。

MAP附錄①11D-4　☎076-234-0448
L 11:00～21:00(週三為～15:30，週六、日、國定假日為10:30)　休 無休　所 石川県金沢市青草町88 近江町いちば館2F

5 海鮮近江町蓋飯 2800日圓

在能登島鰀目漁港成長的大將，從擔任船主的親戚及擔任章魚漁師的朋友直接進貨，大量使用新鮮海鮮食材做成的蓋飯。現正以招待價2300日圓販賣中。

這些料理也很推薦！

迷你海鮮蓋飯……1200日圓
握壽司·極 ………3500日圓
各種配菜……… 500日圓～

選用能登島
直送海鮮食材
充滿鄉土愛的蓋飯

請務必來品嘗能登島當地豐富的海鮮。米也是採用老家栽種的越光米。

大將
坂本勝吾先生

多到滿出來的超厚海鮮食材
讓人想大快朵頤

店主
米田義則先生

本店是海鮮蓋飯發祥店。開店前有早鳥優惠！請詳見官網。

6 上等散壽司近江町（特盛） 2950日圓

整碗裝滿了大到無法一口吃完的大塊食材。可嘗到魚原本的美味及口感。

這些料理也很推薦！

烤赤鯥、白子及松葉蟹散壽司 ……………………2950日圓
松葉蟹、香箱蟹散壽司（11月～）………… 2950日圓
松葉蟹及北國紅蝦蓋飯1880日圓

特製高湯稀釋醬油
是決定味道的關鍵

這些料理也很推薦！

近江町彩蓋飯……4300日圓
山藥泥鮪魚蓋飯…2500日圓
鮭魚子親子蓋飯…2500日圓

請淋上一匙高湯稀釋醬油後再大口享用。

店主
山本外行先生

7 海鮮蓋飯 2500日圓

擺滿了店主每天清晨親自到市場採購的10種以上海鮮食材。自家製高湯稀釋醬油扮演調和熱騰騰白米飯及海產的角色。

7 金沢近江町市場こてつ
かなざわおうみちょういちばこてつ

由曾在割烹店磨練手藝的店主及女老闆所經營的蓋飯店。不惜使用上等新鮮海鮮食材，擺盤精緻頗受好評。

MAP附錄①11D-4
☎076-264-0778
L11:00～15:00 休週三
所石川県金沢市下堤町37-1

6 井ノ弥
いのや

以大排長龍聞名的店。隨時備有40種以上菜色，分量十足，可以感受到店主的大方。

MAP附錄①11D-4
☎076-222-0818 L10:30～20:00（週六為10:00～，週日及國定假日為10:00～15:30） 休週二
所石川県金沢市上近江町33-1

5 鮨 えのめ
すしえのめ

可體驗市場喧鬧聲的路邊攤風壽司店。生長在能登漁師一家的大將，採購的都是漁船直送的新鮮食材。可單點一貫握壽司。

MAP附錄①11D-4
☎090-7276-0875
L10:00～15:00 休週二
所石川県金沢市上近江町33-1

在聖地品嘗頂級壽司

〈你是迴轉壽司派？一般壽司派？〉

眾所皆知，一年到頭都能嘗到新鮮且種類豐富海產的金澤是壽司聖地，到處林立著吸引各地饕客前來光顧的壽司店。品質不遜色於高級料理店的迴轉壽司也值得推薦。

不遜於高級料理店的品質 迴轉壽司派

金澤站周邊

すし食いねぇ!県庁前店

●すしくいねぇ!けんちょうまえてん

以冷藏車裝載自金澤港及冰見漁港打撈的新鮮海產，直接送到各店舖。可以品嘗壽司師傅以紮實的手藝一貫一貫捏出的頂級壽司。除了吧臺席，亦設有桌席及架高席位15桌的大型店。氣氛沉穩的空間也是該店的一大魅力。

MAP附錄②7 B-1 ☎076-268-3450
L11:00～21:30 休無休
所石川県金沢市西都1-51
交JR金澤站金沢港口車程5分 P免費

每盤價格
129日圓～961日圓

席位數
吧臺席21席
桌席62席
架高席位18席

金澤3樣壽司 518日圓
使用當地當令海鮮食材捏製的3貫無菜單壽司。第一道菜就點這個！ ※內容每天更換

冰見三樣壽司 518日圓
使用冰見產食材做成的3樣壽司拼盤 ※內容每天更換

漁港直送，鮮度當然不同
由師傅親手一貫一貫捏製壽司

北陸嚴選拼盤 1080日圓
使用能登花枝、米糠鯖漬及日本玻璃蝦等當地海鮮所捏製的6貫壽司拼盤，讓人大感滿足 ※內容每天更換

成為聖地的原因

寒、暖流在石川縣近海交會。是盛產寒鰤及赤鯥等頂級食材的寶庫

高水準的原因

除了海產外，由於當地風俗，米、醬油及醋等都是選用石川縣產的上等貨

輸送帶產量NO.1

其實，石川縣的迴轉壽司使用的輸送帶市佔率幾乎達100%！

大倉三種拼盤
600日圓
以店主主推的中腹肉、北國紅蝦及軟絲仔做成的壽司拼盤

市場上人氣
最旺的老舖
平日午餐最推薦

寒鰤 389日圓
積蓄大量脂肪的寒鰤，是只有在冬季的北陸才能嘗到的美味

近江町市場

かいてん寿し大倉

●かいてんずしおおくら

位於近江町市場內，近50年來深受顧客喜愛的知名老舖。盡可能以低價供應於近海捕獲的當地時令海鮮食材，深深抓住了當地饕客的心。10貫壽司附味噌湯500日圓是平日限定20份的午餐，相當划算，千萬別錯過。

MAP附錄①11 D-4 ☎076-231-3317
L10:30～19:00 休無休 所石川県金沢市下堤町38 交北鐵巴士武蔵ヶ辻・近江町市場巴士站下車即到
P1小時200日圓（近江町市場停車場）

每盤價格
120日圓～

席位數
吧臺席26席

金澤站周邊

金沢回転寿司 輝らり

●かなざわかいてんずしきらり

提供如同在吧臺席享用般高品質壽司的迴轉壽司店。直到深夜12點為止，都能在此享用使用從金澤港、能登及富山漁港直送，鮮度超群的海鮮食材。在鮮度沒話說的鮮魚上多費一道手續，重視食用時的美味。另外3種北陸地酒評比也相當有人氣！

MAP附錄①11 A-1
☎076-223-5551 L11:00～15:00、17:00～24:00
（週六、日、國定假日為11:00～24:00） 休無休
所石川県金沢市広岡1-9-16 マストスクエア金沢1F
交JR金澤站即到 P在合作停車場停車有折扣優惠

每盤價格 120日圓～
席位數 吧臺席19席 桌席42席 架高席位0席

↑2017年開張。建議坐在壽司師傅就在眼前的吧臺席

加賀五種壽司 1580日圓
使用頂級鮪魚腹肉、赤鯥、海膽及鮭魚子、松葉蟹、日本鳳螺及日本玻璃蝦等做成的壽司拼盤
※視季節及進貨狀況變動

從金澤站只要步行1分！
以漁港直送的海鮮食材自豪

黃金熟成赤鯥壽司
1280日圓 ※照片僅供參考
使用鹽麴及能登鹽醃漬的赤鯥厚片上，奢侈地鋪上金箔！

食材好，味道佳，連饕客也滿意

一般壽司派

坐在吧臺輕鬆享用一貫一貫捏好的江戶前壽司

無菜單握壽司 匠 5616日圓
12貫壽司附湯品的全餐。平日亦附赤鯥卷及小鉢料理

➡加入比目魚肉塊做成的醋味噌涼拌紅鳳菜

⬇離壽司師傅最近的吧臺席最有人氣

也請享用使用加賀蔬菜及鮮度超群的鮮魚做成的料理

⬅壽司師傅 金澤忍先生

預算
日/3000日圓～
夜/6000日圓～
可預約

席位數
吧臺席8席
桌席12席

近江町市場

鮨 歴々 近江町店

●すしれきれきおうみちょうてん

金澤首屈一指的名店「鮨　みつ川」的姊妹店。將每天早晨從能登、白鳥漁港送來的海產仔細處理，捏製壽司，本店備料工作做得相當仔細。亦備有多種價格公道的一品料理，可以輕鬆享用。

MAP附錄①11 D-4 ☎076-254-5067
L11:30～14:30、17:30～21:00
休週一（逢假日則翌平日休息），每月2次不定休
所石川県金沢市十間町27-1
交北鐵巴士武蔵ヶ辻·近江町市場巴士站下車即到
P使用近江町市場停車場（1小時200日圓）

⬆將蟹肉及味噌輕輕捲成手卷壽司。作為全餐的收尾

⬆為提供顧客現場捏製的壽司，本店堅持只提供吧臺席

醋飯在口中化開的純熟職人手藝令人讚不絕口

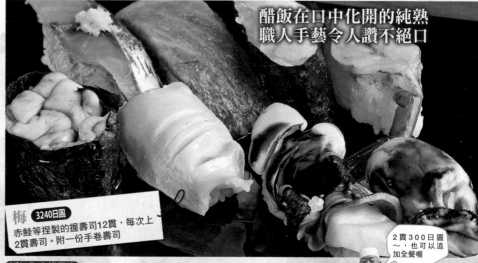

梅 3240日圓
赤鯥等捏製的握壽司12貫，每次上2貫壽司。附一份手卷壽司

2貫300日圓～，也可以追加全餐喔

近江町市場周邊

大國鮨

●だいくにずし

為採購上等魚貨，比任何人還要早到市場是店主每天的習慣。如同包住空氣般輕輕捏製的醋飯在口中輕柔化開、將鮮魚美味完全包覆的握壽司，只有在這裡才能品嘗到。

MAP附錄①11 D-4
☎076-222-6211
L11:00～14:00（食材用完即打烊）、17:00～19:00
休不定休 所石川県金沢市西町藪ノ内通31 交北鐵巴士武蔵ヶ辻·近江町市場巴士站下車步行3分 P使用近江町停車場（1小時200日圓）

店主 沖田 保先生

預算
日/3000日圓～
夜/3000日圓～
可預約

席位數
吧臺席10席

現在就想吃!! 金澤美食 加賀料理

染上加賀百萬石傳統及美感色彩的 加賀料理

加賀料理是就近取用當地食材烹調而成的傳統鄉土料理，以輪島塗及九谷燒等豪華器皿裝盛。不妨到城下町金澤體驗包括擺盤及待客之道在內，自古承襲下來的飲食文化吧。

日間宴席 16200日圓
選用當令食材以及纖細美麗的擺盤。端出一道道滿足味蕾與視覺的料理

在金澤最好的料亭老舖享用精緻美食

長滿苔蘚的庭院散發一般料亭老舖的風格

妙立寺周邊

つば甚

●つばじん

1752（寶曆2）年，由曾任加賀藩主專聘鍔師的第3代甚兵衛所創設，承襲傳統、延續至今的老舖。這裡可以品嘗使用加賀蔬菜等當地食材，根據每月主題所烹調的充滿季節感且味道有深度的宴席料理。

MAP附錄①13B-5
☎076-241-2181
L11:00～14:00、17:00～21:00（需預約）
休無休　所石川県金沢市寺町5-18
交北鐵巴士広小路巴士站下車步行3分

以九谷燒器皿裝盛北國紅蝦、石斑、花枝等的生魚片端上桌

預算
日／16200日圓～
夜／21600日圓～
※日夜均須另付包廂費及服務費

注目焦點
除了引出素材的魅力，同時也致力創造打動顧客心弦的料理

金澤站周邊

加賀料理 大名茶家

●かがりょうりだいみょうぢゃや

從中午的宴席便當到使用各式各樣調理手法烹調松葉蟹，讓人盡享螃蟹美味的螃蟹宴席，在本店能以實惠的價格品嘗加賀料理。店內亦飾有十手及千兩箱等古美術品，讓來客體會加賀藩主的氣氛。使奢華的氣氛更為高漲。

MAP附錄①11B-1
☎076-231-5121
L11:30～14:00、17:00～21:30
休無休
所石川県金沢市此花町7-5-1
交JR金澤站兼六園口步行3分　P免費

預算
日／1620日圓～
夜／4320日圓～

注目焦點
和式座位採用能伸展腿部的下嵌式座位。展現希望顧客能在此慢慢放鬆的待客之道。館內所擺設的骨董品也值得注目

赤鯥宴席 8400日圓(4～10月)
將甜美的脂肪為最大魅力的赤鯥做成生魚片及鹽烤等饒富韻味的料理，以供享用

以鄰近車站的便利性及平實的價格受到歡迎

加賀料理是?

金澤不僅透過北前船自日本全國各地匯集物資，同時也靈活吸收中國大陸傳來的飲食文化。當地孕育的獨特鄉土料理遇上了華麗的九谷燒及蒔繪漆器等，就誕生出加賀料理。

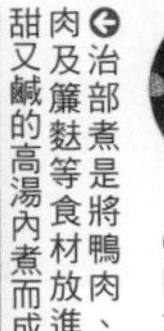

治部煮是將鴨肉及簾麩等食材放進又甜又鹹的高湯內煮而成

唐蒸鯛魚是婚禮的固定菜色。將塞滿豆渣的兩尾鯛魚並放在一塊，祈求子孫繁榮

將加賀料理的傳統
傳承至今的知名料亭

中午的加賀料理全餐 6000日圓

菜色隨食材不同而有變更。亦可品嘗治部煮及唐蒸鯛魚

香林坊周邊

大友楼

●おおともろう

曾擔任加賀藩御膳所料理方，出身正統的料亭，繼承了加賀料理的傳統技法及儀式料理。請來此品嘗一定會附加賀料理中最具代表性的治部煮及唐蒸鯛魚的全餐，親身體驗加賀料理的精髓。另外也保存了曾舉辦藩政期最後一場茶會的茶室。

MAP附錄①11D-5
076-221-0305
L11:30～14:00、17:30～21:00(需預約) 休無休 所石川県金沢市尾山町2-27 交北鐵巴士南町·尾山神社巴士站下車即到

預算
日／6000日圓～
夜／12000日圓～
※日、夜均須另付包廂費及服務費

注目焦點

店內到處飾有知名畫家及作家的美術品，均為上一代店主的收藏品。請務必仔細欣賞

在近江町市場內的和食店
品嘗金澤當令美味

近江町市場內

旬彩和食 口福

●しゅんさいわしょくこうふく

於近江町市場內，可以品嘗運用當令食材烹煮而成的新鮮料理，而料理人展現手腕烹煮的赤鯥及螃蟹料理更是絕品。亦備有能登名產いしる鍋等鄉土料理及多種地酒，以公道的價格提供金澤及加賀美味。

MAP附錄①11D-4
076-225-8080
L11:00～15:00、17:00～21:30 (22:00打烊)，週六、日及國定假日為11:00～21:30 (22:00打烊) 休週二(逢假日則營業) 所石川県金沢市青草町88近江町いちば館2F 交北鐵巴士武蔵ケ辻·近江町市場巴士站下車即到

注目焦點

除了加賀鳶、手取川、天狗舞之外，還備有各種地酒。亦有評比套餐可點

加賀宴席 5000日圓～

提供使用當令食材烹調的生魚片、治部煮、蓮蒸及燒烤料理等9道菜。可中午用餐

預算
日／2000日圓～
夜／3000日圓～

在大正浪漫的料亭享用
料理及欣賞庭園之美

金澤21世紀美術館周邊

かなざわ石亭

●かなざわせきてい

金澤的料亭旅館老舖淺田屋的姊妹店。是金澤最早供應「涮涮鍋」的名店，可以品嘗充滿四季時令素材且纖細的加賀料理。店內的石庭相當美麗，也是店名的由來。

MAP附錄①12E-3
076-231-2208
L平日11:30～14:30、17:00～22:00 (中午點餐～14:30)，週六、日及國定假日為11:30～22:00 (中午點餐～15:00，晚間入店為～20:00) 休無休 所石川県金沢市広坂1-9-23 交北鐵巴士広坂巴士站下車步行3分 P免費

注目焦點

這棟洋溢著老舖風格的建築物，改建自加賀藩家老橫山男爵的宅邸遺址。充滿大正浪漫氣息的內部裝潢極具魅力

宴席料理 12000日圓

可以嘗到由嚴選食材及老舖手藝交織而成的正統加賀宴席

預算
日／3500日圓～
夜／12000日圓～

金澤晚餐

匯集當地食材的美味

石川縣位於日本海及能登等自然資源豐富地帶，是食材的寶庫。不妨前往提供當地經典菜色、使用新鮮海鮮及頂級肉等烹煮成料理的當地人氣店舖，享用金澤晚餐。

片町周邊

くし家金澤

●くしやかなざわ

該店自豪的炸串不光是食材，連醬汁、麵糊及麵包粉也相當講究，吃起來爽口且健康。除了炸串外，亦有多種使用當令食材烹煮成的料理，以九谷燒等器皿裝盛上桌，讓料理更美味。

MAP附錄①13C-3 ☎076-255-1948
L 16:00～23:30 (24:00打烊) ※週五、六、國定假日前天～翌日2:30 (翌日3:00打烊) 休無休 所石川県金沢市片町2-2-15 北国ビルディング1F 交北鐵巴士片町巴士站下車步行2分

↑店內空間舒適，可愉快享用料理

將加賀、能登的當令食材做成酥脆多汁的炸串！

↑調配比例絕妙的調味料搭配食材所誕生的串烤，吃再多也不膩！

→說到金澤就想到關東煮。關東煮拼盤864日圓

搭配地酒也相當美味喔！

店員
荒納 康平先生

金澤站周邊

地魚・地酒 くろ屋

●じざかなじざけくろや

當地鮮魚的美味受到好評 金澤首屈一指的繁盛店

↑招牌料理之一，小桶生魚片（2人份）2600日圓

自富山灣、能登及金澤漁港採購的當地鮮魚料理深受好評。備有多樣化菜色，從生魚片等能單純享受素材本身鮮度的料理到充滿意外性的創意料理，一應俱全。另備有20種以上的地酒，也相當有人氣。

MAP附錄①11 A-3 ☎076-262-0940
L 17:00～23:00 休週日（翌日逢假日則營業，週一休息） 所石川県金沢市本町2-6-24 交JR金澤站步行4分

本店自豪的地酒搭配料理更是絕配！

店員
峯越 正一郎先生

→凝聚精華美味的鹽烤鯛魚下巴（1000日圓～）！

可品嘗新鮮海產及地酒 讓金澤之旅更熱鬧

↑擺盤也相當美觀的鮮魚拼盤（1500日圓），盡享金澤當令食材

金澤站周邊

金澤和食 地酒、旬魚、旬菜 そろばん

●かなざわわしょくじざけしゅんぎょしゅんさいそろばん

在改建自大正時代民家、別具韻味的店內，可以享用當天自金澤港及近海港口進貨的新鮮海產烹煮成的料理。亦備有豐富的地酒，除了經典品牌外，也會每月更換地酒種類。

MAP附錄①11 A-3 ☎076-255-0815
L 18:00～翌日1:00 休週日 所石川県金沢市本町2-8-14 交JR金澤站步行7分

本店匯集多種石川特有的美味！

料理長
西花 光先生

↑口感獨特讓人上癮的煮日本鳳螺（650日圓）是北陸美食

↑如店名所示，牆上掛滿了算盤。2樓也有包廂

↑螃蟹涮涮鍋全餐7344日圓（2人份～，需預約）。點菜後才會從魚池抓螃蟹，現場進行烹調，因此鮮度超群

本店珍惜與每位顧客的邂逅，讓顧客能留下美好回憶

店主
玉木 進先生

東茶屋街周邊

居酒屋割烹 田村

●いざかやかっぽうたむら

由於店主個性爽朗及提供滿意度高的料理，常有藝人光顧的知名店。附海鮮料理、名產田村烏龍麵等高級海鮮全餐（9道菜，7344日圓）為推薦料理。

MAP附錄①10 H-4　☎076-222-0517
營12:00～14:00（中午營業僅受理團體顧客，6～30名 ※需預約）、17:00～22:30
休週三（逢假日則營業）
所石川県金沢市並木町2-18
交北鐵巴士橋場町巴士站下車步行3分

↑幾乎是常客必點的鰤魚太卷壽司1620日圓

在時尚空間享用使用當地食材烹調的創作料理

↑可同時品嘗清爽及鮮魚美味的薄切昆布醃漬鯖魚756日圓

這是間以五感享用料理的店！

店長
飯野 拓也先生

↑店內的每個座位都能看見烹調時的情況

香林坊·片町周邊

NIMOAL

●ニモアル

使用當地海產烹調的創作料理除了搭配地酒外，也很推薦搭配雞尾酒享用。人氣菜色「薄切昆布醃漬鯖魚」搭配佐料享用，美味加倍。

MAP附錄①13 D-3　☎076-254-1880
營17:00～翌日1:00　休週日（週一逢假日則營業，週一休息）　所石川県金沢市柿木畠4-12 広坂中央ビル1F　交北鐵巴士片町巴士站下車即到

→秤重計價也OK。由專業燒烤人員幫您烘烤成多汁的烤肉

新店登場！可盡情享受能登島豬等優質品牌豬

↑若想評比味道，可點品牌指名豬4樣拼盤2376日圓

金澤站周邊

PORK YAKINIKU HOUSE Beston

●ポークやきにくハウスベストン

2018年2月開幕，本店可以嘗到能登島豬等頂級品牌豬。店內供應的肉都是向生產者直接進貨的自豪肉品。讓人感受素材不同的烤內臟及創作料理也很推薦。

MAP附錄①11 B-2　☎076-225-7308
營17:00～23:00（24:00打烊）
休週日（週一逢假日則營業，翌日休息）
所石川県金沢市本町2-2-8
交JR金澤站步行5分

請搭配4種特調檸檬沙瓦一同享用！

店員
庄司 朋朗先生

金澤站周邊

日々魚数寄 東木

●ひびさかなずきとうぼく

本店的料理是由曾在京都及義大利修業的店主使用每日精選地魚，全力烹調出充滿季節感的料理，頗受好評。附多達10道小鉢料理的魚數寄午餐（1000日圓）也相當有人氣。

MAP附錄①11 C-2
☎076-224-4266
營11:30～13:30、18:00～22:00
休週三　所石川県金沢市此花町1-6　交JR金澤站兼六園口步行5分

店主精確的手腕誕生出嚴選當地鮮魚製成的絕品料理

→以小鰤魚、黑雜魚蝦等做成的生魚片。獨家調配的生魚片醬油也相當美味

↓全餐也提供沖漬螢火魷等貪杯者喜歡的珍味菜

我擁有侍酒師及唎酒師證照，可為您挑選偏好的酒類

店主
東木 宏憲先生

現在就想吃!!

金澤美食

當地美食

金澤咖哩

特徵是香辣濃稠、味道濃厚的咖哩醬，擺上高麗菜絲做配菜。近50年來一直是金澤眾所熟知的料理，大多使用不鏽鋼盤及叉匙。

配菜
搭配特大炸豬排才是王道。不管哪家店都備有現炸豬排，香而酥脆的口感令人食指大動。

高麗菜
味道濃郁的金澤咖哩佐上新鮮的高麗菜絲。直接生吃或攪拌後再吃都OK。

香辣濃厚的咖哩醬與炸豬排的究極組合

咖哩醬
將各種香料調配成偏黑的濃郁咖哩醬是金澤咖哩的特徵。濃稠的咖哩醬與熱騰騰的白米飯也相當搭配。

白餃子

柔軟有勁道的餃子皮內塞滿多達30種以上的內餡。一口咬下，鮮嫩多汁的口感是高人氣的秘密。

第7ギョーザの店的
白餃子 10個480日圓
1天賣出超過1萬顆以上的超人氣菜色。香料的香味讓人欲罷不能。

Champion's Curry 近江町店的
咖哩豬排 (M)790日圓
炸豬排使用美國豬肉，點菜後才現場油炸，因此麵衣相當酥脆。與以牛五花肉引出美味的咖哩醬也相當搭配。

金澤不光只有壽司及加賀料理，也有許多便宜好吃、長年受到一般大眾喜愛的當地美食。下面就來一舉介紹受到饕客眾多的金澤人支持的經典美食。

➲超市也有販售とり野菜味噌（→P.60）

とり野菜

以獨家調配味道醇厚的味噌，加入雞腿肉及大白菜等蔬菜一起燉煮成的火鍋料理。起源可追溯自北前船的船員餐。

白身魚奶香蛋包飯

源自金澤的原創洋食菜色。薄薄的煎蛋皮蓋在蕃茄醬炒飯上，擺上炸蝦及炸魚，最後再淋上塔塔醬及蕃茄醬。

分量十足！金澤發祥的洋食菜色

まつや桂店的
とり野菜 500日圓
獨特的醇厚味噌讓人吃再多也不膩，小心可別吃太撐喔！

Grill Otsuka的
白身魚奶香蛋包飯 930日圓
炸旗魚及炸蝦搭配帶有酸味的自家製塔塔醬，相當對味。

特製味噌是決定味道的關鍵！眾所喜愛的健康火鍋

片町 Grill Otsuka
グリルオーツカ

1957（昭和32）年創業，傳承3代的洋食店。淋上大量自家製白醬製成的希臘風蝦仁抓飯（880日圓）也很推薦。
MAP附錄①13 C-3
☎076-221-2646
L11:00～15:30、17:00～19:50(週六、日及國定假日為11:00～16:00、17:00～19:50)　休週三　所石川県金沢市片町2-9-15　交北鐵巴士香林坊巴士站下車即到

金澤郊外 第7ギョーザの店
だいななギョーザのみせ

位於學生多的街道上，午餐及晚餐時間店內總是充滿許多回頭客。1樓僅設有吧臺席，2樓設有和式座位（收費）。
MAP附錄①8 H-5
☎076-261-0825
L11:00～翌1:45　休週三（逢假日則翌日休息）　所石川県金沢市もりの里1-259　交北鐵巴士若松巴士站下車步行5分　P免費

金澤郊外 まつや桂店
まつやかつらてん

受到廣大年齡層的顧客支持，週末常有攜家帶眷的客人，相當熱鬧。とり野菜鍋的收尾菜不僅有雜燴粥，也很推薦以烏龍麵或拉麵等麵類做收尾。
MAP附錄②7 A-1
☎076-268-8174
L11:00～22:00　休無休
所石川県金沢市桂町イ32-4
交北鐵巴士桂町巴士站下車步行10分
P免費

近江町市場 Champion's Curry 近江町店
カレーのチャンピオンおうみちょうてん

在當地以「チャンカレ」的暱稱廣為周知，是元祖金澤咖哩之一。以白山的伏流水燉煮的咖哩醬，味道香辣醇厚。

MAP附錄①11 D-4
☎076-255-2353
L11:00～19:30（週六、日及國定假日為10:00～）　休無休　所石川県金沢市青草町88 近江町いちば館B1F　交北鐵巴士武蔵ヶ辻巴士站下車即到　P1小時100日圓、1小時30分150日圓，之後每30分加100日圓

金澤當地美食

價格公道也是魅力之一

8號拉麵

在金澤，提到拉麵就想到這裡，大量蔬菜及粗麵搭配湯頭。有味噌、鹽味、醬油、豬骨、奶油5種風味任君選擇。

溫和的味道深受女性顧客歡迎

8番らーめん金沢站店的
蔬菜拉麵 604日圓
蔬菜先炒再煮，然後再炒一次，使之口感爽脆，蔬菜的美味也充分融入湯頭當中。

金澤關東煮

石川縣的關東煮店密度居日本之冠。有不少全年營業的店舖，以車麩、加賀蔬菜及當令魚介等金澤特有食材最有人氣。高湯則以關西風的淡味湯頭為主流。

引出素材美味的醇厚湯頭堪稱絕品

推薦的關東煮食材!!

赤玉本店的
玉子燒 300日圓
鬆軟的玉子燒與微甜的湯頭相當搭配。是受到小孩及女性喜愛的人氣食材。

赤玉本店的
車麩 250日圓
金澤的傳統烤麩，能充分吸收湯頭，吃進嘴裡時美味在口中擴散開來，讓人欲罷不能。

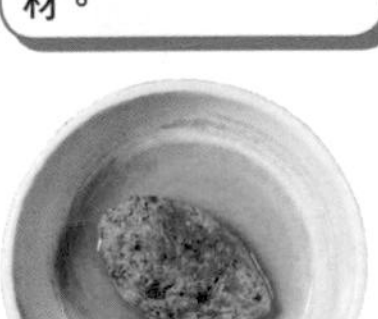

おでん居酒屋 三幸的
沙丁魚丸 250日圓
每顆魚丸都是每天手工製作，不帶任何腥味，可盡情品嘗素材的甘美。

おでん居酒屋 三幸的
加賀粗黃瓜 400日圓(5月下旬～7月)
時令的加賀蔬菜也成了關東煮的食材。佐上薑泥，在口中留下清爽的餘味。

片町 おでん居酒屋 三幸
おでんいざかやみゆき

自創業起傳承50年的高湯，味道濃郁卻相當爽口。經常備有40種以上關東煮食材（100日圓～）。

MAP附錄①13 C-4
076-222-6117
L 17:00～23:30(24:00打烊)
休 週日及國定假日
所 石川県金沢市片町1-10-3
交 北鐵巴士片町巴士站下車步行3分

片町 赤玉本店
あかだまほんてん

創業90年的老舖，以「歡迎訪客的待客之道」為宗旨。除了使用代代傳承的秘傳湯頭做成的關東煮外，也能享用使用新鮮的當地素材烹煮的逸品料理。

MAP附錄①13 C-3
076-223-3330
L 12:00～23:30(週日及國定假日為～23:00)
休 週一(逢假日則翌日休)
所 石川県金沢市片町2-21-2
交 北鐵巴士片町巴士站下車即到

金澤站 8番らーめん金澤站店
はちばんらーめんかなざわえきてん

創業50年，發源於石川的拉麵店，在日本國內外擁有250家店舖。最受歡迎的蔬菜拉麵是北陸地區最具代表性的家鄉菜。

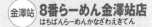

MAP附錄①11 A-1
076-260-3731
L 10:00～21:30 (22:00打烊)
休 無休
所 石川県金沢市木ノ新保町1-1 金沢百番街あんと内
交 JR金澤站內

由金箔老舖「箔一」所監製

金箔閃耀霜淇淋 891日圓

金箔霜淇淋風潮的先驅

豆沙水果涼粉 780日圓

抹茶冰淇淋加上白玉湯圓及季節水果，是配料豐富的一道甜點

香林坊

はくいちカフェ アトリオ店

はくいちカフェアトリオてん

本咖啡廳可以享用上面灑上金箔的甜點、咖啡以及石川縣的銘酒，也很適合作為約會地點。店內亦有展示金箔商品。

MAP附錄①13 C-2 ☎076-223-0891
L10:00～19:00 休週三（比照香林坊アトリオ的公休日） 所石川県金沢市香林坊1-1-1香林坊アトリオB1
交北鐵巴士香林坊巴士站下車即到

↑寬敞的店內設有30席座位，可度過悠閒時光

欣賞器皿也是一種樂趣
和風咖啡廳

長町

茶菓工房たろう 鬼川店

さかこうぼうたろうおにかわてん

在和風擺設相當雅緻的店內，享受使用嚴選素材製成的高雅甜點的時光，定能放鬆身心。

MAP附錄①13 B-2 ☎076-223-2838
L8:30～16:30 休無休
所石川県金沢市長町1-3-32
交北鐵巴士香林坊巴士站下車步行7分

←邊眺望窗外美景邊享用甜點，歇息一下

→附上生菓子的抹茶菜單也大有人氣

眺望庭園享受咖啡廳時間

抹茶紅豆湯圓 896日圓

能登大納言紅豆的適中甜味與餘韻清爽的抹茶相當對味

以日本第一「最愛甜點的縣」自豪

甜點美味的咖啡廳

除了和菓子外，金澤也有豐富的洋菓子。
在充滿品味的咖啡廳空間，盡情享用打動人心的可愛甜點。

演出美味時光的水果塔

季節水果塔 561日圓

擺滿色彩繽紛水果的塔類點心，口感十足

金澤金箔拿鐵 594日圓

表面灑上金箔的高雅拿鐵咖啡，洋溢著金澤特有的高雅氣氛

草莓塔 594日圓

不分男女都喜歡的草莓甜點，搭配紅茶或咖啡也很對味

近江町市場周邊

Du Bon Temps デュボンタン

備有許多大量使用季節水果製成、叫人難以選擇的水果塔。每一種外觀都相當華麗，充分發揮素材美味，且味道柔和。

MAP附錄①11 D-3 ☎076-282-9948
L10:00～19:00 休不定休
所石川県金沢市袋町1-1かなざわはこまち1F
交北鐵巴士武蔵ヶ辻·近江町市場巴士站下車即到
P30分免費，之後每30分加200日圓

←店內裝潢相當可愛

受當地民眾喜愛的
甜點工作室

金澤21世紀美術館周邊

LE MUSÉE DE H KANAZAWA

ルミュゼドゥアッシュカナザワ

石川縣出身的世界級甜點師辻口博啟的甜點工作室咖啡廳。可享用大量使用加賀棒茶及能登牛奶等當地食材製成的甜點。

MAP附錄①12 F-3 ☎076-204-6100
L10:00～18:30（販賣部到～19:00） 休無休
所石川県金沢市出羽町2-1石川県立美術館內
交北鐵巴士広坂·21世紀美術館巴士站下車步行3分 P免費

←位於石川縣立美術館內。室外是一片綠意盎然

使用大量栗子製成的蒙布朗

蒙布朗 497日圓

連奶油霜內也大量使用能登產及法國產的栗子

辻口蛋糕卷（加賀棒茶） 335日圓

散發著加賀棒茶香味，材料講究的蛋糕體，內層夾有奶油霜及能登大納言紅豆

快速方便!! 小食 點心

下面介紹肚子餓時可以馬上吃、具有金澤特色快速點心。

金澤可樂餅 520日圓

可以嘗到時尚可樂餅的新型可樂餅專賣店。內餡使用五郎島金時甘藷及北國紅蝦等，上面淋上白醬油製的慕斯並灑上金箔，完成具金澤特色的逸品。

VILLE DE CROQUETTE
ヴィレデクロケット

MAP附錄①10 G-3 ☎076-254-5605
L10:30～18:00（週六、日及國定假日為10:00～）
休無休 所石川県金沢市東山1-2-7
交北鐵巴士橋場町巴士站下車即到

棒狀華夫鬆餅 1根230日圓

在口感酥脆溼潤的鬆餅上淋上濃厚巧克力醬的新感覺甜點。

WAFFLE/SOUP WARUTSU
ワッフル/スープワルツ

MAP附錄①11 D-3 ☎076-225-8161
L10:00～19:00 休不定休 所石川県金沢市袋町1-1 かなざわこまち1F 交北鐵巴士武蔵ヶ辻・近江町市場巴士站下車即到 P免費（23輛）

蒸饅頭 每種1個216日圓～

可以享用麵糊及餡料均相當講究的現蒸蒸饅頭，以及正統義大利料理的咖啡廳。

オマンジュウカフェ Souan
おまんじゅうかふぇソウアン

MAP附錄①12 E-5 ☎076-223-0201
L11:30～20:00（週日11:30～17:00） 休週一
所石川県金沢市幸町2-2 1F
交北鐵巴士幸町巴士站下車即到 P免費

充滿當令美味! 聖代名店

老舖茶店使用嚴選茶葉

Ⓑ 野田屋茶店的**特製聖代** 700日圓

使用味道清淡的焙茶所做的微甜美味的和風聖代

水果店直營店自豪的逸品

Ⓐ フルーツパーラーむらはた的**水果聖代** 850日圓

水果切塊與擺盤展現水果專門店特有的專業技巧！

令人心動的絕品每月更換聖代

Ⓒ **焦糖香蕉及奶油乳酪聖代** 季節限定1450日圓

「將當令水果裝飾得極為可愛」是店主一貫的堅持
（費用視進貨情況變動）

近江町市場周邊

Ⓐ フルーツパーラーむらはた

擁有百年以上歷史的水果店所經營的咖啡屋。可以在最佳食用狀態品嘗專賣店才能嘗到的新鮮當令水果。

MAP附錄①11 C-4 ☎076-224-6800
L10:00～18:30（19:00打烊） 休不定休
所石川県金沢市武蔵町2-12 交北鐵巴士武蔵ヶ辻・近江町市場巴士站下車即到 P免費（5輛）

豎町

Ⓒ DORUMIRU
ドルミール

有許多追求可愛聖代的女性顧客光顧的咖啡廳。聖代的冰淇淋底下是果凍及蛋糕等，形成絕妙的層次。

MAP附錄①13 D-4 ☎076-260-0300
L12:00～售完打烊 休週三 所石川県金沢市竪町1-1 交北鐵巴士新豎町巴士站下車即到

豎町

Ⓑ 野田屋茶店
のだやちゃてん

1859（安政6）年創業的老舖茶店，除了享用嚴選茶葉所沖泡香氣濃郁的茶，也能享用抹茶及焙茶製成的甜點。

MAP附錄①13 D-4 ☎076-221-0982
L9:30～18:30 休無休
所石川県金沢市竪町3
交北鐵巴士片町巴士站下車步行6分

使用上漆的零件製成時髦的鑰匙圈
B
輪形筷架 5400日圓
拭漆加工的「輪」形筷架。由5個缺一不可的零件組合成一個圓圈
使用年代久遠的古董豬口杯製成的針插
B
上漆鑰匙圈
各3780日圓
使用羅漢柏製成設計時髦的上漆鑰匙圈
在享用餐點的空間與人們之間建立「關係圈」的筷架
A
豬口杯針插(大) 2700日圓
(小) 2484日圓
完全收納在舊豬口杯內的針插，當成擺飾來欣賞也OK！

很有金澤特色又可愛!

和風雜貨伴手禮

和風雜貨誕生在有眾多傳統工藝傳承下來的金澤，擁有洗練的設計，光是帶在身上或是用作裝飾就能提昇日常生活品味。走在街上逛，每一種都讓人好想帶走！

想做為平時使用的時尚器皿

D
市松柄 九谷燒手繪豆皿 各1800日圓

手繪的柔和色彩及質感能突顯裝盛的料理

D
扇型 九谷燒手繪 豆皿 各1800日圓

原創設計的豆皿，亦可當作伴手禮分送

現居金澤的型染作家北村紗希女士做的手巾

C
金澤手染手巾 各1600日圓

型染作家一個個手染製成可愛圖樣的手巾

長町周邊

D 本田屋食器店
●ほんだやしょっきてん

可用在日常餐桌的和式器皿

以「日常使用的餐具」為理念，備有價格實惠的器皿及替餐桌增色不少的配件。另外也有店主設計的原創餐具。

MAP附錄①13 B-2 ✆076-221-1250
L10:00～18:00
休週二
所石川県金沢市長町1-3-8
交北鐵巴士香林坊巴士站下車步行5分

兼六園

C 石川縣立傳統產業工藝館
●いしかわけんりつでんとうさんぎょうこうげいかん

舉辦多種實際操作、體驗及活動

介紹石川縣傳統工藝，並舉辦各種實際操作、體驗及活動。為讓民眾接觸傳統的美、技、心的博物館。2樓的展示室需收費（成人260日圓）。

MAP附錄①12 G-3 ✆076-262-2020
L9:00～17:00 休第3週四（12～3月週四休息，國定假日照常營業） 所石川県金沢市兼六町1-1 交北鐵巴士往小立野方面出羽町巴士站下車即到 P免費

新竪町

B 輪島キリモト金澤店
●わじまキリモトかなざわてん

輕鬆體驗輪島塗

為了將輪島塗的傳統與技法傳承至今，製作日常生活常用的漆器、配件及木製品等。可在此發現可長久使用的逸品。

MAP附錄①13 D-4 ✆076-254-0058
L11:00～18:00
休週三
所石川県金沢市茨木町56-3鞍月舎C-1
交北鐵巴士片町巴士站下車步行5分

金澤21世紀美術館周邊

A 金沢クラフト広坂
●かなざわクラフトひろさか

任君挑選的傳統工藝

備有加賀友禪、加賀水引工藝、加賀工藝品、加賀手鞠等種類豐富的金澤傳統工藝品販賣店，值得一看。

MAP附錄①12 E-3 ✆076-265-3320
L10:00～18:00
休週一（逢假日則營業）
所石川県金沢市広坂1-2-25
交北鐵巴士広坂巴士站下車即到

F
SHIZUKU 豆皿 箔小紋 各2700日圓

金箔原有的光輝引人注目的豆皿，搭配合和風、西式或中式料理都很適合！

發揮金箔原有高雅質感的豆皿

E
水引繩結耳環 3996日圓

清涼的配色與設計組合相當別緻的飾品

水引工藝製成的耳環搖曳擺動

使用水引繩結的淡路結製成的髮飾

E
淡路結水引繩結髮夾 各3996日圓

擁有一個可作為服裝搭配主要配件的髮夾相當方便！

G
刺蝟裁縫組 4050日圓

打開盒蓋就會看到附可愛刺蝟針插的裁縫組。

讓針線活變得更有趣

G
新手目細針組 853日圓

圖案復古又可愛的小盒內裝有各種尺寸縫針的縫針組。

也可用來裝小東西喔！

這裡也很推薦！

金沢名産、特産品齊聚一堂

石川縣觀光物產館

●いしかわけんかんこうぶっさんかん

一舉囊括石川及金澤知名老舖的和菓子、地酒、佃煮、海產物、傳統工藝品等的景點。位於兼六園旁，參觀完兼六園後可順道參觀，相當方便。

MAP附錄①12 G-1 ☎076-222-7788
L9:50～17:50（4～11月的週六、日及國定假日以及8～10月為8:50～） 休無休（12～2月週二休息，過年期間照常營業） 所石川県金沢市兼六町2-20 交北鐵巴士兼六園下·金沢城巴士站下車即到 P免費

\也有工藝品!!/

★金箔·九谷燒區
★漆器·工藝品區
★地酒區

\還有甜點!!/

★和菓子區
★佃煮區

➲亦有舉辦各種動手作DIY體驗等活動

還有各項體驗區！製作和菓子請見P.35

H
加賀八幡不倒翁 各1026日圓

適合送給百折不撓者的可愛擺飾

將吉祥的不倒翁當作伴手禮

近江町市場周邊

H
中島めんや 本店

●なかしまめんやほんてん

自文久時代延續至今的工匠技法

手工製作及販售加賀人偶、八幡不倒翁、加賀獅子頭等金澤鄉土玩具的老舖。亦可用作婚禮紀念品、慶祝新居落成及開店賀禮等。

MAP附錄①10 E-4 ☎076-232-1818
L9:00～18:00 休週二
所石川県金沢市尾張町2-3-12
交北鐵巴士武蔵ケ辻·近江町市場巴士站下車即到

近江町市場周邊

G
目細八郎兵衛商店

●めぼそはちろべえしょうてん

延續400年的加賀毛針店

運用自藩政期傳承下來，製造鮎釣專用毛針的傳統技術，進行配件及羽毛飾品的製作、販賣及體驗（需預約）課程。

MAP附錄①11 D-3 ☎076-231-6371
L9:30～17:30
休週二（逢假日則營業）
所石川県金沢市安江町11-35
交JR金澤站步行10分 P免費

兼六園周邊

F
箔一 兼六園店

●はくいちけんろくえんてん

逼近金澤箔的真髓！

以「向世界展現金澤箔之美」為理念，專門製造販售金箔工藝品、金箔打紙製法吸油面紙、食用金箔及金箔保養品等。

MAP附錄①12 F-1 ☎076-260-0891
L9:00～17:00 休無休
所石川県金沢市兼六町2-10
交北鐵巴士兼六園巴士站下車即到
P1小時350日圓（縣營兼六停車場）

西茶屋街周邊

E
津田水引折型

●つだみずひきおりかた

傳統與摩登融合

販售訂婚禮品、祝儀袋、水引繩結工藝等的訂婚用品專賣店。另外亦備有加賀水引風鈴及髮簪等罕見配件。

MAP附錄①13 B-4 ☎076-214-6363
L10:00～18:00（週六為～12:00）
休週日及國定假日 所石川県金沢市野町1-1-36 交北鐵巴士広小路巴士站下車即到 P免費

好想帶回家
金澤
伴手禮

輕輕在口中化開
一股高雅的甜味
隨即擴散開來

C
花兔
486日圓(15粒裝)

使用糯及三盆糖以傳統製法製成的梅花形落雁。

佃煮老舖所做的「核桃零嘴」

A
糖煮核桃 大野醬油風味
756日圓

在炒過的核桃倒入金澤歷史悠久的「大野醬油」及糖一起燉煮的逸品。

感覺清涼的可愛扇子

B
加賀志きし 扇子仙貝
918日圓(8枚入)

由師傅一片片親手描繪的仙貝。吃進口中馬上入口即化。

好甜 味道及外型讓人心動的

零食伴手禮

在以和菓子店聞名的金澤，除了因師傅的手藝誕生的美味外，也有許多外表華麗可愛的點心！這些點心不僅充滿個性，纖細的外觀讓人不禁看到入迷。

金澤市郊外

D 烏雞庵 本店
●うけいあんほんてん

堅持使用烏骨雞蛋

不惜成本，使用位於金澤市郊外自家農場所飼養的烏骨雞蛋。除了招牌商品「烏骨雞長崎蛋糕」外，亦售有年輪蛋糕及布丁等。

MAP附錄②7B-2
076-223-2266
L9:30～19:00 休無休
所石川県金沢市西念4-22
交北鐵巴士西合同庁舎巴士站下車即到
P免費

金澤站周邊

C 落雁 諸江屋 本店
●らくがんもろえやほんてん

感受金澤歷史的銘菓

自1849（嘉永2）年創業以來持續傳承加賀傳統點心的名店。除了堅持古早製法外，同時也開發現代喜愛的口味及商品。

MAP附錄①13A-5
076-245-2854
L9:00～19:00 休無休
所石川県金沢市野町1-3-59
交北鐵巴士野町巴士站下車步行3分 P免費

金澤站周邊

B 加藤皓陽堂
●かとうこうようどう

展現師傅手藝的纖細和菓子

嚴選素材製成寄託金澤風情的和菓子受到好評。可以品嘗諸如在一片片手掌大小的仙貝上手繪圖案而成的「加賀志きし」等，極富創作性的點心。

MAP附錄①9A-1
076-231-3053
L8:30～17:00 休無休
所石川県金沢市二口町二94-1
交北鐵巴士長田町巴士站下車步行5分 P免費

近江町市場周邊

A MEITETSU M`ZA 黒門小路
●めいてつエムザくろもんこうじ

能感受金澤風情的店內

位於「MEITETSU M`ZA」1樓的食品及工藝精品店。這裡不僅能夠體會城下町金澤別具情趣的街道，還能享受師傅展現功夫交織成的美味及手藝。

MAP附錄①11D-4
076-260-1111(代表)
L10:00～19:30 休不定休
所石川県金沢市武蔵町15-1
交JR金澤站步行10分
P指定停車場有折扣

F **寒冰** 330日圓(9顆裝)

可享受飽滿可愛的外型及清脆的口感。

D **烏骨雞長崎蛋糕（金箔）** 1771日圓(1條)

可嘗到濕潤口感及烏骨雞蛋濃郁的滋味的豪華商品。

兼具「美味」及「美觀」的長崎蛋糕

G **YOKAN** 270日圓(1條)

一次可享受2種口味羊羹。可從筒狀容器擠出享用。

E **かいちん** 2160日圓(36顆裝)

閃亮的色彩
點綴四季情趣

做成花及動物外型，外脆內軟的乾菓子。

G **豆壺** 1296日圓(130g裝)

美濃燒壺內裝滿了大納言、金時及雪てぼう3種甘納豆。

圓形最中餅變成
可愛的紙氣球

H **紙氣球** 648日圓(9顆裝)

彩色最中餅內裝有檸檬及葡萄等口味寒天果凍所製成的點心。

兼六園周邊

H 菓匠 高木屋 本店
●かしょうたかぎやほんてん

備有和洋融合的點心

1925（大正14）年創業。研發出在和菓子加入西洋要素而成的「紙氣球」及「杏子餅」等新感覺甜點，獲得廣大年齡層的好評。

MAP附錄①12G-5
☎076-231-2201
L 9:00～18:00
休 週三
所 石川県金沢市本多町1-3-9
交 北鐵巴士思案橋巴士站下車步行3分 P 免費

西茶屋街

G 甘納豆かわむら
●あまなっとうかわむら

品嘗豆子原有的風味

根據豆子種類不同改變煮法，引出豆子溫和甜味的甘納豆專賣店。商品不添加防腐劑及食用色素，大人小孩都能放心食用。

MAP附錄①13A-5
☎076-282-7000
L 9:30～18:00（週日及國定假日為17:00） 休 第1週二、有夏季及冬季休業 所 石川県金沢市野町2-24-7 交 北鐵巴士広小路巴士站下車步行3分 P 免費

東茶屋街周邊

F 豆半
●まめはん

備有多種眾所熟悉的點心

全國聞名的茶席點心接單生產店「吉はし」的店面銷售店。販售商品有銅鑼燒及羊羹等。由於是少量銷售，最好先預約再前往。

MAP附錄①10H-3
☎076-252-2634（吉はし）
L 9:00～18:00（上生菓子須於3天前預約） 休 週日下午，不定休 所 石川県金沢市東山2-2-2 交 北鐵巴士橋場町巴士站下車步行5分 P 免費（2輛）

金澤市郊外

E 石川屋本舗
●いしかわやほんぽ

提供具有季節感的商品

除了金澤代表性銘菓「かいちん」外，店內也陳列著以日本四季為形象，帶有古早色彩的和菓子。隨四季變化的設計也相當有趣。也可在金澤站的「Anto」購買。

MAP附錄②7B-2
☎076-268-1120
L 9:00～16:00 休 不定休
所 石川県金沢市示野町西22
交 北鐵巴士示野巴士站下車步行8分 P 免費

芳醇的香味與Q軟的口感讓人上癮！

B 芝麻煉羹 3240日圓(6個裝)

使用嚴選芝麻及優質本葛粉以獨門製法攪拌製成芝麻豆腐。

深受石川縣民喜愛的家鄉菜

A とり野菜味噌 313日圓(1袋)
※視店鋪有變動的可能

將米味噌與數種調味料等混合製成味道醇厚的火鍋湯底。石川縣內的超市等地也有販售。

有深度 網羅講究的逸品

美味伴手禮

在擁有豐富來自日本海及山中食材的金澤，有各式各樣充滿個性的飲食文化傳承至今。何不將這些當地傳承已久的人氣逸品當作伴手禮呢？

E 棒壽司 1499～3450日圓(1條)

講究魚的鮮美，素材全是使用從近江町市場進貨的鮮魚。

每一條都充滿了真心及鮮魚美味

米麴的溫和甜味能讓身體舒暢

加賀料理不可或缺的調味料！

D 甘酒 810日圓(500g)

甘酒素有「喝的點滴」之稱。多樣喝法，可加豆漿等稀釋後飲用。

C もろみの雫 540日圓(200mℓ)

以白山的伏流水作為釀造用水，使用嚴選日本國產材料製成的芳香醬油。

近江町市場

E 舟樂
●しゅうらく

品嘗魚原有的鮮美

繼承江戶後期營業的料理茶屋時代的意志，不惜費工持續追求手壓棒壽司的美味。請務必前來品嘗貫徹獨家創意的傳統美味。

MAP附錄①11 D-4
☎076-232-8411 L9:00～17:00（週日及國定假日為～15:00） 休無休 所石川県金沢市上近江町24-1 交北鐵巴士武蔵ヶ辻·近江町市場巴士站下車即到 P利用近江町市場館停車場等

東茶屋街

D 髙木糀商店
●たかぎこうじしょうてん

持續經營超過180年的米麴店

承襲180年的歷史，專事製造及販賣使用石川縣產的越光米、以古法釀造自然風味的米麴、鹽麴、味噌及甘酒等。

MAP附錄①10 H-3
☎076-252-7461
L9:00～19:00
休無休
所石川県金沢市東山1-9-3
交北鐵巴士橋場町巴士站下車步行5分

金澤市郊外

C 醤油処 直江屋源兵衛
●しょうゆどころなおえやげんべえ

位於大野町的醬油老舖

歷史悠久的「大野醬油」代表店。自1825（文政8）年創業以來，持續生產廣受喜愛的醬油及調味料。店內亦附設咖啡廳。

MAP附錄②7 A-1
☎076-268-1300 L10:00～17:00 休週三（逢假日則營業） 所石川県金沢市大野町4-16 交北鐵巴士大野中央巴士站下車即到 P免費

近江町市場周邊

B 壽屋
●ことぶきや

以老舖技法製作的芝麻豆腐

1921（大正10）年創業。該料亭源自金澤歷史最悠久的素食料理店。「芝麻煉羹」是3年來經過不斷嘗試與失敗，根據改良而成的技術及祕訣所完成的逸品。

MAP附錄①10 E-4
☎076-231-6245
L10:00～19:30
休不定休
所石川県金沢市尾張町2-4-13
交北鐵巴士武蔵ヶ辻·近江町市場巴士站下車步行3分 P免費

河北市

A まつや

在石川提到火鍋就想到這味

「とり野菜味噌」是源自曾經營北前船廻船問屋的初代店主為度過航海所研發的味噌。1959（昭和34）年創業，為提供一般家庭可在家享用火鍋美味而商品化，成了石川縣民熟悉的味道。

☎0120-888-752
（まつや配送中心）
L9:00～18:00
休週日及國定假日
HPhttps://toriyasaimiso.jp/

G **酒炭酸** 各302日圓(200mℓ)

日本酒優雅的甘美在口中輕快綻放

在只用米及水釀成的純米酒內加入碳酸，封瓶製成的新型態的酒。

增添料理美味的萬能調味料！

F **鹽麴／いしる糀**
鹽麴 486日圓(120g) いしる糀 594日圓(120g)

「いしる糀」是將石川縣產魚醬及米麴混合熟成而成。

將素材原本的美味製成爽口的醃菜享用

J **金澤醃菜**
綜合口味702日圓
芹菜及葡萄柚810日圓(各270g)

使用當地的當令蔬菜，不添加任何防腐劑及添加物製成的醃菜。

只要倒入熱水就會浮現色彩繽紛的加賀麩

H **不室屋寶之麩即食麵麩湯**
206日圓～(1包)

只要倒入熱水，碗內就會出現色彩繽紛的麵麩及蔬菜的即食麵麩湯。

好想在烤得酥脆的吐司上塗上大量果醬！

J **在地果醬**
加賀產草莓 486日圓
小松產哈密瓜 454日圓(各100g)

不僅是水果，連甜味劑也堅持使用有機製品所製成的果醬。

從漁港卸貨後直接加工做成真空包裝維持鮮度！

I **赤鯥鮮魚乾**
3132日圓(1尾)

使用輪島產的赤鯥做成鮮度超群的一夜魚乾。

近江町市場周邊

J 保存食專門店 STOOCK
●ほぞんしょくせんもんてんストック

凝聚北陸的美味

專售當地生產者及廚師所製的商品及保存食商店。從醃菜及果醬到加工過的魚類及肉類、調味料，應有盡有。來這裡說不定會找到你喜歡的商品。

MAP附錄①10 E-4
076-255-1283
L 11:00～18:00 休 不定休
所 石川県金沢市尾張町2-8-26
交 北鐵巴士武蔵ヶ辻·近江町市場巴士站下車步行3分

金澤站內

I 金澤北珍 肴の匠 金澤百番街店
●かなざわほくちんこうのしょうかなざわひゃくばんがいてん

呈現金澤的佳餚美味

1966（昭和41）年創業，專售下酒菜及珍味禮盒的專賣店。備有凝聚北陸美味精華的珍味、魚乾、下酒菜等各種嚴選海鮮。

MAP附錄①11 A-1
076-260-3738
L 8:30～20:00 休 無休
所 石川県金沢市木ノ新保町1-1 金沢百番街あんと内 交 JR金澤站內 P 有合作停車場

金澤站內

H 加賀麩 不室屋 金澤百番街店
●かがふふむろやかなざわひゃくばんがいてん

傳統加賀麩專賣店

1865（慶應元）年創業、只賣麵麩的專賣店。除了承襲傳統外，同時也積極開發諸如招牌人氣商品寶之麩，以及替湯碗增色不少的彩麩等新商品。

MAP附錄①11 A-1
076-260-3753 L 8:30～20:00 休 無休 所 石川県金沢市木ノ新保町1-1 金沢百番街あんと内 交 JR金澤站內
P 有合作停車場

東茶屋街

G 福光屋ひがし
●ふくみつやひがし

金澤最古老的酒藏直營店

金澤的酒藏運用傳統發酵米的技術，提供日本酒、調味料，亦提供發酵食品、化妝品及器皿等。在酒吧也能享用美酒佳餚以及酒藏的甜點。

MAP附錄①10 H-3
076-251-5205
P L 10:00～18:00 休 無休
所 石川県金沢市東山1-14-9
交 北鐵巴士橋場町巴士站下車步行5分

金澤市郊外

F ヤマト·糀パーク（ヤマト醬油味噌）
●ヤマトこうじパーク（ヤマトしょうゆみそ）

販售各式各樣發酵食品

1911（明治44）年，在藩政時代起即盛行釀造的金澤大野創業。除了使用日本國產大豆、杉桶及天然釀造法製成味噌外，同時也販售各式發酵食品。

MAP附錄②7 B-1
076-268-5289 L 10:00～17:00 休 週三（逢假日則營業） 所 石川県金沢市大野町4-イ-170 交 北鐵巴士大野港巴士站下車步行3分 P 免費

香林坊·豎町周邊

こうりんぼう・たてまち

匯集金澤流行趨勢的主要街道

區域介紹

對流行敏感的商店、飲食店、百貨公司及住宿設施等都集聚在此，為北陸首屈一指的繁華街。香林坊的後街也林立著許多堅持獨特選擇且充滿個性的雜貨商店。

ACCESS

巴士 在JR金澤站兼六園（東口）3、6、8～10號搭乘北鐵巴士於香林坊巴士站（9分）下車，8～10號搭乘北鐵巴士於片町巴士站（12分）下車。

車 從金澤站到香林坊車程10分，到片町14分。備有許多投幣式停車場。

專為成熟女子打造的優質精品店

➲2016年7月重新開幕，亦備有許多作家設計僅此一件的可愛飾品

rallye ●ラリー

匯集了由Mina Perhonen的服裝及作家手工製作、僅此一件飾品的精品店。店員的時尚穿搭也值得一看。

MAP附錄①13C-1
☎076-265-7006
L11:00～19:00 休週三（逢假日則營業） 所石川県金沢市香林坊2-11-7 川岸ビル1F 交北鐵巴士香林坊巴士站下車步行3分

➲公主不倒翁馬克杯2160日圓

➲蘋果化妝包2376日圓，迷你蘋果化妝包1080日圓

➲色彩繽紛的陶器髮飾各6480日圓 耳環各7020日圓

せせらぎ通裡尋找別緻的雜貨

沿著香林坊及片町後街用水延伸的せせらぎ通上，林立著許多時尚雜貨店及精品店。不妨到各店瞧一瞧，尋找喜歡的雜貨吧。

金澤的「小香袋」最適合當作伴手禮

➲香味及友禪紋相當別緻的小香袋324日圓～。備有許多種類

アロマ香房焚屋

●アロマこうぼうたくや

專售線香及芳療商品的專賣店。提供由調配線香的專家兼店主的香司親自調配的講究香味。重現石川縣獨創的花「AiryFlora」香味的香氛袋及小香袋也受到好評。

MAP附錄①13C-2 ☎076-255-6337
L11:00～20:00
休週二（逢假日則營業）
所石川県金沢市長町1-2-23
交北鐵巴士香林坊巴士站下車步行2分

網羅當地作家手作的獨特餐具

くらふと&ぎゃらりぃ OKURA

●くらふとアンドぎゃらりぃオクラ

改建自屋齡超過70年的民家倉庫。店內蒐集了九谷燒、漆器、玻璃工藝等價格實惠的器皿。由女性作家製作的筷架（1080日圓～）也很適合作為自用伴手禮。

MAP附錄①13C-1
☎076-263-3062
L11:00～17:00
休週二（逢假日則營業）
所石川県金沢市香林坊2-10-6
交北鐵巴士香林坊巴士站下車步行3分

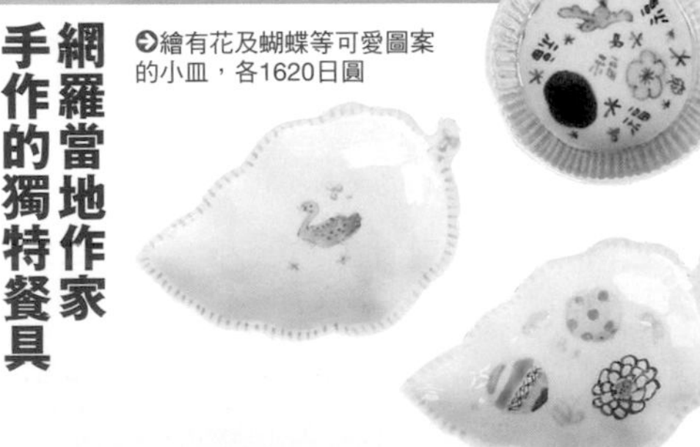

➲繪有花及蝴蝶等可愛圖案的小皿，各1620日圓

➲店內也會時常舉辦當地作家的個展

南町　MAP附錄①13C-1

加賀てまり 毬屋

●かがてまりまりや　✆076-231-7660　購物

也適合當作室內擺飾的工藝品

日本全國相當少見的手毬專賣店。一針一線都是手工縫製，手毬圖案以花為居多。在金澤，至今仍保留女兒出嫁時以手縫手毬驅魔的習俗。

L9:30～18:00 休週二、三
所石川県金沢市南町5-7 小出南ビル1F
交北鐵巴士南町巴士站下車步行1分

亦有舉辦製作手毬及頂針一日體驗教室（需預約）

新豎町　MAP附錄①13D-5

Parlour KOFUKU

●パーラー・コフク　✆076-221-7757　美食

小酌一杯的氣氛為其魅力

位於街上的綠洲酒館，午後可享用酒精飲料。在改建自舊理髮店的復古店內，可以享用一杯紅酒（650日圓），下酒菜（300日圓～）及簡便卻手藝精湛的菜色。

L15:00～22:00 休週三、第2週二，有不定休
所石川県金沢市新竪町3-118
交北鐵巴士片町巴士站下車步行10分

適合小酌一杯的コフク套餐1000日圓

香林坊周邊　MAP附錄①13C-2

割烹 むら井

●かっぽうむらい　✆076-265-6555　美食

每天限定10份的北國紅蝦天婦羅蓋飯人氣旺

40多年來一直以平價供應不惜費工烹調的加賀料理。割烹老舖的午餐菜色是擺滿7隻新鮮的北國紅蝦及蔬菜天婦羅，分量十足。價格只要1000日圓也是人氣旺的原因。

L11:30～14:00、16:30～22:00
休無休
所石川県金沢市香林坊2-12-15
交北鐵巴士香林坊巴士站下車即到

亦附味噌湯及醃菜

新豎町　MAP附錄①13D-4

kimono 畳世

●きものたたみぜ　✆076-263-2632　購物

備有種類豐富的成人可愛和風配件

以「將和服當作日常便服」為理念，蒐集古董和服的精品店。亦備有眾多九谷燒帶扣及加賀繡髮圈等使用傳統工藝製成的和風配件。

L10:00～17:00 休週二、三（有不定休）
所石川県金沢市新竪町3-95
交北鐵巴士片町巴士站下車步行5分

店名的由來是源自意指「祟日、咍日」的法文

香林坊周邊　MAP附錄①13C-1

CAFE DUMBO

●カフェダンボ　✆076-255-6966　咖啡廳

費工製作的甜點人氣旺

在以紐約街上咖啡廳為形象的店內，從每一件傢俱及雜貨都能感受到店主的講究。請在此享用店主自豪的咖啡及自家製甜點，享受悠閒時光。

L10:00～18:00 休週二（有不定休）
所石川県金沢市香林坊2-11-6
交北鐵巴士香林坊巴士站下車步行5分

使用大量新鮮乳酪製成的紐約乳酪蛋糕450日圓與摩卡咖啡580日圓是絕配

長町　MAP附錄①13B-1

ビストロ ひらみぱん

✆076-221-7831　美食

現烤麵包為主角的金澤法式料理

改建自大正時代鐵工廠的法式麵包店。中午供應法式鹹派等法式午餐套餐，晚上可享受輕鬆的法式料理及自然派紅酒。陳列櫃所放的自家製麵包可以外帶。

L8:00～10:30、12:00～15:30、18:00～21:30
休週一 所石川県金沢市長町1-16-11 交低底盤巴士聖霊病院・聖堂巴士站下車即到 P免費

可以品嘗自家製庫克太太三明治的早餐1200日圓，午餐1500日圓～

新豎町　MAP附錄①13D-5

GALERIE Noyau

●ギャルリ・ノワイヨ　✆076-222-0014　購物

復古的店內陳列著年輕作家的作品

經手商品的理念為「可長久使用的美麗物品」。店內陳列著陶器、玻璃及皮革製品等，主要從日本全國精選在石川縣內外相當活躍的年輕作家的僅此一件作品。

L12:00～19:00 休週三、第2週二，有不定休
所石川県金沢市杉浦町24
交北鐵巴士片町巴士站下車步行10分

店內陳設相當有品味，單純欣賞也很有意思

香林坊周邊　MAP附錄①13C-1

niguramu

●ニグラム　✆076-255-2695　購物

網羅眾多作家極富個性的商品

蒐集能豐富日常生活、優質且簡約的日常用品、廚房用具、雜貨及飾品等的精品店。與縣內外的工房及廠商合作的商品也值得一看。

L11:00～19:00 休週四
所石川県金沢市高岡町18-13
交北鐵巴士香林坊巴士站下車步行5分

店內所蒐集的「日本優質商品」都相當優質，以簡約設計居多

豎町　MAP附錄①13C-3

きにつちに

✆076-254-0085　美食

講究的蔬菜及各式啤酒讓人大滿足

豎町街上的和洋小吃店，提供大量使用當地蔬菜所烹調成的前菜、「Obanzai」（おばんざい，京都傳統家常料理）、義大利麵及飯類等料理。亦備有新鮮冰沙及原創雞尾酒等。

L18:00～24:00（週日到23:00為止） 休週三
所石川県金沢市片町1-12-24 竪町ストリート
交北鐵巴士片町巴士站下車步行5分

使用素材為當地產的海鮮等，肉類也很講究

了解江戶時代的生活情況

長町武家宅邸遺跡

ながまちぶけやしきあと

來此一窺武士的生活

穿越時空回到江戶時代

至今仍保留木羽葺屋頂、土牆、設有武者窗的長屋門等江戶時代的街道。不妨悠閒漫步在別具風情的石板小道上，沉浸在江戶時代的氣氛中。

注目焦點!

大野庄用水

●おおのしょうようすい

流經土牆旁的用水，是流經金澤市街上55條用水當中最古老的用水

注目焦點!

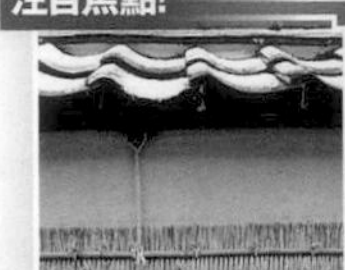

防雪草蓆

為防止雪堆積在土牆上，會在土牆鋪上稱作「薦(こも)」的稻草蓆

武家文化所誕生的庭園榮獲世界級評價

體驗當時中級武士的生活

武家宅邸遺跡野村家

●ぶけやしきあとのむらけ

歷任加賀藩重職的名門野村家宅邸遺跡。繪有山水畫的隔扇及總檜造的格子天花板相當壯觀。配置有曲水及古木的美麗庭園也受到世界肯定，不僅榮獲米其林二星評價，在美國庭園專門誌的日本庭園部門也名列第3名。

MAP附錄①13 B-2 ✆076-221-3553
L8:30～17:00(10～3月為～16:00、分別於30分後閉館) 休12月26、27日
¥550日圓 所石川県金沢市長町1-3-32 交北鐵巴士香林坊巴士站下車步行5分
P免費

舊加賀藩士高田家遺跡

●きゅうかがはんしたかだけあと

庭園內的楊梅樹樹齡高達400年

取自大野庄用水的池泉回遊式庭園也值得注目

中級武士高田家的宅邸遺跡。內部重現了中級武士以上獲准設置長屋門及奉公人居住的仲間部屋、馬屋及池泉回遊式庭園等，將當時的生活情況流傳下來。

MAP附錄①13 B-1 ✆076-263-3640(金澤市足輕資料館)
L9:30～17:00 休無休 ¥免費 所石川県金沢市長町2-6-1
交北鐵巴士香林坊巴士站下車步行7分

金澤市足輕資料館

●かなざわしあしがるしりょうかん

可窺見支撐藩的足輕生活

移建、復原自曾任足輕的高西家及清水家宅邸。在鋪石屋頂的家屋內除了展示足輕日常生活使用的用具外，同時也仔細解說足輕的職務。

板葺屋頂上置有石頭，讓人感受到當時的氣氛

MAP附錄①13 B-1 ✆076-263-3640
L9:30～17:00 休無休 ¥免費 所石川県金沢市長町1-9-3 交北鐵巴士香林坊巴士站下車步行8分

區域介紹

藩政時代只准加賀藩的中級藩士居住的地區。至今仍保留往昔的街道，重現武家宅邸的庭園。另外也林立著販售和菓子及工藝品等具金澤特色的店鋪。

ACCESS

巴士 在JR金澤站兼六園口(東口)3、6、8～10號搭北鐵巴士於香林坊巴士站(9分)下車，步行3分

車 從JR金澤站車程10分。可利用附近的投幣式停車場

長町 MAP附錄①13A-1

甘味処 金花糖

●あまみどころきんかとう ✆076-221-2087 咖啡廳

彷彿在不為人知的秘境中放鬆的甜點咖啡廳

鄰近長町武家宅邸遺跡，改裝自舊民家的甜點咖啡廳。超人氣的鮮奶油豆沙水果涼粉內有使用丹波大納言紅豆製成的紅豆餡、白玉湯圓及冰淇淋，全都是自家製，堪稱絕品美味。

L12:00～黃昏 休週二、三（逢假日則營業）
所石川県金沢市長町3-8-12
交北鐵巴士香林坊巴士站下車步行12分

鮮奶油豆沙水果涼粉800日圓

長町 MAP附錄①13B-2

長町武家屋敷休憩館

●ながまちぶけやしききゅうけいかん ✆076-263-1951 景點

提到長町導覽就想到「まいどさん」!

提供在長町漫步途中可稍微歇息的休息室、觀光導覽服務處、廁所等免費休息處。有義工導覽「まいどさん」常駐，提供免費的陪同導遊，以淺顯易懂的方式介紹周邊歷史及景點（所需約60分）。

具有武家宅邸風情的外觀

所需 30分

館內亦有展示資料

擔任「まいどさん」的福岡先生

黃色上衣是「まいどさん」的標誌

L9:00～17:00（12/1～3/15為9:30～） 休無休 ¥免費
所石川県金沢市長町2-4-36
交北鐵巴士香林坊巴士站下車步行5分

長町 MAP附錄①13B-2

九谷焼窯元　鏑木商舗

●くたにやきかまもと かぶらきしょうほ ✆076-221-6666 購物

最先販售九谷燒的商家

1822（文政5）年創業。店內除了設有販賣區、鏑木收藏品房間外，亦設有可眺望茶室及庭園的吧臺、飲食區等，可從多種角度欣賞九谷燒。

L9:00～22:00（週一、日及國定假日為～18:00）
休不定休
所石川県金沢市長町1-3-16(金沢九谷ミュウジアム內)
交北鐵巴士香林坊巴士站下車步行5分 P免費

從平常使用的餐具到作家製作的名品，應有盡有

長町 MAP附錄①13B-2

四季のテーブル

●しさのテーブル ✆076-265-6155 美食

料理研究家所經營的金澤鄉土料理店

料理研究家青木悅子所經營的宴席・鄉土料理店。以實惠的價格就能品嘗到使用當令加賀蔬菜所烹調成的金澤鄉土料理。另有抹茶、咖啡、蛋糕及紅豆湯圓等咖啡廳菜單。

L9:30～20:30(L.O.) 休週三(逢假日則下一個平日休息) 所石川県金沢市長町1-1-17 青木クッキングスクール1F 交北鐵巴士香林坊巴士站下車步行5分 P免費

四季盛宴膳（花）2460日圓。治部煮的鴨肉與山葵相當對味

長町 MAP附錄①13B-2

金澤市老舗紀念館

●かなざわししにせきねんかん ✆076-220-2524 景點

重現往昔時光歷史悠久的藥屋

移建自1579（天正7）年創業的「中屋藥舖」建築物的紀念館。1樓重現當時的店前模樣，2樓則展示婚禮情況及町民文化相關的珍貴資料。也會舉辦每年替換3次展示品的金澤老舗百年展。

L9:30～16:30（17:00打烊） 休無休
¥100日圓 所石川県金沢市長町2-2-45
交北鐵巴士香林坊巴士站下車步行5分

所需 1小時

藥屋的工具相當珍貴，被指定為國家登錄有形民俗文化財

長町 MAP附錄①13B-2

金沢わらじ屋本店

●かなざわわらじや ほんてん ✆076-223-5008 購物

備有眾多極富魅力的金澤伴手禮

從九谷燒及金箔製品等傳統工藝品到和菓子及和風雜貨等，備有眾多適合當作金澤伴手禮的商品。另有各種當地Hello Kitty週邊商品，也相當有魅力。

L9:30～17:00 休不定休 所石川県金沢市長町2-3-35 交北鐵巴士香林坊巴士站下車步行7分

以紅傘為標誌的店頭設有板凳，可稍做休息

長町 MAP附錄①13A-2

百薬キッチン

●ひゃくやくキッチン ✆076-255-1893 美食

使用大量對身體有益的素材

位於民家之間小巷道深處的自然食咖啡廳。基於傳達生產者心意的想法，採用地產地消。備有多種大量使用當令有機蔬菜及藥草烹調成的健康料理。

L11:00～14:30 休週二
所石川県金沢市長町2-3-23-2
交北鐵巴士香林坊巴士站下車步行7分

百藥御膳1400日圓

片町 MAP附錄①13B-2

前田土佐守家資料館

●まえだとさのかみけしりょうかん ✆076-233-1561 景點

展示珍貴的加賀藩政資料

展示眾多以加賀藩祖前田利家次子利政為家祖的前田土佐守家之古文書及傢俱等。利政的兔耳形兜及漆塗具足等具備極高藝術性，為一大看點。

L9:30～16:30（17:00打烊） 休無休
¥300日圓 所石川県金沢市片町2-10-17
交北鐵巴士香林坊巴士站下車步行5分

所需 1小時

保管資料約9000件。每年舉辦4次學藝員解說講座

妙立寺·西茶屋街

みょうりゅうじ・にしちゃやがい

機關寺及充滿情趣的花街

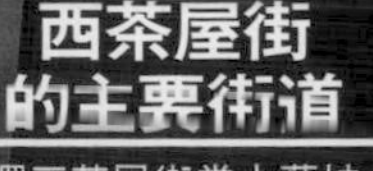

西茶屋街的主要街道

以金澤三茶屋街當中藝妓人數最多而聞名，到了傍晚有時還能看到美麗的藝妓。除了茶屋，街上也林立著充滿金澤特色的伴手禮店及甜點店。

又稱"忍者寺" 充滿許多機關的 妙立寺

忍者寺內部佈下許多機關，以防外敵侵入。外觀看來像是2層樓建築，實為4樓7層的複雜結構。一起前來參觀江戶時代的防衛術吧！

妙立寺 みょうりゅうじ

1643（寛永20）年，加賀藩第3代藩主前田利常所建立的日蓮宗寺院，移建自初代藩主前田利家興建的祈願所。通稱「忍者寺」，內部佈下許多機關。

MAP 附錄①13 B-5

076-241-0888（參觀需預約 ※1個月之前）

L 9:00～16:00（每隔1小時有導覽）※週六、日及國定假日到16:30（每隔30分有導覽） 休 法要日 ¥ 1000日圓 所 石川県金沢市野町1-2-12 交 北鐵巴士広小路巴士站下車步行3分 P 使用極樂停車場（75分500日圓）※學齡前孩童不可進場，詳細請上官網確認

看點 其一

香油錢箱是陷阱！

本堂正面入口的嵌入式香油錢箱為設有陷阱的機關。當敵人來襲時，只要稍做功夫就能迅速變換成陷阱。

看點 其二

製造藏身之處的兩扇門！

兩扇門分別通往不同出口的機關。當敵人追趕過來開門進入房間之際，即可自動隱身。

開門後…

看點 其三

地板底下有陷阱！

平時是普通的地板，只要拆下地板就會出現隱藏樓梯的機關。當敵人掉落時，在樓梯下待命的家臣就會進行攻擊。

拆下地板後…

這也是注目焦點！

深25m的水井。由於設有側孔，據說是通往金澤城的退路。光是想像就讓人興奮不已。

區域介紹

與東茶屋街、主計町茶屋街並稱為金澤三茶屋街。漫步在石板路上，觸目所及是設有格子窗的民家林立及充滿情趣的景色。寺町的寺院群及室生犀星紀念館也可步行前往。

ACCESS

巴士 從JR金澤站兼六園口（東口）8～10號搭北鐵巴士於広小路巴士站下車（14分），步行3分。

車 從JR金澤站車程15分。可利用附近的投幣式停車場。

妙立寺周邊 MAP附錄①13B-5

寶勝寺カフェ

●ほうしょうじカフェ ☎076-287-3870 咖啡廳

在寺內的咖啡廳稍作歇息

位於擁有約400年歷史的寺院一角，地理位置特殊的咖啡廳。可在和室置有洋風座椅及照明等組合極具個性的室內，享用灑上金箔的抹茶、加賀棒茶及金澤的和菓子等。

L10:00～16:00 休週二(有不定休) 所石川県金沢市寺町5-5-76 交北鐵巴士広小路巴士站下車步行3分

⊙生菓子、生落雁、千菓子三樣拼盤及抹茶套餐1000日圓

西茶屋街周邊 MAP附錄①13A-4

室生犀星紀念館

●むろおさいせい きねんかん ☎076-245-1108 景點

興建於誕生地的紀念館

收藏金澤出身的文豪室生犀星的親筆原稿及遺物等約5000件。另外也很推薦到附近的犀川及雨寶院等室生犀星相關地巡遊。

所需 1小時

L9:30～16:30(17:00打烊) 休更換展示期間 ¥300日圓 所石川県金沢市千日町3-22 交北鐵巴士片町巴士站下車步行6分 P免費

⊙所有著作的封面依照年代順序排列，讓訪客沉浸在犀星的作品、生活方式及世界觀中

妙立寺周邊 MAP附錄①9C-5

大圓寺

●だいえんじ ☎076-242-2635 景點

保佑增福延壽，高達4m的地藏菩薩

1624（寛永元）年創建的寺院。「人骨地藏尊」上塗有無家族認領的遺骨，即「無縁佛」的骨灰，據說只要參拜就能延年益壽。

所需 30分

L10:00～15:00(需預約) 休不定休 ¥大人500日圓 所石川県金沢市寺町5-3-3 交北鐵巴士広小路巴士站下車步行3分 P免費

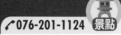

⊙由第3代心岩上人所製作的人骨地藏尊。如想參拜須事先預約

西茶屋街 MAP附錄①13A-5

中谷とうふ

●なかたにとうふ ☎076-241-3983 購物

味道濃醇的豆漿霜淇淋是名產

古早的豆腐店名產為自家製豆漿霜淇淋（4～10月販售）。恰到好處的甜味中可以感受到濃厚的豆漿味。

L10:00～18:00 休不定休 所石川県金沢市野町2-19-13 交北鐵巴士広小路巴士站下車步行3分

⊙豆漿霜淇淋及豆腐冰淇淋各350日圓。豆腐冰淇淋全年販賣

西茶屋街周邊 MAP附錄①9B-5

九谷燒窯元 九谷光仙窯

●くたにやきかまもと くたにこうせんがま ☎076-241-0902 玩樂

動手彩繪製作原創九谷燒

從轆轤成形到彩繪一貫採用手工作業的窯戶。可來此參觀及體驗陶瓷彩繪。描線後由師傅使用傳統畫具進行彩繪，可輕鬆體驗，作品的收尾也相當正式。

L9:00～17:00 休無休 所石川県金沢市野町5-3-3 交北鐵巴士野町巴士站下車步行5分 P免費

⊙彩繪體驗1300日圓～（運費另計，需預約）

妙立寺周邊 MAP附錄②7C-3

辻家庭園

●つじけていえん ☎076-201-1124 景點

與自然調和、歷史悠久的名園

代代擔任加賀藩家老的舊横山家於明治期興建作為迎賓館的宅邸庭園。本園是由開創近代日本庭園文化的第七代小川治兵衛一手打造的名園，散步後可在茶寮享用抹茶。

L12:00～17:00 (夏季為～18:00) 休週二、三 ¥參觀費500日圓 所石川県金沢市寺町1-8-48 交北鐵巴士寺町2丁目巴士站下車步行2分 P免費

所需 1小時

⊙佔地達6600㎡的大庭園。夏季開園時間延長至18時。

西茶屋街 MAP附錄①13A-5

甘納豆かわむら

●あまなっとうかわむら ☎076-282-7000 購物

可一次享受2種口味羊羹

為紙桶裝羊羹，有楓糖羊羹及濃抹茶羊羹、樹莓羊羹及能登島橄欖羊羹等口味，可一次享受隨季節更換的2種口味。具金澤特色的可愛包裝，最適合作為伴手禮。

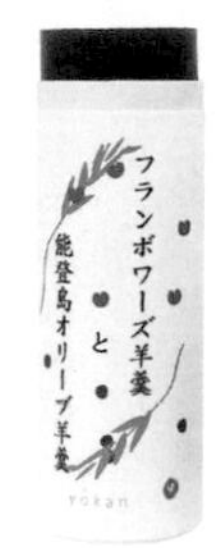

L9:30～18:00(週日及國定假日為～17:00) 休第1週二，有夏季及冬季休業 所石川県金沢市野町2-24-7 交北鐵巴士広小路巴士站下車步行3分 P免費

⊙每條270日圓。無香料、色素，可嘗到原料本來的味道

西茶屋街周邊 MAP附錄①13B-4

LA NENE GOOSE

●ラ・ネネグース ☎076-243-6651 美食

在犀川沿岸的民家享用法式料理

為改建自民家，氣氛沉穩的法式料理店，可從偌大的窗戶眺望犀川景色。在此可以享用將在地當令食材的滋味發揮到極限的調味，香味四溢的美味料理。

L17:30～22:00 (週五、六、日及國定假日只在午餐時間營業11:30～14:00) 休週日晚上、週一(國定假日需洽詢) 所石川県金沢市千日町1-16 交北鐵巴士片町巴士站下車步行7分

⊙晚餐全餐6600日圓

西茶屋街 MAP附錄①13A-5

金澤市西茶屋資料館

●かなざわしにしちゃや しりょうかん ☎076-247-8110 景點

學習金澤的茶屋文化

興建在茶屋「吉米樓」舊址的資料館。1樓展示石川出身作家島田清次郎的資料，該作家以小說《地上》聞名，青年時期曾在此度過；2樓則重現當時的茶屋宴席。

L9:30～17:00 休無休 ¥免費 所石川県金沢市野町2-25-18 交北鐵巴士広小路巴士站下車步行3分 P1小時300日圓 (西茶屋觀光停車場)

所需 30分

⊙重現的宴席牆壁顏色為加賀傳統的紅色，令人印象深刻

挑選讓旅行更愉快的旅宿

金澤旅宿的3種類型

金澤融合了城下町情趣及最新樣式，住宿型態也相當多樣化。配合主題及目的，從3種類型旅宿選擇喜歡的住宿，一定能讓金澤之旅更愉快，擁有難忘的回憶！

STYLE 1

風情洋溢的空間

和風旅宿

若想投宿在金澤之旅特有的城下町，就到能夠放鬆心情的和風旅館。

創業長達360年老舖旅館的居家式溫馨招待

↑包括具金澤特色的朱色牆壁引人注目的「赤壁之間」（1泊2食12800日圓～）在內，共有8間客房

←沉穩的琥珀色樑柱讓人感受到悠久的歷史

↑鄰近近江町市場，地理位置便利

近江町市場周邊

住吉屋旅館

●すみよしやりょかん

有江戶時代伊能忠敬曾在此下榻的紀錄，是金澤首屈一指的老舖旅館。通往近江町市場及兼六園等觀光景點的交通相當方便，使用市場直送的新鮮食材烹調成的加賀料理也是該旅館最自豪的特色。在老舖旅館特有的沉穩氣氛及居家式的溫馨招待，讓身心得到放鬆。

費用 1泊附早餐 **7200日圓～**
1泊2食 **11000日圓～**
IN **15:00** OUT **10:00**
客房 **8**

MAP附錄①10E-4 ✆076-221-0157
所石川県金沢市十間町54 交北鐵巴士武蔵ヶ辻·近江町市場巴士站下車步行3分 P需洽詢

金澤站前

金沢茶屋 割烹つづみ

●かなざわちゃやかっぽうつづみ

和倉溫泉加賀屋集團旗下的料理旅館。使用四季素材烹調的每一道料理不僅美觀，且大飽眼福口福，令人感動。來此可以盡享無微不至且優質的服務精神。

費用 1泊附早餐 **15120日圓～**
1泊2食 **31320日圓～**
IN **15:00** OUT **10:00**
客房 **18+特別室1**

MAP附錄①11B-2
✆076-231-2225
所石川県金沢市本町2-17-21
交JR金澤站步行3分
P免費(需事先預約)

←不需預約也能品嘗具有金澤特色的「三段重」午餐

↓寬敞的客房。格子窗及塌塌米等純和風裝潢讓人感到平靜

在加賀屋流的招待下度過平靜的時光

↑從JR金澤站步行3分。作為觀光據點相當便利

每天限定2組客人
金澤東茶屋街的隱密旅宿

客房僅2間，有最多可住2人的洋房以及可住2～4人的和洋房

↑建築物完全融入茶屋街氣氛

↑日本料理店「東山和今」提供前衛的日本料理

東茶屋街周邊

Higashiyama Auberge Maki No Oto Kanazawa

●ひがしやまのオーベルジュ まきのおとかなざわ

佇立在東茶屋街上的一家精緻豪華的客棧。1樓是日式料理店「東山和今」，可品嘗跳脫常識框架的割烹式懷石料理。旅館內附設咖啡廳及精品店。另外，本館也提供到館主挑選的料亭、和食、壽司、洋食等合作店之接送服務、上街品嘗美食的方案。

費用 1泊附早餐 **26000日圓～**
1泊2食 **34000日圓～**
IN **15:00** OUT **11:00**
客房 **2**

MAP附錄①10H-4
✆076-252-5125
所石川県金沢市東山1-15-14
交北鐵巴士橋場町巴士站下車步行5分 P1泊800日圓

※金澤市預定自2019年4月起導入住宿稅。導入後費用可能會變更，預約前請向各設施確認。

STYLE 2

交流也是魅力 Guest House

以合理的價格住宿在充滿風情的民家。旅客之間的交流也相當愉快。

●共用空間的客廳。有免費Wi-Fi，亦可免費使用電腦

在屋齡119年的民家度過隨心所欲的時光

●融合當時的建築技巧與現代建築技巧的建築物。讓您在民家度過自由時光

●住宿空間的宿舍。可拉上簾子以示區隔

近江町市場周邊

Guesthouse Shiro ●ゲストハウスしろ

可投宿在興建於明治期、屋齡120年的民家之純住宿旅館。具備距離金澤城公園步行1分的良好地理位置，同時充滿像自己家般舒適放鬆的氣氛。備有出租腳踏車（1天500日圓），市內觀光時請務必多加利用。

費用 單人房(1人) **5000日圓～** 男女別宿舍(4人同住1房) **3500日圓**
IN **14:00～20:30**
OUT **11:30** 客房 **4**
MAP附錄①10E-5
☎070-5062-0030
所石川県金沢市大手町1-2 交北鐵巴士武蔵ケ辻巴士站下車步行5分

投宿在國家文化財親身感受傳統

●在充滿情趣且心情放鬆的和室，可以像在自己家一樣盡情放鬆

●設有下嵌式座位的交流廳

●步行10分即到兼六園，地理位置極具魅力。亦備有金澤觀光手冊

兼六園周邊

Kanazawa Machiya Guesthouse AKATSUKIYA ●かなざわまちやゲストハウスあかつきや

運用屋齡85年的民家，是北陸第一棟被指定為國家登錄有形文化財的Guest House。格子窗、玄關的圓窗及庭院等，處處充滿情趣，吸引世界各地的旅客造訪。有提供團體或同伴入住的整棟包租方案。

費用 純住宿 **7200日圓**(1房) ※6疊間最多可住3人 三房包租 **26000日圓**
IN **16:00** OUT **10:00**
客房 **3**
MAP附錄①8F-4
☎076-255-0140
所石川県金沢市暁町21-18
交北鐵巴士横山町巴士站下車即到

金澤站前

鹿島屋旅館 ●かしまやりょかん

1919（大正8）年創業，保留濃厚旅籠風情的旅館。受到追求純和風氣氛的外國旅客喜愛。可純住宿，自豪的螃蟹料理等滿滿海鮮的餐點也極富魅力。

●有益身體健康的純和風早餐相當美味

將旅籠的氣氛流傳至今的老舖旅館

●充滿大正浪漫的外觀。格子窗也極具金澤特色

MAP附錄①11B-2
☎076-221-0187
所石川県金沢市本町2-9-13
交JR金澤站步行3分 P收費停車場

費用 純住宿(平日) **6480日圓～**
1泊附早餐(平日) **7560日圓～**
1泊2食(平日) **1800日圓～**
IN **15:00** OUT **10:00** 客房 **21**

聆聽淺野川的潺潺流水感受茶屋風情

●外觀端正，完全融入四季景色美麗的茶屋街氣氛

●讓人感受茶屋風情的客房，充滿旅情

主計町

木津屋旅館 ●きづやりょかん

本館佇立在金澤三大茶屋街之一・主計町茶屋街上。從2、3樓的客房可以眺望淺野川的流水，夜晚點燈的景色也相當美麗。在保留茶屋情趣的空間，盡情享受別具風情的時光。

費用 純住宿(平日) **4860日圓～**
純住宿(假日前日) **5400日圓～**
IN **15:00** OUT **10:00** 客房 **10**
MAP附錄①10G-3 ☎076-221-3388
所石川県金沢市主計町3-8 交北鐵巴士橋場町巴士站下車即到 P免費(登記入住～退房)

寺町周邊

旅館 橋本屋 ●りょかんはしもとや

使用精選當令素材，堅持手工烹調的獨創加賀宴席受到好評。正因為是「傳達真心的小旅館」，才能提供溫暖的款待以及全心全意的料理，為旅途留下美好回憶。

以料理自豪的旅館居家般的溫暖也是魅力之一

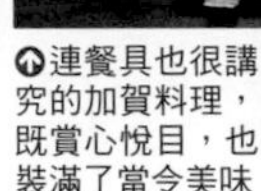

費用 1泊2食(平日) **12500日圓～**
1泊2食(假日前日) **15500日圓～**
IN **15:00** OUT **10:00**
客房 **8**
MAP附錄②7C-3
☎076-243-1631
所石川県金沢市十一屋町3-30
交北鐵巴士十一屋巴士站下車即到
P免費

●連餐具也很講究的加賀料理，既賞心悅目，也裝滿了當令美味

●所有客房均為數寄屋造建築，相當舒適

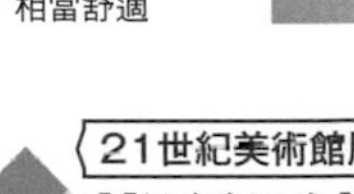

在鄰近「21美」的小旅館好好放鬆

●1919（大正8）年創業。一直維持代代傳承下來的款待之心

●可在塌塌米上慵懶放鬆的氣氛

21世紀美術館周邊

菊野屋旅館 ●きくのやりょかん

金澤21世紀美術館、兼六園及金澤城公園都位在步行可到範圍內的老舖旅館。浴池是採分房通知入浴式，可如同在家庭浴池般放鬆泡澡。另外大量使用加賀蔬菜烹調的早餐也頗受好評。

費用 純住宿 **4800日圓～**
1泊附早餐 **5900日圓～**
IN **16:00** OUT **10:00** 客房 **8**
MAP附錄①13D-3 ☎076-231-3547
所石川県金沢市広坂1-1-27
交北鐵巴士香林坊巴士站下車步行3分
P1泊1000日圓

讓人享受金澤的美麗奢華空間

↑進入玄關後即可看到挑高的空間，充滿民家特有情趣

STYLE 3
獨棟包租最舒適
民家
每日限定1組，感覺就像住在自己家一樣為其魅力。

↑可一邊眺望中庭一邊悠閒度過

↑氣氛沉穩的2樓寢室

〈金澤站周邊〉
金澤町家INUIAN
●かなざわまちやいぬいあん

在屋齡90年的金澤民家設置現代化設備，使人如同住在別墅般舒適的旅宿。1樓及2樓均設有2間和室，可在塌塌米上盡享放鬆的奢侈時光。屋內亦備有IH廚房，不妨到近江町市場採購食材，享受做料理的樂趣。

費用 2名 **28000日圓〜**
3名 **36000日圓〜**
4名 **40000日圓〜**
5名 **45000日圓〜**
IN **15:00** OUT **11:00**
客房 **最多可住5名**
MAP 附錄①9B-2
076-208-3162
所 石川県金沢市三社町9-2
交 JR金澤站步行13分

↑從JR金澤站可步行移動，地理位置相當便利

〈橋場町周邊〉
橋端家
●はしばや

將興建在淺野川沿岸住宅街上的民家翻新而成的旅宿。東茶屋街、兼六園及近江町市場位在步行10分的範圍內，不僅觀光便利，同時也如同住在自己家一樣舒適。可以慵懶地坐在緣廊，或是在流經附近的淺野川沿岸散步，自由享受金澤住宿。

費用 **18000日圓〜**
(+每1人1000日圓)
IN **15:00〜18:00**
OUT **11:00** 客房 最多可住**6名**
MAP 附錄①10G-5
預約及洽詢請上網「橋端家」搜尋
所 石川県金沢市橋場町1-18
交 北鐵巴士橋場町巴士站下車步行3分

↓古早的和式空間讓人完全放鬆。寬敞的建築結構也頗有魅力

像當地人一樣步行前往金澤的名勝觀光

↑座落在住宅街，四周相當安靜，氣氛沉穩

↑坐在緣廊眺望坪庭景色度過時光也很奢侈

〈東茶屋街〉
金澤東茶屋街 宿 Hoyasake
●かなざわひがしちゃやがいやどほやさけ

位於東茶屋街上、保留濃厚風情的民家旅宿。本館「為了重要的客人」，每天僅限定1組包租，另外還備有12種竹久夢二的浴衣，讓旅客身穿和服漫步在金澤街上也是本館的一大魅力。附近有飲食店及錢湯，可親身體驗金澤特有的生活與氣氛。

費用 2名 **15000日圓** 3名 **21900日圓**
IN **15:00** OUT **10:00**
客房 最多可住**8人**(可商量)
MAP 附錄①10H-3 **076-253-0231**
所 石川県金沢市東山1-26-6
交 北鐵巴士橋場町巴士站下車步行5分

↓從2樓可眺望充滿風情的街道

在東茶屋街度過充滿當地情趣的一晚

→2樓的10疊間和室的藍色牆壁讓人印象深刻。除了這間房間外，2樓還設有3間房間

還有其他 充滿個性的推薦旅宿

金澤城公園周邊

KUMU金澤 −THE SHARE HOTELS−

●クムかなざわザシェアホテルズ

將位於金澤市中心部的辦公大樓翻新成旅館。房間有6種類型，最多可住4人，非常推薦團體或家族入住。近江町市場及兼六園位在步行範圍內，是作為金澤觀光據點的絕佳場所，也是魅力之一。

費用 和式房間(最多4人)
19000日圓～(早餐另計)
洋式房間(最多4人)
18000日圓～(早餐另計)

IN **15:00** OUT **10:00** 客房 **47**

MAP 附錄①11C-5
076-282-9600
所 石川県金沢市上堤町2-40
交 北鐵巴士南町·尾山神社巴士站下車步行1分

亦有寬敞的塌塌米地板房

個性獨具的6種類型房間 適合情侶及團體旅行入住

上下共配有4張單人床的閣樓房

為金澤之旅增添一股優雅 洋溢著大正浪漫情緒的飯店

以花窗玻璃裝飾館內

2017年10月誕生的浪漫套房，連細部裝潢也相當講究。照片為浪漫雙人房

金澤城公園周邊

金澤白鳥路飯店山樂

●かなざわはくちょうろホテルさんらく

步行5分即到兼六園，觀光相當便利的飯店。館內擺設以大正浪漫為主題，洋溢著懷舊氣氛，另有水源引自地下807m、素有「美人湯」之稱的天然溫泉的大浴場，讓您度過放鬆時光。

費用 浪漫雙人房
28400日圓～+入湯稅150日圓
浪漫雙人房(單人使用)
26100日圓～+入湯稅150日圓

IN **14:00** OUT **12:00** 客房 **85間**

MAP 附錄①10F-5 **076-222-1212**
所 石川県金沢市丸の内6-3 交 北鐵巴士兼六園·金澤城公園巴士站下車步行5分
P 1泊1000日圓

金澤城公園周邊

頭等艙旅館 金澤百萬石通

●ファーストキャビンかなざわひゃくまんごくどおり

以飛機頭等艙為形象的輕旅館。充滿高級感的設計，備有大浴場及酒吧等豐富的公共設施，費用卻相當公道。館內分成男用區及女用區，即使是單身女性也能放心入住。

費用 商務艙(1人)**3500日圓～**
高級客艙(1～4人)
20000日圓～(最多4人，1房費用)

IN **17:00** OUT **10:00** 客房 **175**

MAP 附錄①11C-5 **076-222-5800**
所 石川県金沢市上堤町2-33
交 北鐵巴士南町·尾山神社巴士站下車即到

高級客艙房可供4人入住

2018年8月開幕的全新飯店 精緻的高級空間為一大魅力

商務艙房內備有液晶電視等舒適居住設備。亦可免費使用Wi-Fi

能登

のと

豐富的大自然 風光明媚的景觀為魅力所在!!

半島全區被指定為國定公園，擁有里山里海的豐富自然景觀以及美麗的海岸線。以輪島塗為代表的傳統工藝，輪島早市、祭典、溫泉等多樣化魅力以及樸素的人情味，療癒了來訪的訪客。不妨來此盡情體驗獲認定為世界遺產的里山里海的風土民情吧。

能登區目次

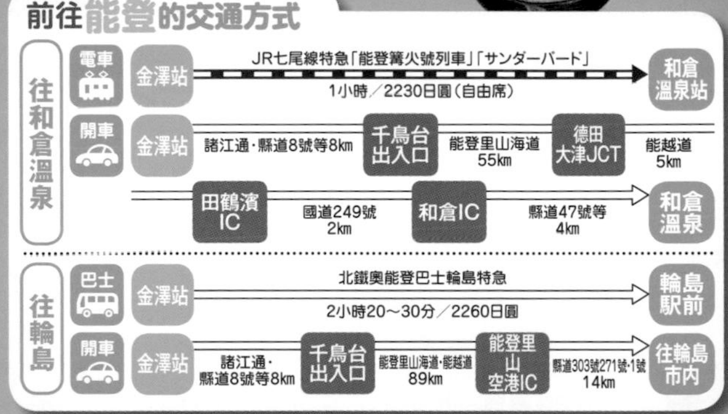

前往能登的交通方式

往和倉溫泉	電車	金澤站	JR七尾線特急「能登篝火號列車」「サンダーバード」 1小時／2230日圓（自由席） → 和倉溫泉站
	開車	金澤站	諸江通·縣道8號等8km → 千鳥台出入口 → 能登里山海道 55km → 德田大津JCT → 能越道 5km → 田鶴濱IC → 國道249號 2km → 和倉IC → 縣道47號等 4km → 和倉溫泉
往輪島	巴士	金澤站	北鐵奧能登巴士輪島特急 2小時20～30分／2260日圓 → 輪島駅前
	開車	金澤站	諸江通·縣道8號等8km → 千鳥台出入口 → 能登里山海道·能越道 89km → 能登里山空港IC → 縣道303號271號·1號 14km → 往輪島市內

輪島·白米千枚田
能登
珠洲岬
輪島
見附島
能登里山機場（能登機場）
戀路海岸
和倉溫泉
石川縣
金澤站
小松機場

洽詢資訊

能登半島廣域觀光協會 ☎0767-53-7767
能登之旅情報中心 ☎0768-26-2555
輪島市觀光協會 ☎0768-22-6588
七尾市觀光協會 ☎0767-53-8424
和倉溫泉觀光協會 ☎0767-62-1555

和倉溫泉散步

わくらおんせん

一邊吹著海風一邊感受溫泉街氛圍

和倉溫泉蛋君帶你逛！

和倉溫泉面向風平浪靜的七尾灣，可以看海泡足湯、品嘗溫泉蛋及知名甜點師的甜點等，魅力滿載。一起來享受溫泉街散步的樂趣吧。

邊眺望平靜的海洋邊泡足湯暖暖腳

溫泉蛋君公園

在湯足公園旁邊的公園有很多我的雕像。一起來拍照留念吧！

湯足公園（妻戀舟之湯）

●ゆったりパーク（つまごいぶねのゆ）

讓人聯想到屋形船的四阿建築足湯，眼前就是浩瀚的七尾灣

在可眺望七尾灣的公園內設有取名自高濱虛子詠唱的俳句的足湯設施—「妻戀舟之湯」。可一邊感受海風吹拂臉龐，一邊感受從腳底暖到全身的療癒時光。

MAP 附錄②4H-3
0767-62-1555（和倉溫泉觀光協會）
L 7:00～19:00 休 無休（視天候有休業）
所 石川県七尾市和倉町ひばり1-1 交 北鐵能登巴士インフォメーション巴士站前下車 P 免費

盡情享受和倉溫泉的名湯

↑充滿沉穩和風氣氛的空間

←除了有大浴場外，也有露天浴池

←正面左手邊設有免費足湯

和倉溫泉總湯

●わくらおんせんそうゆ

備有大浴場、露天浴池以及塌塌米地板休息處等設備充實的公共澡堂，除了當地訪客外，也有眾多觀光客來訪。名聞遐邇的名湯據說有舒緩神經痛及貧血的功效，亦可飲用。

MAP 附錄②4G-3
0767-62-2221
L 7:00～21:00 休 每月25日（逢週六、日則翌日週一休，國定假日則翌日休） ¥ 440日圓 所 石川県七尾市和倉町ワ部6-2 交 北鐵能登巴士和倉溫泉巴士站下車即到 P 免費

和倉溫泉也有許多我的週邊商品喔

「和倉溫泉蛋君」是由發現和倉溫泉的白鷺所產下的「蛋」。接下來和倉溫泉蛋君將以「興奮雀躍、眼睛一亮、悠閒度過」的短標，介紹和倉溫泉的魅力。

如何煮出好吃的溫泉蛋

1 在附近商店購買生雞蛋。亦有販售器皿及湯匙。

2 放進溫泉蛋，以15～16分為基準。源泉溫泉約80度，取出溫泉蛋時要小心。

3 帶有些微鹽味的溫泉蛋大功告成。可視個人口味灑上鹽巴食用！

＼這裡可以煮／

湯元廣場

●ゆもとのひろば

以2尊傳聞發現溫泉的白鷺像為象徵。

MAP 附錄②4G-3

足湯熱度及鹽分的掌控絕妙！

來煮溫泉蛋吧!!

和倉溫泉內有可使用源泉溫泉輕鬆煮溫泉蛋的景點。以「海的溫泉」煮好的溫泉蛋帶有淡淡鹽味，直接吃就非常好吃了。

各旅館可出借「愛心傘」喲

在溫泉散步途中如遇下雨也不用擔心。各旅館及店家均備有「愛心傘」，隨時都能借傘。

享受甜點巡遊的樂趣♪

只要500日圓，即可在和倉溫泉街的諸多店家任選3家，品嘗甜點。

出租腳踏車也很便利

和泉溫泉觀光會館備有出租腳踏車，時間為9：00～17：00。費用未滿4小時500日圓，1天1000日圓。

0767-62-1555（和倉溫泉觀光協會）
MAP 附錄②4G-3

辻口博啓美術館 Le Musee de H

●つじぐちひろのぶびじゅつかんルミュゼドゥアッシュ

基於活躍於世界的甜點師辻口博啟的構想，融合其出身地七尾市所製作的甜點與藝術所誕生的空間。在可眺望七尾灣的咖啡廳，不僅可以享用辻口主廚所研發的甜點，也可外帶。

和茶
567日圓
能登大納言紅豆、白芝麻慕斯、芒果凍及抹茶慕斯三者搭配，感覺相當新鮮。

LE MUSEE DE H

羅馬紅寶石美蕾
572日圓
將碩大的石川產葡萄「羅馬紅寶石」以紅酒糖漬。果肉與包覆在周圍的馬斯卡彭乳酪味道絕配。

和倉限定

辻口蛋糕卷(鹽味焦糖)
324日圓
大量使用能登的雞蛋及牛奶製成鬆軟的蛋糕體。鹽味焦糖奶霜則添加珠洲的揚濱鹽。

盡享知名甜點師的絕品甜點

↑可一邊眺望大海，一邊享用絕品甜點

MAP 附錄②4G-3
☎0767-62-4002
L美術館及Pastry Boutique9:00～19:00，咖啡廳9:00～18:30 休無休 ¥美術館入館免費
所石川縣七尾市和倉町ワ部65-1
交JR和倉溫泉站車程5分 P免費

寧靜之丘公園

●なごみのおかこうえん

將曹洞宗青林寺的參道整備成公園。在綠意環繞下爬上約500層階梯後，就會看到可眺望七尾灣的展望台。據說敲響設置在展望台的「寧靜之鐘」，願望就會實現。

MAP 附錄②4G-3
☎0767-62-1555
(和倉溫泉觀光協會)
自由入園 所石川縣七尾市和倉町レ部61 交北鐵能登巴士巴士站和倉溫泉(終點站)步行5分

向位於500層石階上的鐘許願

↑青林寺的山門。夜晚會點燈

←向展望台的鐘許下心願

從和倉搭電車5分

漫步七尾站周邊

從和倉溫泉搭乘電車前往七尾，享受探訪別具風情的街道及老舖的樂趣

代代傳承的手藝與味道 松乃鮨

●まつのすし

↑名產玉子卷「玉寶」每塊133日圓

創業長達150年的老舖。可享用堅持使用奧能登山間栽種的米、赤鯥等當地食材所烹調的美味佳餚。進貢幕府的玉子卷「玉寶」是自創業以來代代傳承的名產。

☎0767-53-0053 L11:30～14:00、17:00～22:00 休不定休 所石川縣七尾市府中町220-6 交JR七尾站步行10分 P免費 MAP 附錄②4H-5

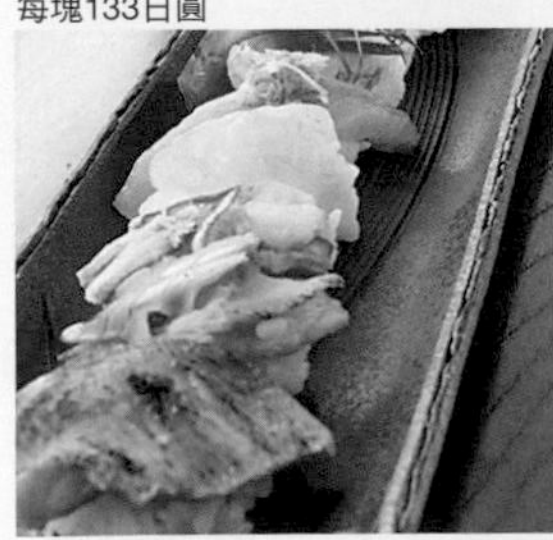

←使用最有人氣的食材製成，盛有赤鯥製成的幽庵燒等11貫握壽司的かがやき地物握り2980日圓

七尾市的觀光街道 一本杉通

●いっぽんすぎどおり

建議從JR七尾站步行5分，到沿路林立著國家登錄有形文化財建築的「一本杉通」周邊散步。全長450m的石板路上，隨處可見細述悠久歷史的舊商家及氛圍令人印象深刻的建築物。

☎0767-53-8424(七尾市觀光交流課)
交JR七尾站步行5分

MAP 附錄②4H-5

一應俱全的市場
輪島早市吧

朝いっちゃん
誕生於市姬神社，永遠18歲的早市宣傳大使。為了能早日成為獨當一面的攤販，現正修行中。

到能登觀光，絕不能錯過匯集新鮮海鮮及海產物、當令美味的輪島早市。不妨來這裡一邊與精力充沛的攤販阿姨閒聊，一邊邊走邊吃及購物吧！

到早市一定要做的事 1

精打細算♪
逛街購物

早市都是由海女或農家阿姨擺攤銷售，因此匯集許多超值食材。快到中午時，甚至會有折扣優惠！

輪島早市 ●わじまあさいち

擁有1000年以上歷史的早市。沿路擺滿了新鮮蔬菜及海鮮、工藝品等，光是散步也很有意思。

0768-22-7653（輪島市早市工會）
L 8:00～12:00 休 第2、4週三 所 石川県輪島市河井町 朝市通り 交 公路休息站輪島ふらっと訪夢步行10分 P 早市停車場300日圓（12:00以後離開則免費）
MAP 附錄②4G-1

鮮魚　小鰭紅娘魚100日圓左右　鯛魚100日圓左右～等時價

每一條都是現撈鮮魚

A 岩崎（いわさき）あけみ女士的攤位

擁有自家漁船，因此攤位陳列的都是早晨現撈的新鮮漁獲。到了夏天，攤位上也會陳列本身是海女的岩崎女士親自潛水採集的貝類。

自家漁船早晨現撈鮮魚

魚乾　長鰈等時價4片約500日圓

鮮味濃厚的自家製魚乾

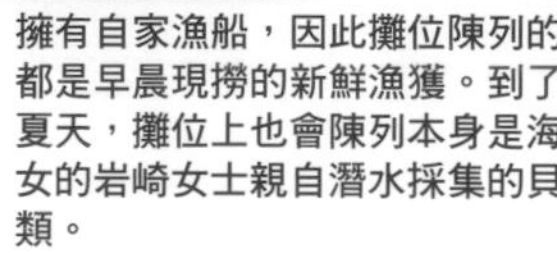

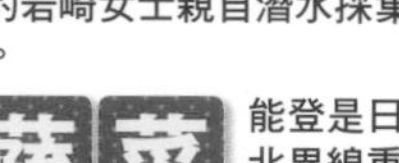

蔬菜　能登是日本農產物的南北界線重疊的區域，因此一年四季均備有種類豐富的當季蔬菜。

民藝品
諸如附近阿姨手工編織的草鞋等。每一樣都充滿溫暖。

買大量會多送喔～

B 新木百合子（しんきゆりこ）女士的攤位

使用醬油及いしる（魚醬）、鹽巴等醃漬，經海風晾曬製成的自家製一夜魚乾。使用的醃漬醬汁為家中代代相傳的秘傳配方。

海藻
有裙帶菜、岩海苔、水雲等，在眾多攤位都售有多種海藻。

魚露
又名魚醬油，以鹽漬海鮮發酵後製成，是奧能登的傳統調味料。

這裡也別錯過！

なつめの店 小西 ●なつめのみせこにし

提供輪島塗代客刻字服務

專售輪島特產，日本代表性工藝品輪島塗，從價格實惠的日常用品到高級品，應有盡有。凡購買500日圓以上商品，就會提供免費代刻名字的服務，讓人更珍惜。

0768-22-0317
L 7:30～17:00 休 第2、4週三 所 石川県輪島市河井町2-12-2 交 公路休息站輪島ふらっと訪夢步行12分 P 免費 MAP 附錄②4G-1

⬆在輪島相傳10代以上的老舖。價格實惠的木碗及配件最適合作為早市伴手禮

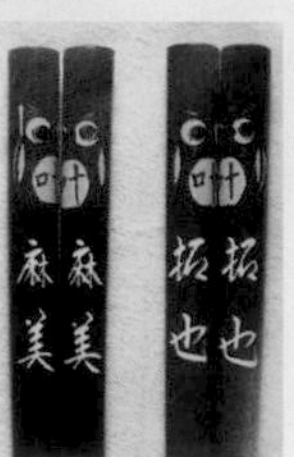

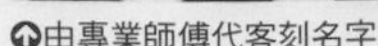

⬆由專業師傅代客刻名字

輪島港
炭火焼コーナー
新木百合子女士的攤位
早市停車場
ニューフルカワ
なつめの店 小西
H
B
錦川通
E 日吉酒造店
河原田川
C
重蔵神社 產屋
朝市通（本町通）
D
A
F 柚餅子總本家 中浦屋 本町店
伊呂波橋
G 朝市さかば
岩崎あけみ女士的攤位
朝市通全長約400m。約11點半左右各攤位開始收攤
饅頭処 つかもと
公路休息站輪島ふらっと訪夢

memo
聰明逛早市的訣竅

①10點前到早市
攤位在早上8點前開市，10點以前品項最豐富。最好提早前往！
②大量購買最划算
一般採定價販售，不過大量購買可以打折，有時也會少退。
③宅配也OK
各攤位均受理宅配發送，買再多也放心。

美食好料 出發前往

えがらまんじゅう 1個150日圓

微甜的黃色饅頭

我們的商品正反兩面都裹滿了糯米！

鮮艷的黃色引人注目，是輪島人的經典小吃。表面裹上以梔子染成黃色的糯米。

D 饅頭処つかもと
●まんじゅうどころつかもと
☎0768-22-0672
🕒8:00～20:00(售完打烊) 休第2、4週三
所石川県輪島市河井町1-90 MAP附錄②4G-1

醃烏賊麵包 160日圓

添加揚濱鹽的鬆軟麵包

鬆軟的麵包內夾有米麴醃漬的醃烏賊及整顆馬鈴薯。連小孩也容易入口，是早市相當受歡迎的商品。

只有在週六、日、一才會到早市擺攤喔

C ニューフルカワ
☎0768-22-6915(ファミィ店)
🕒8:30～11:30 休週二～五 MAP附錄②4G-1

到早市一定要做的事❷

市場美食值得注目！ 邊吃邊逛

一邊體會早市的氣氛，一邊現場大口享用當地小吃也是旅行的樂趣。不過要小心別被老鷹搶走零食。

老舖菓子店的柚子霜淇淋

柚子優格霜淇淋 400日圓

以柚子製名菓「柚餅子」聞名的中浦屋原創霜淇淋。味道清爽，帶有優格風味及柚子香。

柚子與優格酸味的搭配相當合拍

F 柚餅子總本家 中浦屋 本町店
●ゆべしそうほんけなかうらやほんまちてん
☎0768-22-0131
🕒8:00～17:00 休無休
所石川県輪島市河井町2-70
MAP附錄②4G-1

甜酒 100日圓

酒造店的手工甜酒

1912（大正元）年創業，以清爽辛口的造酒聞名的酒藏。在店頭可飲用溫潤甘甜的自家製甜酒。

E 日吉酒造店
●ひよししゅぞうてん
☎0768-22-0130
🕒8:00～19:00 休週三
所石川県輪島市河井町2-27-1
MAP附錄②4G-1

⬆推薦的日本酒，由左至右依序是能登 上撰 白駒 2138日圓（1800ml）純米酒 おれの酒 1587日圓（720ml）純米吟醸 ささのつゆ 2030日圓（720ml）

到早市一定要做的事❸

品嘗現場調理的 現做美食

新鮮食材就要趁新鮮時享用！這時就要到「朝市さかば」或「炭火焼コーナー」！

H 炭火焼コーナー
●すみびやきこーなー

可自己動手烤早市買的山珍海味。提供免費出借煤炭、炭爐、紙盤及免洗筷。

☎0768-22-7653
(輪島市早市工會)
🕒8:30～11:30 休第2、4週三 所石川県輪島市河井町本町通り
MAP附錄②4G-1

可免費以炭火烤鮮魚及魚乾

早市買的鯖魚乾
早市買的東海鱸

只要帶海鮮來就幫你料理出專屬的定食

menu

•白飯	300日圓	•調理費	300日圓
•味增湯	200日圓	(生魚片200日圓、燒烤費100日圓)	
•東海鱸	400日圓		
•鯖魚乾	200日圓	共計	1400日圓

G 朝市さかば
●あさいちさかば

只要將早市買的海鮮及魚乾帶到店內，付100日圓～的費用，就會幫你做成生魚片或烤魚等。另外也有供應豐富的單品料理。

☎0768-22-1120
🕒7:30～15:00
休第2、4週三
所石川県輪島市河井町1-9 WACCA 1F
MAP附錄②4G-1

讓上傳照片更愉快的攝影景點

在最偏遠之地·奥能登

巡遊絕景

能登半島　1　2　3　4　5　金澤

四周環繞著連綿不絕海岸線的奧能登，保留堪稱日本原始風景的自然豐富景色。徜徉在未遭破壞的大自然中，讓身心盡情享受淨化時光。

↑透明的大海與奇岩的對比也很出色

① 曾曾木海岸

そそぎかいがん

曾曾木海岸是以板狀岩石內有著直徑約2m洞穴的「窗岩」聞名。除了可從「窗」的對面窺見美麗的藍天外，黃昏時夕陽正好落到洞穴的瞬間更是神聖莊嚴！

MAP附錄②5 D-1

能提昇運氣!?夕陽景色也很美!!

☎0768-32-0408（曾曾木觀光協會） 🕒自由散步 所石川県輪島市町野町曽々木 交能登里山海道能登里山空港IC車程40分

② 哥吉拉岩　ゴジラいわ

矗立在赤神海岸上高4m的巨大岩石，姿態形同哥吉拉噴著火正要登陸的模樣！？黃昏時分浮現哥吉拉的身影時，正是按下快門的最佳時機！

MAP附錄②5 D-1 ☎0768-82-7776（珠洲市観光交流課） 所石川県珠洲市馬緤町 交能登里山海道能登里山空港IC車程60分 P免費

日本海上有怪獸現身!?

↑受到日本海的激浪拍打偶然刻出的造型

↓翡翠綠的美麗大海

③ 珠洲岬　すずみさき

具有開運效果!?日本三大聖域之一

與長野縣分杭峠及富士山並稱日本三大能量景點的美麗海岬。由於對馬海流、利曼洋流在此構成波狀聚集交會，據說因而匯聚了自然的能量。

MAP附錄②4 F-1 ☎0768-86-8000（葭浦溫泉 燈之宿） 🕒空中展望台、青之洞窟、小賣店8:30～16:30（夏季延長營業） 休無休 ¥空中展望台500日圓，青之洞窟·空中展望台套票1500日圓 所石川県珠洲市三崎町寺家10-13 交能登里山海道能登里山空港IC車程1小時 P免費

\ 額外的樂趣!! /

奧能登鐵道小火車

●おくのとトロッコてつどうのトロ

就在附近喲

在已廢線的能登鐵道能登線遺址鋪設鐵路，往返約600m的腳踏式小火車。

MAP附錄②4 E-2 ☎080-8698-2559 🕒9:00～16:00 休需洽詢（雨天及冬季停駛） ¥成人500日圓，小孩（小學以下）300日圓 所石川県能登町恋路9 交能登里山海道能登里山機場IC車程50分 P免費

熱門的拍照打卡點 透明的大海及鳥居

→設置在結緣海灘的幸福之鐘

☎0768-62-8530（能登観光情報站「たびスタ」） 🕒自由散步 所石川県能登町恋路 交能登里山海道能登里山空港IC車程50分 P免費

⑤ 戀路海岸

こいじかいがん

該海岸是以700年前一對相愛的情侶遭到拆散的悲戀傳說舞台而聞名。到了現在，延伸到見附島的海岸線被稱為「結緣海灘」，深受情侶們的歡迎。

MAP附錄②4 E-2

祈求戀愛實現 敲響幸福之鐘

獨一無二的獨特形狀

↑又名「軍艦島」的奇岩

④ 見附島　みつけじま

據傳該島名稱是源自是弘法大師從佐渡前往能登之際，最先看到該島得名。這座高達28m的奇岩，從正面看有如浮在水面上的大型軍艦。

MAP附錄②4 E-2 ☎0768-82-7776（珠洲市観光交流課） 所石川県珠洲市宝立町鵜飼 交能登里山海道能登里山空港IC車程45分 P免費

藝術氣息濃厚的偏遠之地!!
石川縣
※作品No.為「奧能登國際藝術祭2017」的編號

沉浸在藝術之街
探訪藝術景點

奧能登國際藝術祭2017是?

2017年9月起在珠洲市舉辦為期50天的大規模藝術祭典。展出眾多國內外蓄勢待發的藝術家作品，吸引超過7萬來自國內外的遊客造訪。

「奧能登國際藝術祭2017」有來自世界11個國家及地區，共39組藝術家的作品參展，蔚為一大話題。現在仍常設展出部份作品，宣揚奧能登的魅力。

作品No 30 現身
Raqs Media Collective

宛如亡靈般飄浮的作品

在能登鐵道舊上戶站的車站建築上方，加裝上造型如同車站框架的金屬天線而成的作品。隨觀看方向的不同，看起來彷彿漂浮在空中般，令人不禁思量場所及物體所擁有的記憶等非物質的東西是否存在。

MAP附錄②4E-2 0768-82-7720
隨時開放 所石川県珠洲市上戸町(舊上戶站)
P免費

到了夜晚，車站建築造型的框架就會漂在夜空中（日落～21：00實施夜間點燈）

如同順著時間而變化的空間體驗

靠近舊蛸島站車站大樓附近現正展示設置在舊鐵道上的彩色隧道作品。走進隧道，顏色會如同漩渦般變化，逐漸看到車站建築。繼續往前會看到前方出現看板，可使用設置的望遠鏡觀看創作者的留言。

MAP附錄②4E-1
0768-82-7720
隨時開放 休無休 所石川県珠洲市蛸島町、正院町(旧蛸島駅周邊) P免費

拿下2009年威尼斯雙年展金獅獎的作者送給珠洲的留言也成了作品的一部分（18：00～21：00實施夜間點燈）

作品No 14 Something Else is Possible
Tobias Rehberger

作品No 37 珠洲海道五十三次
Aleksander Konstantionv

觀賞與周圍景觀交錯的方式及改變視角也很有意思

使用鋁管覆蓋的巴士站

創作者擁有藝術家、建築師以及數學家等多重身分，他注意到附屋頂的巴士站乃是象徵珠洲的風景，因此將市內4處巴士站打造成作品。隨氣候及觀看時間而異，巴士站也會展現不同的面貌。

MAP附錄②4E-1 0768-82-7720
隨時開放 所石川県珠洲市笹波町(笹波口巴士站)、折戸町(能登洲崎巴士站)、正院町(珠洲川尻巴士站、正院巴士站) P免費

作品No 33 Drifting Landscape
劉建華

中國大陸與珠洲文化及藝術的交流

創作者曾在中國陶器之街景德鎮習藝，在當地藝術家的協助下，將見附島附近海岸線上的珠洲燒、景德鎮陶瓷器的碎片以及自己的陶器作品擺放在一起。這些看起來如同見附海岸上漂流物的陶器，訴說著今日文明的樣貌。

現在該作品置於珠洲燒資料館內展示

MAP附錄②4E-1
0768-82-7720
9:00～17:00
休無休
所石川県珠洲市蛸島町1-2-563(珠洲燒資料館) P免費

進一步認識 能登蓋飯的定義

能登蓋飯不光是主要食材，就連白米飯、水、裝盛器皿甚至是筷子，都堅持使用「能登」製品。也是以健康為主題，對身體有益的蓋飯。

- 使用奧能登的越光米。
- 使用奧能登的水。
- 選用在地捕獲的當令海鮮、能登培育的肉類及蔬菜，以及傳統保存食作為主要食材。

- 使用能登製器皿。
- 使用能登製筷子。
- 贈送筷子給品嘗能登蓋飯者。

- 講究健康長壽而減少鹽分。不使用或是少量使用動物油。
- 充滿獨特性（具奧能登特色或該店特色）的蓋飯。
- 在奧能登地區內進行調理並供應。

滿滿都是能登特有食材 享用能登蓋飯

自然資源豐富的能登除了海鮮外，也有豐富的山珍。正因能登是食材的寶庫，才會有「能登蓋飯」之稱，種類豐富多樣的蓋飯。這次將介紹8種讓人大飽口福的蓋飯！

整碗鋪滿野生河豚肉 只有在河豚漁獲量日本第一產地才能嘗到！

食材 天然河豚

輪島河豚蓋飯

B 1800日圓(全年)

石川縣的野生河豚漁獲量為日本第一。其中，輪島港的漁獲量更是居全國之冠。只有在河豚產地，才能嘗到整碗鋪滿現捕河豚肉的蓋飯。佐上河豚的白子，堪稱豪華蓋飯。

早晨現撈鮮魚大集合！

食材 能登牛

炙燒能登牛蓋飯

C 1800日圓(全年)

向生產者直接進貨的品牌牛能登牛，肉質細緻，帶有優質脂肪。吃進口中，肉立刻在口中化開。灑上菊花瓣及芥末做點綴，吃到最後依然爽口。

頂級能登牛在舌尖化開

食材 早晨現撈海鮮

當地海鮮能登蓋飯

A 3210日圓※附湯及醃菜(全年 ※1月1日～15日能登蓋飯休息)

店主夫婦對新鮮度非常講究，店內供應的蓋飯裝滿了以能登近海的魚為主，超過10種以上早晨現撈海鮮。這天則是角蠑螺及北國紅蝦等。

E 珠洲
レストラン浜中
●レストランはまなか
MAP 附錄②4E-2
0768-82-2595
L 11:00～20:30 休 週一(逢假日則營業) 所 石川県珠洲市上戸町南方イ-21 交 能登里山機場車程40分 P 免費

D 珠洲
民宿&お食事 むろや
●みんしゅくアンドおしょくじむろや
MAP 附錄②4E-1
0768-82-1188
L 11:30～14:00、17:00～20:00 休 不定休 所 石川県珠洲市蛸島町ナ123 交 能登里山機場車程50分 P 免費

C 能登町
和味家 竹次郎
●なごみやたけじろう
MAP 附錄②5D-2
0768-76-0037
L 11:00～13:30、17:00～20:30 休 不定休 所 石川県能登町柳田礼部37-1 交 能登里山機場車程25分 P 免費

B 輪島
海幸
●かいこう
MAP 附錄②4G-1
0768-22-0058
L 8:30～14:00 休 週三 所 石川県輪島市河井町1-100-4 交 公路休息站ふらっと訪夢步行10分 P 利用朝市停車場

A 穴水
福寿司
●ふくずし
MAP 附錄②5B-3
0768-52-1032
L 11:30～21:30 休 週日 所 石川県穴水町川島ア-34 交 能登鐵道穴水站步行5分 P 免費

食材 香箱蟹

香箱蟹蓋飯

E 1890日圓 ※附湯、醃菜及甜點(11月7日～2月底)

可盡情享用當地稱作香箱蟹的冬季味覺，即母松葉蟹的蓋飯。不僅可嘗到口感有彈性的外子及鮮味濃厚的內子，還有滿滿的蟹肉。可與銅藻一起拌飯後再享用。

石川縣冬季的樂趣 品嘗濃厚的鮮甜滋味！

夏季限定！肥美野生牡蠣 彈性十足入口即化

食材 岩牡蠣

天然岩牡蠣蓋飯

D 2200日圓(7～8月)

夏季正是野生岩牡蠣的旺季，牡蠣肉肥美且有嚼勁。以甘辛醬油調味的岩牡蠣彈性十足，一口咬下，大海精華頓時擴散口中。並添加岩海苔，可盡享鮮美海味。

食材 星鰻

能登星鰻蓋飯

F 1450日圓(全年)

大到碗都裝不下的炸星鰻，不僅外觀，味道也是極品。店主親自捕撈的星鰻鮮度超群，可品嘗酥脆麵衣及鬆軟的魚肉。

大到碗裝不下的 炸星鰻口感鬆軟

以早晨現撈特有 的新鮮度自豪

品嘗港町的傳統 料理─鯨魚

食材 鯨魚

繩文鯨魚蓋飯

H 1080日圓(全年)

以自古以來，在當地港町宇出津眾所熟悉的傳統料理，龍田炸鯨魚為主要食材。鯨魚肉充分吸收醬油醬汁，沒有腥味，一口咬下美味立刻擴散口中。

食材 能登的海鮮

能登海鮮半敲燒蓋飯

G 2160日圓(5～10月)

使用早上現撈的生鮮鯛魚、竹莢魚、花枝等做成半敲燒蓋飯。因為食材新鮮，口感彈性十足又柔軟，添加蘘荷、味噌及青紫蘇葉等佐料，更能突顯食材的鮮度。

共計49家店舖可以吃得到！

↖供應能登蓋飯的店舖以這面旗幟為標誌

↑供應店鋪共計49家。詳細請參考金澤站及能登里山機場內放置的觀光手冊

H 能登町
國民宿舍 能登宇出津莊
●こくみんしゅくしゃのとうしつそう
MAP 附錄②5D-3
☎0768-62-2295
營11:00～13:30、17:00～19:30 休無休 所石川県能登町羽根5-4 交能登里山機場車程30分 P免費

G 輪島
やぶ新橋店
●やぶしんばしてん
MAP 附錄②4G-2
☎0768-22-0006
營11:00～21:00 休週二 所石川県輪島市河井町24-17 交公路休息站輪島ふらっと訪夢步行10分 P免費

F 輪島
天然活魚 今新
●てんねんかつぎょいましん
MAP 附錄②5D-1
☎0768-32-0314
營11:00～15:00 休不定休 所石川県輪島市町野町曽々木ア38-4 交能登里山機場車程35分 P免費

拍 照 打 卡 熱 點！！

能登咖啡廳

人氣的祕密

感受到對素材的堅持與好品味

從不少店舖採用自家煎焙咖啡豆這點，就能看出店主對素材相當堅持。而甜點及午餐的水準也很高，味道外觀都相當出色。

連綿不斷的海岸線、傳統的古民家等能登才有的溫暖氣氛，是能登咖啡廳的魅力。在最棒的立地位置，邂逅能登素材做的甜點及咖啡廳午餐。

日本海近在眼前
位於能登半島尖端的絕景咖啡廳

↑使用古民家當作店面。2樓附設賣店

- 特級紅酒燉牛肉（能登牛）2600日圓
- 鹽味蘇打鬆餅1000日圓
- 鹽味蘇打雞尾酒（無酒精）400日圓

珠洲

しお・CAFE

●しおカフェ

自2017年起，咖啡廳工作人員開始在店舖附近的揚濱式鹽田製鹽。可在咖啡廳享用添加「揚濱鹽」做的飲料及鬆餅。能登牛菜單也是該店自豪的料理。

☎0768-87-2111
L 10:30～19:00 ※冬季有變動
休 週三（逢假日則營業）※冬季有變動
所 石川県珠洲市片岩町ノ部12
交 能登里山機場車程40分 P 免費
MAP 附錄②5D-1

→以能登產藍莓作為配料的「鹽味蘇打鬆餅」

中能登町魅力的發信基地
屋齡超過百年的隱密咖啡廳

↑堅持選用當地食材的「任選午餐」也有供應「能登豬排」

＊人氣菜單＊

- 能登豬蓋飯880日圓
- 三元豬多蜜醬豬排套餐980日圓
- 任選午餐「能登豬排」（附飲料）1000日圓

中能登

カフェ食堂れんげや

●カフェしょくどうれんげや

本咖啡廳位於古民家林立的村落。輕鬆自在的空間成了當地人的休息場所。分量十足的午餐及能登豬蓋飯也相當有人氣。

☎0767-72-2911
L 11:00～17:00（週日及國定假日為～14:00）
休 週三 所 石川県中能登町能登部上ハ-8
交 能登里山機場車程15分 P 免費
MAP 附錄②6G-1

↑自家烘焙咖啡搭配季節蛋糕組合最受歡迎

＊人氣菜單＊

- 自家烘焙咖啡360日圓
- 季節戚風蛋糕400日圓
- 季節乳酪蛋糕400日圓

羽咋

自家焙煎珈琲店 神音

●じかばいせんコーヒーてんかのん

販售講究的自家烘焙豆，從咖啡產地到流通全都經過嚴選。在咖啡廳可品嘗香醇的咖啡及自家製蛋糕。

☎0767-26-1128
L 11:30～17:00（L.O.） 休 週二、日
所 石川県羽咋市菅池町力54 交 能登里山機場車程25分 P 免費
MAP 附錄②6G-1

輪島

Open Cafe Kinokoe

●オープンカフェきのこえ

將慶願寺境內的走廊改建成咖啡廳。四周綠意環繞的寺院以及木質的溫暖能療癒整個身心。午餐則大量使用當地食材。

↑能登蓋飯之一的「金藏High Collar蓋飯」可吃到能登豬及豐富的季節蔬菜

☎0768-32-0892
L 10:00～17:00 休 週三、四（12～3月為冬季休業） 所 石川県輪島市町野町金蔵才123 慶願寺內 交 能登里山機場車程35分 P 免費

MAP 附錄②5D-2

＊人氣菜單＊
- ◎金藏High Collar蓋飯(能登蓋飯)1250日圓
- ◎能登牛奢華蓋飯（能登蓋飯）2500日圓（需預約）
- ◎米糠醃沙丁魚及米糠醃鯖魚的NOTO披薩1050日圓

聯繫人與人情感的休息場所
亦有舉辦電影上映會

七尾

ICOU

●イコウ

改建自酒藏的餐館，也會舉辦電影上映會。推薦菜單是使用當地醋及水果製的「自家製水果醋」

↑無麩質的鬆餅，甜度不會太甜

＊人氣菜單＊
- ◎當日午間飯類特餐1380日圓
- ◎鬆餅850日圓

☎0767-57-5797
L 12:00～22:00
休 週二、第3週三
所 石川県七尾市木町1-1
交 JR七尾站步行10分
P 免費

MAP 附錄②4G-5

↑女性顧客回點率高的精緻午餐900日圓

珠洲

Café Cove

●カフェコーブ

將舊海之家整修改建成的咖啡廳。本店面向風平浪靜的海灣，從店內也能欣賞奧能登才能看到的美麗景觀。

＊人氣菜單＊
- ◎本日蛋糕400日圓
- ◎熱咖啡500日圓
- ◎咖啡霜淇淋400日圓

☎0768-86-2663 L 10:00～16:00 休 週二、三 所 石川県珠洲市折戸町八-101 交 能登里山海道能登里山空港IC車程60分

MAP 附錄②4E-1

→隨時備有約14種咖啡豆。還有原是甜點師的店主的手工蛋糕

深受全國咖啡通歡迎
非常講究的咖啡豆專賣店

珠洲

二三味珈琲cafe

●にざみコーヒーカフェ

開設在木浦海岸小船塢的煎焙所咖啡深受好評，應顧客要求所開設的直營咖啡廳。先點喜歡的咖啡豆，點餐後才開始研磨沖泡。

☎0768-82-7023 L 10:00～19:00（冬季為～18:00） 休 週一、二 所 石川県珠洲市飯田町7-30-1 交 能登里山海道能登里山空港IC車程50分 P 免費

MAP 附錄②4E-1

＊人氣菜單＊
- ◎自家烘焙咖啡500日圓
- ◎續杯250日圓
- ◎每日更換蛋糕350日圓～

能登伴手禮

能登是食材的寶庫，亦有眾多傳統工藝品。從大量使用當地食材製成的甜點到發揮師傅手藝的工藝品，應有盡有的伴手禮任君挑選！

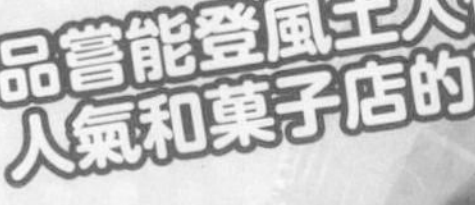

蘊含豐富能登里山蔬菜
製成色彩繽紛的年輪蛋糕

B 大地彩虹 2160日圓

添加珠洲當地栽種的能登大納言紅豆等蔬菜製成5色5層年輪蛋糕。

品嘗能登風土人情
人氣和菓子店的華夫餅

A 能登華夫餅 1個•290日圓～

使用能登食材製成的華夫餅，種類相當多樣化，外觀色彩繽紛又可愛！

人氣麵包屋的烤點心
添加鹽及黃豆粉增添風味！

D 糕點 1袋•378日圓～

使用能登的鹽及大濱黃豆製的黃豆粉做成酥脆的餅乾。黑糖法式脆餅也很有人氣。

使用日本古早製法
製成充滿鮮味的鹽

C 奥能登揚濱鹽 400日圓(50g)

自500年前起一直流傳至今，採用日本古早製法製成的鹽。特徵是帶有適當苦味。

D 珠洲

古川商店
●ふるかわしょうてん

位於能登半島尖端的人氣麵包坊

販售讓麵團度過悠閒的「能登時間」慢慢發酵，並細心烘烤成味道溫和的麵包等。外包裝上的手繪插圖也很可愛。

MAP附錄②4E-1
☎0768-82-0231 L10:00～19:00(週六及國定假日為9:00～18:00) 休週日、一 所石川県珠洲市飯田町よ8-1 交公路休息站すずなり步行8分 P免費

C 珠洲

公路休息站すず塩田村
●みちのえきすずえんでんむら

可學製鹽的公路休息站

在鹽的綜合資料館「揚濱館」可實際體驗製鹽。除了鹽可作為伴手禮外，亦有販售添加鹽的甜點、珠洲燒以及當地產食品。

MAP附錄②5D-1
☎0768-87-2040 P8:30～17:30(12～2月為9:00～16:00) 休無休 所石川県珠洲市清水町1-58-1 交能登里山街道能登里山空港IC車程40分 P免費

B 輪島

メルヘン日進堂
●メルヘンにっしんどう

獨創性高的創作年輪蛋糕專賣店

自1913（大正2）年創業以來一直推出獨創產品，像是將年輪蛋糕切成薄片製成的「年輪蛋糕片」等。

MAP附錄②4E-1
☎0768-82-0106
L8:00～18:30
所石川県珠洲市上戸町北方イ49-1 交能登里山機場車程50分 P免費

A 能登町

いわずみ神和住店
●いわずみかみわずみてん

以創作華夫餅聞名的人氣和菓子店

在能登開店長達50年以上的名店，眾所喜愛的經典商品「能登芋頭」味道樸素且令人懷念，相當有人氣。種類豐富，選購時也很有意思。

MAP附錄②5D-2
☎0768-76-0031
L9:00～17:30 休無休
所石川県能登町神和住ア部40
交能登里山機場車程15分
P免費

觸感及氛圍妝點著日常的風景

F 白珠洲燒 2160日圓～

有著溫暖樸素的顏色及粗獷設計風格的珠洲燒，很適合作為日常使用。

味道濃醇及爽口的酸味讓火鍋更美味！

適合作為給自己的犒賞及送給重要對象的禮物

G 蒔地豆皿 各5400日圓

動物造型的時髦豆皿，用來放置飾品也很方便。

G 蒔地馬克杯 各27000日圓

採圓弧設計的馬克杯。也很適合用來裝湯或甜點。

E いしりポン酢 450日圓(120ml)

在新鮮烏賊發酵製成的醬油（魚露）內加入柑橘果汁，增添酸味及風味。

添加海參精華能徹底清潔毛孔

H 海參美人 1個1900日圓(80g)

添加海參萃取物的洗面皂。洗完後有滋潤感。

H 七尾

なまこや

可品嘗海參珍味

將能登嚴選海參珍味、含海參精華香皂、海鼠腸、海參卵巢等以及天然水雲，以產地直送方式送達。亦經營餐館「海ごちそう」。

MAP附錄②4H-4
0767-62-4468
L 10:00～18:00
休 1～2月的週四
所 石川県七尾市石崎町香島1-22
交 JR和倉溫泉站步行10分
P 免費

G 輪島

輪島キリモト本町店

●わじまキリモトほんまちてん

傳承7代輪島塗工房的直營店

除了以木地師為業外，亦經營從漆器、配件、傢俱到建築內裝材，漆製品及木製品等項目。

MAP附錄②4G-1
L 8:30～12:00(週六日及國定假日為～15:00) ※若想在平日12:00～來店，請電洽0768-22-0842(工房) 休 週三 所 石川県輪島市河井町1-172 交 公路休息站輪島ふらっと訪夢步行10分 P 使用朝市停車場

F 七尾

歩らり

●ぶらり

精選手工逸品

在傳統商店街營業的生活雜貨店。餐具、便當盒、花器等配件不僅用來順手，設計也很出色。

MAP附錄②4G-5
0767-52-3630
L 10:00～18:00
休 週二
所 石川県七尾市一本杉町32-1
交 JR七尾站步行8分
P 免費(2輛)

E 能登町

カネイシ

將能登海產物進行加工

在烏賊之町，能登小木港生產奧能登地方流傳的魚醬「いしり（魚露）」。此外，亦從事米糠醃鯖魚、醃烏賊等能登海產物之加工與販售。

MAP附錄②4E-3
0768-74-0410
L 8:30～18:00 休 週日、國定假日 所 石川県能登町小木18-6 交 能登里山機場車程45分 P 免費

擁有海景及傲人溫泉
能登溫泉飯店

在能欣賞日本海絕景及享用海味的能登半島上，四散著和倉溫泉等眾多名湯及秘湯。不妨出發到這裡品嘗鮮度超群的海鮮及欣賞開闊的景色，讓身心煥然一新。

空中露天浴池等大浴場全都設置在海邊

❖自豪特點❖
從空中露天浴池可以欣賞美麗的七尾灣風景及優質湯泉。

和倉溫泉
加賀屋
●かがや

和倉溫泉代表性老舖旅宿。從使用能登食材烹調的料理到體貼入微的服務等待客方式，在在讓人感受到一流的堅持。在能眺望七尾灣絕景的大浴場，氣氛沉穩的純和風客房，以及沙龍＆SPA等設施，享受療癒身心的夢幻頂級時光。

↑從大廳休息室可眺望七尾灣景色

↑使用季節素材烹調的料理，外觀也賞心悅目

費用 1泊2食 35640日圓～
IN 15:00 OUT 10:00 客房 232 不住宿溫泉 無
MAP附錄②4G-3 ☎0767-62-4111 所石川県七尾市和倉町ヨ部80
交JR和倉溫泉站搭乘接駁巴士7分（需預約） P免費

珠洲市
葭浦温泉 燈之宿
●よしがうらおんせんランプのやど

以位於奧能登最尖端的秘湯聞名，共計14間客房的小型旅宿。本館興建於浪花飛沫飛濺的海邊，到了夜晚，館內會點亮燈光柔和的煤燈，充滿夢幻氣氛。素有日本三大能量景點之一之稱，聖域之岬「珠洲岬」（→P.78）亦位於旅宿附近。

↑映照在煤燈的微弱燈光下的露天浴池

費用 1泊2食 19590日圓～
IN 15:00 OUT 10:00 客房 14
不住宿溫泉 無
MAP附錄②4E-1 ☎0768-86-8000
所石川県珠洲市三崎町寺家10-11
交能登里山機場車程1小時15分 P免費

❖自豪特點❖
在與海面同高的露天浴池，體會與大海融為一體的感覺。

位於能登半島的尖端
被煤燈燈火環繞的秘湯

從大海近在眼前的露天浴池眺望的景色，美得像幅畫

↓據說泡完美肌之湯後肌膚會變得滋潤光滑

悠閒享受
美肌之湯及美食

❖自豪特點❖
可一邊俯瞰雄壯的日本海一邊泡澡的浴池，視野十分遼闊。

輪島市
海游 能登之庄
●かいゆうのとのしょう

PH10.5的美肌之湯是日本為數不多的優質天然強鹼泉，可去除老舊角質。女性旅客可從本館所提供約200種花色浴衣挑選喜歡的顏色及圖案。本館自豪的料理是以鮮度超群的海鮮做成的創作宴席料理，並以輪島塗器皿裝盛上桌，同時滿足您的視覺及味蕾。

↑全館鋪設榻榻米地板，館內所到之處均有擺設輪島塗工藝品

費用 1泊2食 25000日圓～
IN 14:00 OUT 11:00 客房 23
不住宿溫泉 9:00～22:00／700日圓（15:00～／800日圓）
MAP附錄②5C-2 ☎0768-22-0213
所石川県輪島市大野町ねぶた温泉
交公路休息站·輪島ふらっと訪夢搭乘接駁巴士8分（需預約） P免費

金澤
能登
能登飯店
加賀溫泉鄉
富山
福井

和倉溫泉

和之風

●あえのかぜ

表演者戴上夜叉等面具，演奏魄力十足的御陣乘太鼓

欣賞絕佳海景及傳統藝能享受能登

大浴場內亦設有源泉100%的飲泉區

本旅館的魅力是從客房能夠眺望七尾灣的海景。晚餐時除了能欣賞當地傳統藝能御陣乘太鼓及七尾まだら的表演外，也能品嘗能登海味及加賀、能登蔬菜做成的美食。另外也可泡姊妹館加賀屋的浴池，享受巡遊浴池的樂趣。

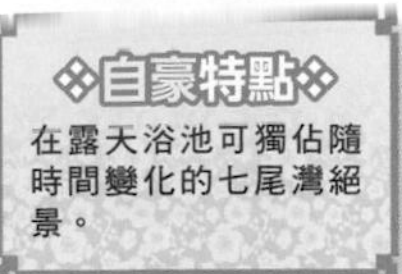

自豪特點

在露天浴池可獨佔隨時間變化的七尾灣絕景。

MAP附錄②4H-3 ☎0767-62-2111

所石川県七尾市和倉町和歌崎8-1 交JR和倉溫泉站搭乘接駁巴士5分（需預約）

P免費

費用 1泊2食 **28080日圓～**

IN **15:00** OUT **10:00**

客房 **129**

不住宿溫泉 無

位於沿海的隱密旅宿 擁有多樣類型客房

可享受岩、檜、陶器的露天浴池以及包租家庭浴池等各種不同的浴池

和倉溫泉

多田屋

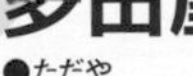

●ただや

黃昏時分，整棟旅宿全都染成暗紅色

興建於稍微遠離溫泉街的寧靜海岸旁，宛如秘境般的旅宿。備有附能夠眺望整片大海的露天浴池客房，以及離海近、能在房間釣魚的客房。匯集大正浪漫風格等充滿特色的多種客房，讓人想一再前往。這裡不論是景色、氛圍還是空間，都能讓人奢侈盡享成人的優質時光。

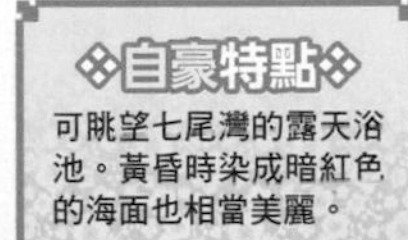

自豪特點

可眺望七尾灣的露天浴池。黃昏時染成暗紅色的海面也相當美麗。

費用 1泊2食 **16200日圓～**

IN **15:00** OUT **10:00**

客房 **60**

不住宿溫泉 **15:00～20:00／1500日圓**

MAP附錄②4F-3 ☎0767-62-3434

所石川県七尾市奥原町3-29

交JR和倉溫泉站車程7分

P免費

和倉溫泉

お宿 すず花

●おやどすずか

具開放感的半露天式包租浴池

舒適放鬆的旅宿 可眺望時刻變化的和倉灣

充滿日式氛圍的客房，除了照片中的和風摩登客房外，另有和洋房、和室共計3種

服務體貼入微，可舒適放鬆的旅宿。以居家氣氛自豪，非常歡迎有小孩的家庭前來住宿。料理則提供料理長發揮手藝，使用能登四季食材做成的逸品。晚餐可在房內享用。2018年春季，也重新整修了好萊塢雙床和室房及大浴場。

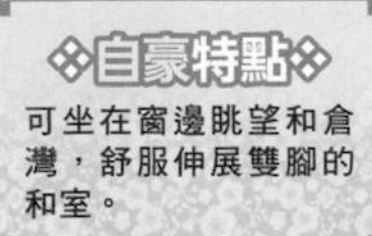

自豪特點

可坐在窗邊眺望和倉灣，舒服伸展雙腳的和室。

MAP附錄②4H-3 ☎0767-62-2420

所石川県七尾市和倉町ル部4-7

交JR和倉溫泉站搭乘接駁巴士5分

P免費

費用 1泊2食 **11880日圓～**

IN **15:00** OUT **10:00**

客房 **17** 不住宿溫泉 **15:00～21:00／500日圓**

還有其他推薦景點！

能登

●のと

區域導覽

整個能登半島被指定為國定公園，是擁有豐富自然且風光明媚的區域。在由海洋與山脈構成的多樣化地形上，孕育出農村生活、傳統工藝、食物及祭典等獨特文化，仍延續至今。

附錄MAP 附錄②P.4　住宿資訊 P.86

七尾　MAP附錄②4H-5

まいもん処 いしり亭

●まいもんどころ いしりてい

✆0767-52-8900　美食

能登魚醤油「いしり」料理專賣店

本店改建自大正時代銀行，洋溢著舒適沉穩的氣氛。這裡可享用使用能登傳統調味料魚醬油「いしり」做的烤貝類等鄉土料理。

L11:00～14:00、17:00以後需預約（6人以上）休週三 所石川県七尾市生駒町16-4 交JR七尾站步行7分 P免費（共用）

可品嘗各種使用いしり製成料理的豆皿膳1296日圓

輪島　MAP附錄②5C-1

輪島・白米千枚田

●わじましろよね せんまいだ

✆0768-23-1146（輪島市觀光課）　景點

能登具代表性的梯田風景

由超過1000片位於高低相差50m陡坡上的田地，描繪出壯觀的幾何圖案。10月至3月夜晚實施「畔之光」，設置在梯田的霓虹彩燈閃爍，構成極富幻想色彩的風景。

L自由參觀 所石川県輪島市白米町八99-5 交能登里山海道能登里山空港IC車程30分 P免費

所需 30分

日本國家指定文化財。被落入日本海的夕陽染紅的梯田景色也很推薦

七尾　MAP附錄②4G-5

鳥居醤油店

●とりいしょうゆてん

✆0767-52-0368　購物

屋齡近100年的土藏造民家

使用能登的黃豆、麥及醬油，守護傳統手工製法的醬油店。可在陳列整排杉木桶的土間造店內食用的もろみ冰，也相當有人氣。該店建築興建於1908（明治41）年，獲登錄為有形文化財。

L9:00～18:30 休週四(每月2次不定休) 所石川県七尾市一本杉町29 交JR七尾站步行7分 P免費

含醬油、もろみ粉及もろみ塩的「鳥居醬油手工製品3罐裝」

能登島　MAP附錄②5C-4

石川縣能登島玻璃美術館

●いしかわけんのとじま ガラスびじゅつかん

✆0767-84-1175　景點

世界各地的玻璃藝術齊聚一堂

收藏許多日本國內外現代玻璃作家的造型作品。亦有展示以根據畢卡索、夏卡爾等藝術家的設計而製作的玻璃雕刻。運用地形的庭園展示也是一大看點。

L9:00～16:30（17:00閉館）※12～3月為～16:00（16:30閉館） 休第3週二（逢假日則開館，翌日休） ¥800日圓 所石川県七尾市能登島向田町125-10 交能越道和倉IC車程20分 P免費

所需 1小時

興建於可眺望七尾灣北灣的山丘上

寶達志水～羽咋　MAP附錄②6F-1

千里濱渚海濱公路

●ちりはまなぎさ ドライブウェイ

✆0767-29-8250（寶達志水町企劃振興課）　景點

一邊感受海風一邊兜風

為日本唯一，全世界僅有3處開放車輛在沙灘行駛的車道。這條全長約8km的道路可達海灘。當夕陽落入水平線的黃昏時分，氣氛絕佳。

L自由行駛（視天候實施通行管制） 所石川県宝達志水町～羽咋市 交能登里山海道今濱IC即到 P免費

所需 30分

海風舒爽的春季及夏季是最適合來這裡的季節

旅行話題！

獲認定為日本遺產！點綴能登夏季的切子（KIRIKO）燈籠祭

切子燈籠祭是能登具代表性的文化之一，2015年獲日本文化廳認定為日本遺產。切子燈籠是指引導神轎的御神燈，每年7月到9月，在能登約200個地區會舉行切子燈籠祭。燈籠的特徵也會隨祭典的不同而異，像是如大樓般高聳的巨大切子燈籠及輪島塗切子燈籠等。夏季來到能登時千萬別錯過。

在寶立七夕切子燈籠祭，可觀賞切子燈籠的海中亂舞及煙火（珠洲市）

輪島　MAP附錄②4G-1

漆アミューズメント 塗太郎

●うるしアミューズメント ぬりたろう

✆0768-22-6040　玩樂

挑戰製作原創漆器

可體驗製作咖啡杯及盤子等約50種輪島塗蒔繪及沉金。小孩也能輕鬆體驗，完成作品可直接帶回家。

L8:00～17:00（受理到15:30為止） 休無休 ¥體驗費1300日圓～ 所石川県輪島市河井町1-95 交公路休息站輪島ふらっと訪夢步行15分 P使用早市停車場（僅上午收費300日圓）

體驗時間約1小時。亦可參觀工房

七尾　MAP附錄②4G-5

花嫁暖簾館

●はなよめのれんかん

✆0767-53-8743　景點

傳承石川及富山婚禮習俗

一邊觀看在舊加賀藩才能看到的婚禮儀式及花嫁暖簾的歷史等展示物外，同時有導覽人員在旁詳細介紹。亦舉辦試穿婚禮禮服、穿過花嫁暖簾等體驗（需預約）。

所需 30分

照片提供／奈良雄一

L9:00～16:30（穿過花嫁暖簾體驗最終受理時間為15:30） 休第4週二及展示更換期間 ¥入館費550日圓（體驗穿過花嫁暖簾每人3000日圓。含入館費） 所石川県七尾市馬出町ツ49 交JR七尾站步行10分 P免費

可試穿白無垢及色打掛

加賀溫泉鄉

かがおんせんきょう

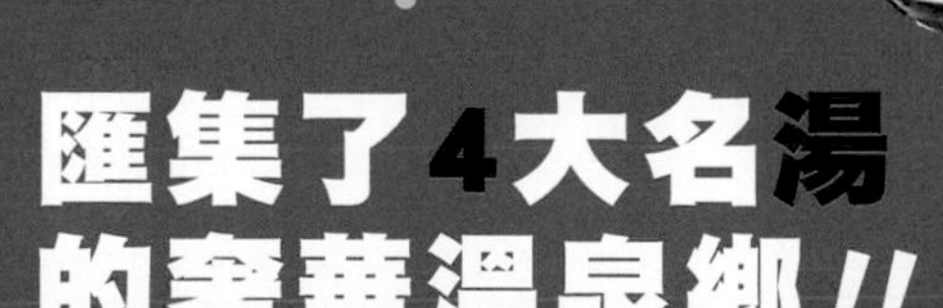

匯集山中溫泉、山代溫泉、片山津溫泉、粟津溫泉4大溫泉街，北陸首屈一指的溫泉鄉。這些個性獨具的溫泉街有許多景觀、歷史、文化及美食等注目景點！！

加賀溫泉鄉目次

前往加賀溫泉鄉的交通方式

方式	出發	路線	經由	路線	經由	路線	目的地
鐵道	金澤站	JR北陸本線特急「サンダーバード」「しらさぎ」等 25分／1510日圓（自由席）					加賀溫泉站
開車	金澤西IC	北陸自動車道 23km	小松IC	北陸自動車道 9km	片山津IC		往片山津溫泉（往粟津溫泉的話則從小松IC）
開車	金澤西IC	北陸自動車道 44km			加賀IC		往山代·山中溫泉
巴士	金澤站西口	加賀溫泉巴士 加賀ゆのさと特急 44分 從金澤站西口1140日圓	片山津溫泉	14分 從金澤站西口1240日圓	山代溫泉	14分 從金澤站西口1350日圓	山中溫泉

洽詢資訊

山中溫泉觀光協會 ☎0761-78-0330
山代溫泉觀光協會 ☎0761-77-1144
片山津溫泉觀光協會 ☎0761-74-1123
粟津溫泉觀光協會 ☎0761-65-1834

能登里山機場（能登機場）
石川縣
金澤站
小松機場
加賀溫泉鄉
片山津溫泉
粟津溫泉
山代溫泉
山中溫泉

設計概念是讓鶴仙溪保持活力

紫紅色的S字型橋在鶴仙溪顯得格外亮眼

綾取橋

●あやとりはし

由花道草月流派第三代當家——勅使河原宏先生所設計的S字路橋。形狀獨一無二、給人摩登印象的紫紅色橋，在綠意盎然的鶴仙溪中顯得格外亮眼。

MAP附錄②11C-4

☎0761-78-0330（山中溫泉觀光協會）

所石川県加賀市山中温泉

交山中温泉バスターミナル巴士站步行10分

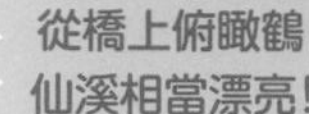

連松尾芭蕉也讚不絕口的歷史悠久景勝地

山中溫泉散步

山中溫泉的吉祥物おわんさん

山中溫泉的代表性景勝地之一

蟋蟀橋

●こおろぎばし

據傳由於位在鶴仙溪上游的總檜造橋行路危險，取名為「行路危」，後來才轉變成現在的名稱。是山中溫泉的象徵。從橋上可眺望鶴仙溪的美麗景觀，也是觀賞紅葉的知名景點。

MAP附錄②11C-4

☎0761-78-0330（山中溫泉觀光協會）

所石川県加賀市山中温泉こおろぎ町

交山中温泉バスターミナル巴士站步行15分

1990（平成2）年，在不改變橋的構造下，翻修元祿年間（1688～1704）以來就存在的橋

山中溫泉 筆記

如何去山中溫泉

從JR加賀溫泉站搭乘加賀溫泉巴士往山中溫泉約30分，在山中溫泉バスターミナル站下車。若是開車，則從北陸自動車道加賀IC車程約15分。

山中溫泉是怎樣的地方?

位於石川縣最南端山間的溫泉地。為擁有四季景色各異其趣的鶴仙溪等豐富自然景觀的溫泉之街。亦保留約1300年漫長歷史所孕育的傳統文化，其中山中漆器及古九谷為聞名世界的工藝品，受到極高評價。

推薦的散步時間

由於鶴仙溪的遊步道沒有照明設備，最好於早晨及河床開放時間前來。11～3月在山中座前廣場也有舉辦「螃蟹湯大鍋料理宴客」等活動。

以《奧之細道》聞名的松尾芭蕉在旅途中曾經過山中溫泉，相當喜歡鶴仙溪等的景觀，因而停留9天之久。除了景勝地外，這裡也備有絕品美食及伴手禮，不妨來此悠閒漫步溫泉之街吧。

聆聽溪流的潺潺水聲

鶴仙溪河床

●かくせんけいかわどこ

可坐在設置於鶴仙溪的茶席一邊聆聽潺著潺溪流聲一邊歇腳。開設期間為4月到10月。亦可享用由當地出身的料理鐵人——道場六三郎先生所設計的「河床蛋糕卷」及「冷製抹茶紅豆年糕湯」。

MAP附錄②11C-4

☎0761-78-0330（山中溫泉觀光協會）

L9:30～16:00 休11～3月

¥座席費300日圓（附加賀棒茶）

所石川県加賀市山中温泉

交山中温泉バスターミナル巴士站步行12分

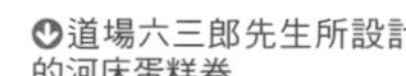

道場六三郎先生所設計的河床蛋糕卷

欣賞隨季節變化的溪谷綠景

體驗DIY

在mokume可以快樂學習如何製作木製容器，以及體驗用拉胚機將木胚切削成型。「製作木製容器體驗」為6000日圓。其他還有「製作森林小箱」3000日圓、「木製擺飾體驗」3000日圓。

發揚木製餐具及木筷魅力的藝廊&工房

mokume

●モクメ

➔若想購買比展示販售的木碗大的商品，則採取接單生產方式

由致力推廣木製容器及木筷魅力的木地師佐藤勇士先生所經營的藝廊兼工房。館內展示並販售帶有樸素韻味的木碗（3240日圓～）及木筷（2160日圓～）等。

MAP附錄②11C-4
☎0761-78-1757
L10:00～16:00
休週四　所石川県加賀市山中温泉栄町二60
交山中温泉バスターミナル巴士站步行15分

佇立在森林中的時髦咖啡廳

午餐紅酒燉牛肉套餐1500日圓（不含稅）

鶴仙渓カフェ東山ボヌール

●かくせんけいカフェひがしやまボヌール

店面鄰近芭蕉堂的隱密咖啡廳。氣氛舒適，讓人忍不住想久坐。可悠閒享用咖啡及森林蛋糕、現榨果汁等。

MAP附錄②11C-4
☎0761-78-3765
L9:00～17:00　休週四
所石川県加賀市山中温泉東町1ホ19-1　交CANBUS·山中座巴士站下車步行10分　P使用山中温泉バスターミナル巴士站前觀光停車場

購物

➔溫泉玉子（6顆裝486日圓）

➔外觀洋溢著老舖風格

小出仙

●こでせん

味道富有層次的魚糕深受歡迎

「山中魚糕」是添加黃線狹鱈等3種魚漿，僅以鹽及味醂調味製成，味道層次豐富。以乳霜狀蛋黃為特徵的溫泉玉子鹹度絕妙，最適合作為伴手禮。

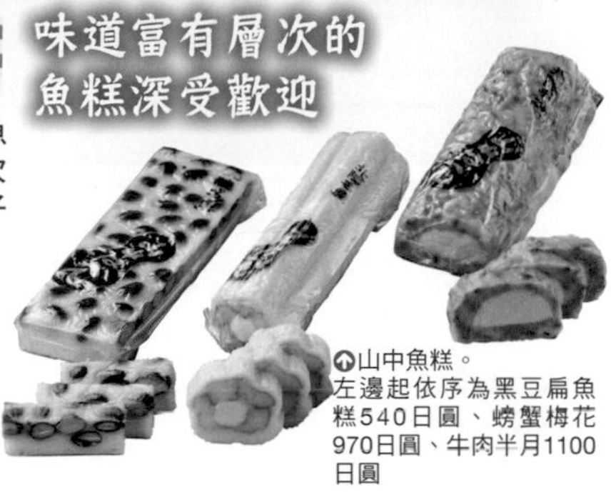

↑山中魚糕。左邊起依序為黑豆扁魚糕540日圓、螃蟹梅花970日圓、牛肉半月1100日圓

MAP附錄②11C-4　☎0761-78-1310
L8:00～19:00　休無休
所石川県加賀市山中温泉本町2-ナ-4
交山中温泉バスターミナル巴士站步行5分

美食

邊走邊吃!

酥脆的可樂餅真好吃

➔肉汁滿溢

肉のいづみや

●にくのいづみや

使用和牛及北海道產馬鈴薯製成，裹上麵包粉油炸而成的可樂餅（1個120日圓），最適合解饞。

MAP附錄②11C-4　☎0761-78-0144
L9:00～17:00　休不定休
所石川県加賀市山中温泉南町二16
交CANBUS·山中座巴士站下車即到
P免費

順路景點

原創護身符讓戀愛實現

Circulo陶藝體驗工房

●シルクロとうげいたいけんこうぼう

在九谷燒的窯戶「きぬや」體驗陶藝。課程有使用電動拉胚機進行正統拉胚成形、貼畫彩繪、釉上彩及製作ゆかたべさん人偶4種。每種課程都能在輕鬆的氣氛下體驗正統九谷燒。

➔所需時間約40分。約1個月後寄出成品

➔山中溫泉的戀愛成就守護神「ゆかたべさん」。畫完臉後，在許願卡上寫下心願

MAP附錄②11C-4　☎0761-78-8078
L10:00～11:30、13:00～16:30
休週四、五　¥各種體驗3000日圓
所石川県加賀市山中温泉東町1マ22 九谷焼窯元きぬや2F
交山中温泉バスターミナル巴士站下車即到　P免費

ここや

➔溫和的甜味深受歡迎

嚴選白米製成的絕品糰子

點餐後才開始烘烤的100%北陸產越光米糰子（1支110日圓～），吃起來外酥內軟。

MAP附錄②11C-4　☎0761-78-0303
L10:00～17:00（售完打烊）
休週四（逢假日則營業）　所石川県加賀市山中温泉南町ロ15-1 手作り仲間の小路内　交山中温泉バスターミナル巴士站步行8分

溫泉街的發祥地，任誰都能泡的公共澡堂

山中溫泉總湯 菊之湯

●やまなかおんせんそうゆきくのゆ

↓特徵是溫度略高的清澈泉水

位於溫泉街中心的公共澡堂。據說是以該設施為中心形成溫泉街。

MAP附錄②11C-4　☎0761-78-4026
L6:45～22:30　休無休　¥440日圓
所石川県加賀市山中温泉湯の出町レ1
交山中温泉バスターミナル巴士站步行10分　P免費

活動CHECK

➔活動為期5個月，每天都會舉辦

11～3月

螃蟹湯大鍋料理宴客

●カニじるおおなべのふるまい

螃蟹湯大鍋料理宴客是山中的冬季名產。可使用山中漆器品嘗添加螃蟹、北國紅蝦以及當地蔬菜等嚴選食材燉煮的大鍋料理。

➔由山中出身的料理人道場六三郎負責監修食譜

MAP附錄②11C-4
☎0761-78-0330（山中溫泉觀光協會）
L10:00～13:00（售完打烊）　¥300日圓　所石川県加賀市山中温泉薬師町ム1　交山中温泉バスターミナル巴士站步行7分

被潺潺溪流聲及綠意環繞的名湯

山中溫泉飯店

山中溫泉乃是距今1300年前由高僧行基所發現的溫泉。被松尾芭蕉譽為與有馬、草津齊名的「扶桑三名湯」之一的山中溫泉、鶴仙溪及大聖寺川的絕景，至今仍持續療癒所有訪客的心。

位於廣闊的大自然中 限定10間客房的奢華旅宿

細心烹調的早餐，連著名文人也讚不絕口

在休息室「古今沙龍」的木甲板上做森林浴

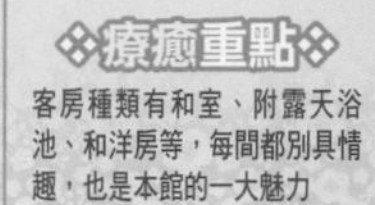

療癒重點

客房種類有和室、附露天浴池、和洋房等，每間都別具情趣，也是本館的一大魅力

被豐饒的大自然及綠意環繞的奢侈露天浴池

Kayotei

●かようてい

本館位於佔地約1萬坪的自然環境中，僅有10間客房。在此可在自然之聲及風景的包圍下，享受如同自家般舒適的幸福時光。嚴選天然且安心的素材，發揮食材最大美味的料理也深受好評。

費用 1泊2食 **47000日圓～**
IN **12:00**(部份客房為13:00) OUT **12:00**
客房 **10** 不住宿溫泉 無
MAP附錄②11C-4 **0761-78-1410**
所石川県加賀市山中温泉東町1-ホ20 交JR加賀溫泉站搭往山中溫泉方向巴士30分，終點站下車，步行4分 P免費

花紫

●はなむらさき

27間書院造客房全都附坪庭，每一間都能眺望鶴仙溪景色。餐點以可從約50種菜色中任選組合的「À la carte懷石」最受歡迎。附源泉放流式露天浴池的套房人氣也相當高。

附坪庭、純和風的書院造式客房空間讓人感到沉穩

興建於鶴仙溪沿岸，可欣賞流水及綠景

費用 1泊2食 **29500日圓～**
IN **14:00** OUT **12:00**
客房 **27** 不住宿溫泉 無
MAP附錄②11C-4
0761-78-0077
所石川県加賀市山中温泉東町1-ホ17-1
交JR加賀溫泉站搭乘接駁巴士20分（需預約） P免費

療癒重點

從位於最頂層的露天浴池可眺望一年四季都美麗的鶴仙溪景觀

同時享受四季變換的鶴仙溪景色及頂級湯泉

從庭園風的露天浴池可以看見四季變換的絕景。內湯則是檜浴池

吉祥山中溫泉日式旅館

●きっしょうやまなか

本館提供免費的下午茶、大廳飲料服務、泡湯後啤酒、包租溫泉以及傳統藝能「山中節」公演等款待服務。加賀料理及鐵板燒等奢侈的晚餐及早餐、鶴仙溪沿岸的露天浴池也令人期待。紀念日及連住特典也很吸引人。

費用 1泊2食 **26610日圓～**
IN **14:00** OUT **11:00** 客房 **44** 不住宿溫泉 無
MAP附錄②11C-3 **0761-78-5656**
所石川県加賀市山中温泉東町1-ホ14-3
交JR加賀溫泉站搭乘接駁巴士20分（需預約） P免費

在鐵板燒餐廳享用現場進行調理的鬆餅下午茶

「吉祥SPA」的金、銀箔美容療程相當有人氣。情侶一起也OK

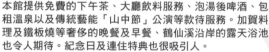

以眺望鶴仙溪的溫泉及加賀的盛宴款待來客

大聖寺川的潺潺水聲十分療癒的露天浴池

療癒重點

在北陸規模最大的「吉祥SPA」備有金＆銀箔美容療程等多樣化療程

◎在下嵌式座位的餐廳可奢侈地獨占絕景

❖療癒重點❖
眺望綠意盎然的樹林及溪流，加上居家式服務，連心情也沉靜下來了

忘都之宿 蟋蟀樓
●みやこわすれのやど こおろぎろう

佇立於蟋蟀橋旁，創業超過100年的老舖。客房僅7間，可享受無微不至的服務及寧靜舒適的時光，是本館的魅力之一。旅館店主親自大展手藝烹調的當令料理帶給感官奢侈的度假氛圍。

費用 1泊2食 **30240日圓～**
IN **14:00** OUT **11:00** 客房 **7**
不住宿溫泉 無
MAP附錄②11C-4 ✆**0761-78-1117**
所石川県加賀市山中温泉こおろぎ町ロ140
交山中温泉バスターミナル巴士站搭乘接駁巴士5分(需預約) P免費

◎備有在當地魚港等地採購到的鮮度超群美味

◎本館面向蟋蟀橋，別具一番風情

◎在少見的露天深湯可近距離感受森林

❖療癒重點❖
不僅能聆聽鶴仙溪的潺潺水聲，還能欣賞滿足視覺與心靈的四季絕景

Kagari吉祥亭旅館
●かがりきっしょうてい

本旅館的所有客房都能眺望鶴仙溪景色。亦能在加賀宴席上享用松葉蟹、北國紅蝦、寒鰤、加賀蔬菜等當地產的當令美味。大廳所提供的下午茶服務、在泡湯休息處提供泡湯後啤酒及鄉土料理「べろべろ」等款待服務也頗受好評。在紀念日時也會推出特選菜單獻上祝福。

費用 1泊2食 **21750日圓～**
IN **14:00** OUT **10:00** 客房 **48**
不住宿溫泉 無
MAP附錄②11C-4 ✆**0761-78-2223**
所石川県加賀市山中温泉こおろぎ町ニ1-1
交JR加賀溫泉站搭乘接駁巴士25分(需預約)
P免費

◎備有檜浴池及岩浴池2種包租浴池，也相當有人氣（需收費）

◎附源泉放流露天浴池的客房

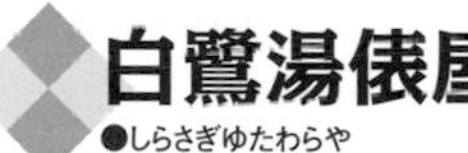

◎呈現櫻花的四季變化，深受好評的花曆宴席

◎附露天浴池的溫泉套房也相當有人氣

御花見久兵衛
●おはなみきゅうべえ

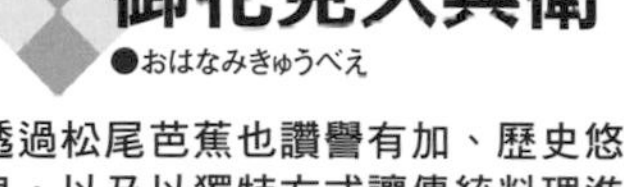

透過松尾芭蕉也讚譽有加、歷史悠久的溫泉，以及以獨特方式讓傳統料理進化成原創美味等，讓人體會旅行的樂趣及全新感動的旅館。備有多樣化客房，可配合旅遊型態及預算，提供附露天浴池溫泉套房或鄰近溪流旁的和室等。

費用 1泊2食 **12000日圓～**
IN **15:00** OUT **11:00** 客房 **49**
不住宿溫泉 **13:00～16:00**(限平日，需預約) ／**1080日圓**
MAP附錄②11C-5 ✆**0761-78-1301**
所石川県加賀市山中温泉下谷町ニ138-1
交JR加賀溫泉站搭乘接駁巴士20分（需預約）
P免費

❖療癒重點❖
早餐時間更改為9點～10點的「悠閒早餐服務」也受到好評

可用五官去體會「與大自然融為一體」的露天浴池

白鷺湯俵屋旅館
●しらさぎゆたわらや

創業800年，傳承35代、歷史悠久的老舖旅館。在溪流野天浴池「鶴仙」及「河鹿」可就近在溪流旁享受負離子浴，這是只有在本旅館才能體驗的奢侈時光。請務必前來品嘗大量使用北陸味覺的正統加賀宴席。

費用 1泊2食 **16350日圓～**
IN **15:00** OUT **11:00** 客房 **52**
不住宿溫泉 **9:00～11:00、15:00～17:00** (需預約)／**1000日圓**
MAP附錄②11C-4 ✆**0761-78-1321**
所石川県加賀市山中温泉東町2-ヘ-1
交JR加賀溫泉站搭乘接駁巴士20分（需預約）
P免費

◎興建於綠意盎然的大聖寺川旁

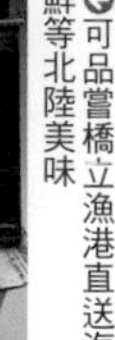
◎可品嘗橋立漁港直送海鮮等北陸美味

❖療癒重點❖
戶外浴池可就近感受溪流流水，四周環繞著四季變換的美景

距離溪流最近的戶外露天浴池「鶴仙」

順路景點

總湯是指溫泉地旅館之外的公眾浴場喲。

體驗明治期與現代的公共澡堂
加賀山代溫泉總湯&古總湯
●かがやましろおんせんそうゆアンドこそうゆ

山代溫泉有2間每個人都能使用的公共澡堂。一間是無加水、100%源泉溫泉的新浴池「總湯」，另一間是包括建築物在內，可體驗明治期「湯浴」泡法的「古總湯」。

MAP附錄②11A-5 ✆0761-76-0144
L6:00～22:00 休無休（每月第4週三的6:00～12:00休息） ¥總湯:440日圓，古總湯:500日圓，共通券700日圓 所總湯:石川県加賀市山代溫泉万松通2-1、古總湯:石川県加賀市山代溫泉18-128
交CANBUS‧山代温泉総湯巴士站下車即到 P免費（距離50m及100m處有2家停車場）

推薦!
溫泉玉子霜淇淋 350日圓

冰涼的霜淇淋佐上溫溫的溫泉蛋為配料。全新口感及奶昔般令人懷念的味道為特點。

➲總湯的牆面上飾有現代九谷燒作家的手繪磁磚

➲稍微泡一下腳，身體就會變得暖呼呼的

散步途中，不妨泡個足湯休息一下
源泉‧足湯 ●げんせん‧あしゆ

使用源泉溫泉的足湯。將腳泡在足湯中就能消除疲勞，恢復精神。上方有屋頂，即使是雨天也不用擔心。記得攜帶泡完腳後擦拭用的毛巾。

MAP附錄②11B-5
✆0761-77-1144（山代溫泉觀光協會）
L8:00～22:00 休無休
¥免費 所石川県加賀市山代溫泉18-121甲
交CANBUS‧山代温泉総湯巴士站下車即到

➲請務必嘗試製作獨一無二的九谷燒

當地作家在旁指導彩繪體驗
九谷焼體驗美術展覽室CoCo
●くたにやきたいけんギャラリーココ

為九谷燒的特產直銷店，亦提供觀光資訊。除了可觀摩年輕的九谷燒作家池島直人、仁美夫婦替作品彩繪的情況外，亦可體驗彩繪（1500日圓＋運費1000日圓）。

MAP附錄②11B-5 ✆0761-75-7116
L9:30～17:30 休週四
所石川県加賀市山代溫泉18-115甲
交CANBUS‧山代温泉総湯巴士站下車即到

連北大路魯山人也相當喜愛的九谷燒淵源地

山代溫泉散步

➲山代溫泉的吉祥物すぱクロくん

漫步在受到眾多文化人喜愛的山代溫泉，充滿歷史風情的街道讓心情相當愜意。讓人想在這個擁有2個總湯的溫泉地一邊泡湯，一邊漫遊。

山代溫泉 筆記

✧如何去山代溫泉

從JR加賀溫泉站搭加賀巴士車程約15分，在巴士站山代溫泉下車。或者搭CANBUS車程約15分，在山代溫泉総湯巴士站下車。若是開車，從北陸自動車道加賀IC車程20分。

✧山代溫泉是個怎樣的地方?

位於加賀市山腳的溫泉地。該溫泉的歷史相當悠久，據說始於725（神龜2）年行基發現溫泉。特徵是背後有位於小山丘的萬松園，有藥王院溫泉寺、山代八景等許多適合散步的路線。同時也以世界知名的九谷燒發祥地聞名。

✧記得確認「道番屋」的看板!

提供各種當地特有觀光資訊的店家，例如前往觀光景點的方式以及各大景點、人氣名店、美味特產品等的資訊。亦提供免費出借雨傘服務。

活動CHECK

全年

吃遍山代優惠券

●やましろたべあるきクーポン

只要購買一本600日圓，含6張優惠券，就能從參加活動的12家店舖所提供的甜點及美食中挑選並享用美食。

6月 4·5日

菖蒲湯祭

● しょうぶゆまつり

祈求一整年無病無災，由年輕人抬著上面安置塞滿菖蒲的米袋的神轎在湯之街遊行，之後將菖蒲投入古總湯中。

8月 上旬

山代大田樂

● やましろだいでんがく

根據在日本中世大為流行，其後卻銷聲匿跡的傳統藝能「田樂」所創作的「大田樂」。充滿躍動感的舞蹈及華麗的裝束，清脆的笛音及火把的火焰，令人深深感動。

景點

九谷焼窯跡展示館

●くたにやきかまあとてんじかん

展示有九谷瓷器窯跡（國家指定史跡）及九谷燒現存最古老的登窯（市指定文化財），在修復改建自轆轤場及彩繪場的展示棟（市指定文化財），一年舉辦4次企劃展。

MAP附錄②11B-4
0761-77-0020
9:00～16:30(17:00打烊)
休 週二（逢假日則開館）
¥310日圓 所石川県加賀市山代温泉19-101-9 交CANBUS·九谷焼窯跡展示館巴士站下車即到

解開九谷燒的起源 公開登窯遺跡

亦可體驗腳踢轆轤及彩繪等

參觀魯山人曾滯留的寓居

在土藏經常舉辦企劃展

魯山人寓居跡伊呂波草庵

●ろさんじんぐうきょあといろはそうあん

北大路魯山人以前雕刻旅館的看板時所滯留的寓居，現正對外公開。魯山人就是在這裡開始與山代的大老爺們交流，終其一生。可參觀魯山人的作品、工作地點及書齋。

MAP附錄②11A-5 0761-77-7111
9:00～16:30(17:00打烊) 休週三
¥500日圓 所石川県加賀市山代温泉18-5 交CANBUS·魯山人寓居跡いろは草庵巴士站下車步行1分

購物

うつわ蔵

●うつわぐら

由魯山人相關的老舖旅館所經營的器皿店。店內改建自明治期的土藏，陳列著嚴選當地作家的九谷燒及山中漆器作品。

MAP附錄②11B-5 0761-77-1919
9:00～17:30 休週四 所石川県加賀市山代温泉通り1番地3 交CANBUS·山代温泉総湯巴士站下車步行

老舖旅館經營的餐盤精品店

從魯山人仿製品到可平時使用的作品，應有盡有

美食

白飯是使用當地產的越光米

在時尚的空間悠閒享用午餐

べんがらや

以紅殼格子為標誌的藝廊兼餐館。午餐時段供應的山代温泉蓋飯1390日圓，是在九谷燒大碗裝盛當地產蔬菜及北國紅蝦，與鹽麴的鮮味相互融合成的一道料理。藝廊的展示作品也值得注目。

MAP附錄②11B-4 0761-76-4393
10:00～17:30 休週三 所石川県加賀市山代温泉温泉通り59 交CANBUS·山代温泉総湯巴士站下車步行

好想邊走邊吃!

飽滿的豆沙餡及恰到好處的甜味

惣八(藤沢菓子店)

● そうはち(ふじさわかしてん)

六方燒因六面全都烤成金黃色而得名，相當有人氣。以蜂蜜及蛋揉製成的餅皮內，塞滿了甜味恰到好處的豆沙餡，好吃到只要吃過一次就會欲罷不能。

MAP附錄②11A-5 0761-76-1254
8:00～18:00 休週三及週二下午
所石川県加賀市山代温泉万松園通14
交CANBUS·山代温泉総湯巴士站下車步行3分

現烤六方燒1個110日圓

附設和風咖啡廳及伴手禮店

位於溫泉街中心，讓人想順路一逛

附加賀棒茶的はづ団子630日圓

はづちを楽堂

●はづちをがくどう

以溫泉街為中心的開放空間，附設和風咖啡廳及伴手禮店。除了可以享用和風甜點及現擠牛奶製的霜淇淋外，亦有販售和風配件。

MAP附錄②11B-5
0761-77-8270
9:30～18:00
休週三（逢假日則營業）
所石川県加賀市山代温泉18-59-1
交CANBUS·山代温泉総湯巴士站下車即到

山代溫泉飯店

今晚稍微奢侈一下

山代溫泉以長壽之湯聞名，作為大聖寺藩的藩湯款待歷代藩主。不妨來此體會北大路魯山人及與謝野晶子等諸多文化人喜愛的優質湯泉以及洗練的旅館氣氛。

星野集團　界 加賀

●ほしのリゾートかいかが

繼承創業於1624（寬永元）年老舖旅館的傳統建築，並加以翻新。將所有客房打造成「加賀傳統工藝房間」，變成享受非日常感的頂級空間。以九谷燒及山中塗器皿裝盛上桌的當令宴席料理也很賞心悅目，相信定能滿足您的視覺與味蕾。

費用 1泊2食 **27000日圓～**
IN **15:00** OUT **12:00** 客房 **48**
不住宿溫泉 無

MAP附錄②11A-5 **0570-073-011**（界預約中心）
所石川県加賀市山代温泉18-47
交JR加賀溫泉站搭計程車10分
P免費

完美融合傳統、摩登以及加賀文化的頂級空間

❖頂級之處❖
全客房以加賀水引、加賀友禪、九谷燒及山中漆器作為擺設。

↑在以和風為基本的空間配置床及沙發，流露一股加賀風情

↑2017年7月重新裝潢的大浴場。飾有九谷燒藝術磁磚及金箔裝飾，讓人感受加賀風情及傳統

↑繼承美食家魯山人哲學的宴席料理。器皿均是配合料理而製作

↑每晚都會上演改編加賀獅子舞的「白銀之舞」

❖頂級之處❖
亦提供書齋及藝廊等充實設施，讓旅客享受在館內住宿的時光。

↓備有獨立式源泉包租浴池「檜之湯」等3種包租浴池

充滿夢幻氛圍的溫泉旅館

↓不僅素材，連調味料也堅持使用當地產品

↓設有藏書3000本的小圖書館。沙發也相當舒適

溫泉冥想俱樂部 富士屋旅館

●おんせんめいそうくらぶ ふじやりょかん

以建築結構雅緻及自然的氣氛為魅力的旅館。大廳及圖書室曾獲得室內設計獎，溫泉則是取自開湯1300年來山代最古老的第一號源泉，可充分享受同時兼備悠久歷史及嶄新硬體的款待服務。

費用 1泊2食 **15000日圓～**
IN **15:00** OUT **11:00** 客房 **35**
不住宿溫泉 **15:00～20:00／1000日圓**

MAP附錄②11A-5 **0761-77-1122**
所石川県加賀市山代温泉桔梗ヶ丘2-121-3
交JR加賀溫泉站搭乘接駁巴士10分（需預約） P免費

森之棲 渡假&水療

●もりのすみかリゾートアンドスパ

佔地5千坪的庭園環繞四周，可享受森林浴及溫泉浴的旅館。本館提供現代風的溫泉旅館的服務，依照每位旅客的步調提供舒適放鬆的服務。使用當地素材，充分運用當令鮮魚及蔬菜的美味烹調成的料理也受到好評。

費用 1泊2食 **17430日圓～**
IN **15:00** OUT **10:00** 客房 **57**
不住宿溫泉 **14:00～17:00**（需預約）**／1500日圓**

MAP附錄②11B-4 **0761-77-0150**
所石川県加賀市山代温泉14-27
交JR加賀溫泉站搭乘接駁巴士15分（需預約） P免費

↓四周樹林環繞，可聽到鳥鳴。整棟旅館被清澈的森林空氣所包圍

↓位於最頂層的女性專用露天浴池「樹林之湯」可以俯瞰庭園景色

↓共有6種類型客房。可配合旅行方式及喜好挑選

❖頂級之處❖
附露天浴池的客房可分成檜浴池及按摩浴缸等類型。

在位於寂靜森林中的旅館享受一段特別時光

山代溫泉 彩華之宿 多多見

●やましろおんせん さいかのやどたたみ

➲備有供全家人泡澡，空間寬敞的包租露天浴池

在料亭起家的料理旅館
盡情享受創作料理與名湯

❖頂級之處❖
包租的包廂岩盤浴，最適合美容。利用芳香精油及音樂療癒身心。

誕生自料亭的料理旅館特有的創作加賀料理「sabroso」深受好評。並備有包廂包租岩盤浴及空間寬敞的包租露天浴池，館內入口亦設有足湯。此外也提供多項體貼帶嬰兒及孕婦入住旅客的方案。

➲附源泉放流半露天浴池的客房「芽生」

費用 1泊2食 13500日圓～(10疊以上和室)
1泊2食 20500日圓～(附源泉放流溫泉半露天客房)
IN 15:00 OUT 10:00 客房 35
不住宿溫泉 15:00～20:00／800日圓

MAP附錄②11A-5
✆0761-77-2200
所石川県加賀市山代溫泉桔梗ケ丘3-41
交JR加賀溫泉站搭乘接駁巴士10分(需預約)
P免費

➲講究的創作加賀料理，味道深受饕客肯定

桐木的柔和溫暖
誕生出高層次的頂級空間

❖頂級之處❖
全館地板採用無垢桐材。建議打赤腳來感受木材的溫度。

➲在「弁柄」(照片)及「群青」配置有舒眠的席伊麗床墊

橘四季亭

●たちばな四季亭

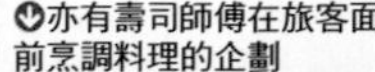
➲亦有壽司師傅在旅客面前烹調料理的企劃

➲在木甲板的展望露天浴池，可欣賞四季的風景

本館備有附廚房、餐廳及展望露天浴池的頂級和洋房「群青」及「弁柄」等，空間構造寬敞的客房。另提供13時登記入住，12時退房的貼心服務，最長可停留23小時。

費用 1泊2食 30390日圓～
IN 13:00 OUT 12:00 客房 23
不住宿溫泉 13:00～16:00(需預約)／1500日圓
MAP附錄②11A-5 ✆0761-77-0001
所石川県加賀市山代溫泉万松園通16
交JR加賀溫泉站搭乘接駁巴士10分(需預約) P免費

湯之國天祥

●ゆのくにてんしょう

本館將引自自家源泉所湧出的溫泉分成3大浴場，可以享受共計18種浴池的泡湯樂趣。亦備有試吃冷菓、體驗動手做溫泉蛋等多項免費泡湯後服務。另外也提供美體療程、韓國搓澡等多樣化放鬆身心的服務項目，讓身心獲得療癒。

費用 1泊2食 18500日圓～
IN 15:00 OUT 10:00 客房 156
不住宿溫泉 11:00～15:00(需預約)／1000日圓～
MAP附錄②11B-4 ✆0761-77-1234
所石川県加賀市山代溫泉19-49-1
交JR加賀溫泉站搭乘接駁巴士10分(巡迴巴士，詳見官網) P免費

➲亦備有體驗動手做溫泉蛋等各種免費服務

➲置有九谷燒繪皿的「九谷之湯處」

享受18種各異其趣的泡湯巡遊
這才叫做盡享溫泉

❖頂級之處❖
特別樓層亦有附陽台及私人用餐空間的客房。

➲備有露天藥浴、桶湯浴池、五右衛門浴池等多種浴池

➲在氣氛沉穩的茶寮「烏月」用餐

➲被自然素材的溫暖包圍的大廳

➲大浴場可分成總檜造的「九萬坊之湯」及別具風格的「藥師之湯」

在自然素材營造的
和式空間讓身心舒適療癒

❖頂級之處❖
住宿旅客亦可步行5分到姊妹館「琉璃光」，享受泡湯巡遊的樂趣。

葉渡莉

●はとり

以「木的溫暖，葉的柔和」為概念，大量使用天然木、土牆及和紙等自然素材所打造的療癒旅館。料理則是提供嚴選加賀當令食材所烹調的每月更換宴席料理，善用素材原味、有益身體健康的溫和滋味，讓身心獲得滿足。

費用 1泊2食 16200日圓～
IN 15:00 OUT 11:00
客房 59
不住宿溫泉 11:00～15:00／1500日圓
MAP附錄②11B-4 ✆0761-77-8200
所石川県加賀市山代溫泉通り17
交JR加賀溫泉站搭乘接駁巴士15分(需預約)
P免費

從湖畔欣賞絕景放鬆身心 片山津溫泉飯店

かたやまづおんせん

片山津溫泉位於據說一天之內會變化7次顏色的柴山潟湖畔，湖畔林立著成排的旅館。從湖底湧出的溫泉不容易冷卻，可一邊泡湯，一邊眺望平靜的湖面及白山連峰，療癒旅途的疲憊。

景觀重點
冬天可在周邊看到鴨子及小天鵝等候鳥的身影。

⬇午餐加溫泉的不住宿方案也相當有人氣

被1萬坪庭園環繞的高台SPA渡假村

⬆雄壯的自然風景邀您進入夢幻世界

⬆館內設有使用當地食材進行烹調的義式餐廳等5種餐廳

療癒度假村加賀之幸 Arrowle飯店

●いやしのリゾートかがのさちホテルアローレ

興建在高台上，可眺望柴山潟及白山連峰景色的渡假飯店。建地四周環繞著1萬坪的庭園，除了設有網球場及公園高爾夫球場外，亦設有天然溫泉、室內游泳池、美體沙龍、藝廊、酒吧等，可用不同方式好好充電。

費用 1泊2食 **14650日圓～**
IN **14:00** OUT **12:00**
客房 **130**
不住宿溫泉 **6:00～15:00、18:00～翌日1:00／750日圓**
MAP附錄②11B-1 ✆**0761-75-8000**
所 石川県加賀市柴山町と5-1 交 JR加賀溫泉站搭乘接駁巴士15分（需預約） P免費

加賀觀光飯店

●かがかんこうホテル

可到擁有每分鐘湧出55公升，泉量為片山津溫泉當中最豐沛的「夢湯公園」享受巡遊名湯的旅宿。館內備有面向柴山潟的露天浴池、三溫暖、瓶浴池等，採男女輪替入浴，多達22種浴池。堅持當地口味的料理也深受好評。

費用 1泊2食 **10950日圓～**
IN **15:00** OUT **10:00**
客房 **115**
不住宿溫泉 **14:00～19:30／800日圓（受理到18:30為止）**
MAP附錄②11B-3 ✆**0761-74-1101**
所 石川県加賀市片山津溫泉ウ41
交 JR加賀溫泉站搭乘接駁巴士10分（需預約） P免費

⬆全室都是面向柴山潟的客房，可欣賞四季風景

⬆料理含加賀蔬菜及能登牛等豐富的當地食材

景觀重點
除了露天浴池外，從寢湯及瓶浴池等各式浴池也能夠眺望柴山潟。

巡遊22種浴池 讓身心獲得解放

⬅從洋溢檜木香的六角浴池能夠欣賞柴山潟的絕景

景觀重點
晴天時可一邊泡溫泉，一邊眺望自白山升起的朝陽。

一邊泡溫泉 一邊眺望白山連峰

⬆在「玉響之湯」可體會與湖水融為一體的感覺

佳水鄉

●かすいきょう

在片山津溫泉當中，以可從客房及浴池眺望美景自豪的高級割烹旅館。從面向柴山潟，裝有長約15m整面玻璃的大浴場可看見360度全景，相當精彩。以熟練的手藝，將北陸特有的山珍海味烹調成的美味料理也頗受好評。

費用 1泊2食 **14190日圓～**
IN **15:00** OUT **10:00**
客房 **100**
不住宿溫泉 **14:00～20:00／950日圓**
MAP附錄②11A-2 ✆**0761-74-1200**
所 石川県加賀市潮津町イ72-1
交 JR加賀溫泉站搭乘接駁巴士10分（需預約） P免費

⬆從大廳也可越過湖面眺望白山

⬆全室都是湖景房，客房類型也很多樣化

老舗&個性派的魅力

粟津溫泉飯店

あわづおんせん

粟津溫泉是距今1300年前由泰澄大師所開湯。特色是每間溫泉旅館都擁有汲取自家挖掘溫泉的源泉小屋。而粟津溫泉是具有讓肌膚變光滑功效的美肌之湯，相當受到眾人喜愛。

旅亭懷石 能登屋

●りょていかいせきのとや

以奢侈使用加賀食材烹調的日本料理，以及自家挖掘的源泉自豪的旅宿。亦針對女性顧客，提供佔地達100坪的女性大浴場、寬敞的女用化妝間以及女性限定泡湯後甜點等多項貼心服務。

費用 1泊2食 **22050日圓～**
IN **15:00** OUT **10:00** 客房 **65**
不住宿溫泉 **無**
MAP附錄②11C-2 ☎0761-65-1711
所石川県小松市粟津町ワ85
交JR加賀溫泉站搭乘接駁巴士20分（需預約）
P免費

除了100坪的大浴場外
亦針對女性顧客提供多項服務

講究之處
提供美肌之湯、美體療程以及免費美甲套裝行程，讓您提昇女子力！

整面玻璃帷幕的女性大浴場極具開放感

↻藉由美肌之湯及泡湯後的美體療程，讓身心都美麗

↻創業700年。備有各種類型客房

法師

●ほうし

718（養老2）年創業，擁有1300年悠久歷史的老舖旅館。屋齡超過100年的建築物及庭園讓人感受到悠久的歷史，享受只有這裡才能體會的復古風情。也有不少支持者因料理人精湛手藝所烹調的美味及真誠的待客服務而頻頻回訪。

費用 1泊2食 **13000日圓～**
IN **15:00** OUT **11:00** 客房 **75**
不住宿溫泉 **無**
MAP附錄②11C-1 ☎0761-65-1111
所石川県小松市粟津町ワ46
交JR加賀溫泉站搭乘接駁巴士20分（需預約）
P免費

講究之處
在這個歷史悠久的空間，隨處都能感受到代代傳承的待客之心。

建築外觀讓人感受到歷史的風格及穩重氣氛

↑據說溫泉對求子及求姻緣都很靈驗

↑4棟客房樓環繞著日本庭園配置

講究之處
綠意盎然的庭園及季節花卉，充滿日本四季之美與風情。

隨四季變化的大庭園
夜晚變成充滿
幻想色彩的空間

從大廳可聆聽粟津川的流水聲及欣賞綠景

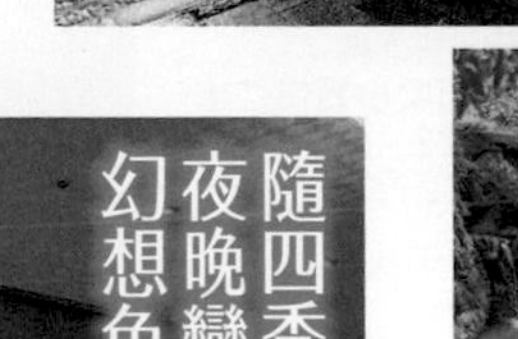

↑飾有九谷燒大陶牆，氣氛豪華的大浴場

↑每天20時舉辦華麗的投影藝術秀

辻之屋花乃庄

●つじのやはなのしょう

擁有佔地2萬5000坪寬廣庭園的純和風溫泉旅館。到了夜晚，每天都會在庭園舉辦投影藝術秀「數位掛軸」等，欣賞方式相當多樣化。另外，本館亦以自家挖掘的源泉溫泉、大量使用北陸食材烹調的正統宴席料理自豪。

費用 1泊2食 **15000日圓～**
IN **15:00** OUT **10:00** 客房 **63**
不住宿溫泉 **14:00～18:00／1000日圓**
18:00～22:00／1800日圓
MAP附錄②11C-2 ☎0761-65-1311
所石川県小松市湯上町い18 交JR加賀溫泉站搭乘接駁巴士15分（住宿專用，需預約） P免費

加賀溫泉鄉

●かがおんせんきょう

還有其他推薦景點！

區域導覽

擁有山中・山代・片山津及粟津4大溫泉街的區域。在溫泉氛圍及名湯療癒身心後，除了探訪感受各溫泉街歷史文化的景點外，不妨可順道前往周邊注目景點看看。

附錄MAP 附錄②P.12　住宿資訊 P.92・96・98・99

粟津溫泉　MAP附錄②12E-2

加賀傳統工藝村 湯之國之森

●かがでんとうこうげいむらゆのくにのもり　✆0761-65-3456　玩樂

在傳統工藝公園體驗工匠手藝

可以體驗九谷燒、山中塗、貼金箔、加賀友禪等50種以上石川傳統工藝。亦設有餐館及兒童廣場，可盡情遊玩一整天。在村內也能欣賞綻放的季節花卉。

L9:00～16:30（黃金週及夏季到17:00為止）休有臨時休業（詳見官網）¥入村費540日圓（1日券及體驗費另計）所石川県小松市粟津温泉ナ-3-3 交CANBUS・ゆのくにの森巴士站下車即到 P免費

可在11座展館體驗石川傳統工藝等諸多活動

小松　MAP附錄②12E-1

小松曳山交流館MIYOSSA

●こまつひきやまこうりゅうかんみよっさ　✆0761-23-3413　景點

看見「歌舞伎之町」的町眾文化

每年5月的「御旅祭」，都會以曳山為舞台上演兒童歌舞伎，已有250年歷史。除了以曳山為歌舞伎文化的宣揚據點，設有常設展示外，也可以體驗歌舞伎風化妝及試穿服裝等。

L10:00～17:00 休4～11月無休，12～3月週三休（逢假日則開館，翌日休）¥免費入館 所石川県小松市八日町72-3 交JR小松站步行7分

所需 30分

豪華的曳山為工匠手藝的結晶。現存8座，其中2座設有常設展示。並實施部份收費體驗

小松　MAP附錄②12E-1

小松之杜

●こまつのもり　✆0761-24-2154　玩樂

魄力滿點!日本的巨無霸砂石車

在世界級建築機械廠商KOMATSU的發祥地，可親眼目睹世界規模最大、超有魄力的巨無霸砂石車930E。亦可體驗開挖土機、介紹建築機械技術的3D劇院等。

L9:00～17:00（視設施不同而異）
休無休（わくわくコマツ館於週日、一、第5週六休）
¥免費 所石川県小松市こまつの杜1
交JR小松站下車即到 P免費

巨無霸砂石車930E。亦設有試乘駕駛座的時段

小松　MAP附錄②12E-1

科學山丘小松 人與製造科學館

●サイエンスヒルズこまつひとものづくりかがくかん　✆0761-22-8610

不可思議的科學讓人驚訝又感動!

在體驗型展示區，可透過平板電腦一邊挑戰任務，一邊學習科學原理與我們日常生活之間的關聯。週末亦有舉辦體驗教室。

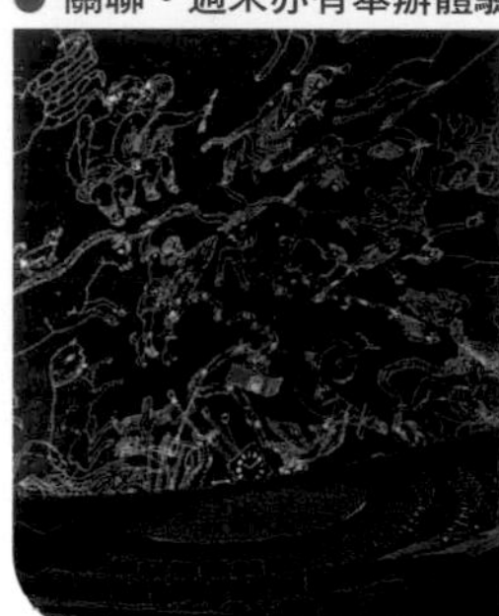

在日本規模最大的巨蛋型3D劇場，可透過美麗的影像欣賞以宇宙及科學為主題的節目

L9:00～18:00（10～3月到17:00為止）休週一（逢假日則開館，翌日休）※黃金週、暑假期間則開館 ¥因設施而異 所石川県小松市こまつの杜2 交JR小松站東口步行3分

加賀　MAP附錄②13D-2

石川縣九谷燒美術館

●いしかわけんくたにやきびじゅつかん　✆0761-72-7466　景點

日本唯一的九谷燒專門美術館

館內展示古九谷、再興九谷的吉田屋窯等眾多珍貴作品，九谷燒的魅力滿載。另外亦可參觀青手、五彩手、金襴手及釉上彩等個別技法，認識其高度藝術性。

L9:00～16:30 休週一（逢假日則開館）
¥500日圓 所石川県加賀市大聖寺地方町1-10-13
交JR大聖寺站步行8分 P免費

所需 30分

作品依照樣式不同分開展示

旅行話題！

CHECK當地美食! 加賀聖代&加賀螃蟹飯

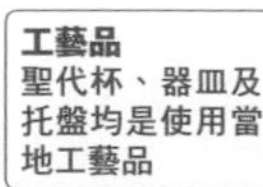

螃蟹飯
由各店獨創。米飯是使用當地產的越光米

5道小鉢料理
使用九谷燒器皿裝盛

●加賀螃蟹飯　2250日圓（均一價）

使用整隻從加賀市橋立港卸貨的香箱蟹（雌松葉蟹）烹調成的「螃蟹飯」，附當令蔬菜、5道魚類小鉢料理及甜點，是加賀市特有的待客料理。2019年在5家店舖提供。器皿的搭配組合也值得注目。

http://www.kagakanigohan.com/

工藝品
聖代杯、器皿及托盤均是使用當地工藝品

加賀棒茶
遵循傳統製法，香氣濃郁的焙茶

5層聖代
每一層的食材都須遵照規定，像是第3層是使用蔬菜海綿蛋糕，第5層是使用蔬菜冰淇淋及溫泉蛋等

●加賀聖代

950日圓（全店）

加賀市的待客咖啡廳菜單（3點下午茶），地產地消聖代。須遵守使用味平南瓜冰及溫泉蛋等，配料則規定使用加賀九谷產的蔬菜等，充滿當地美味食材。2019年在6家店舖供應。

http://www.kagaparfait.com/

※內容於2019年3月變動，請上官網確認

小松　MAP附錄②12E-2

那谷寺

●なたでら　✆0761-65-2111　景點

宛如山水畫般的景色展現眼前的名剎

據傳該寺起源於717（養老元）年，泰澄雕刻千手觀音像並安置在岩窟內。四季的景色相當美麗，也是知名的賞紅葉名所。

所需 1小時

獲米其林綠色指南評鑑為1星。岩窟本殿為國家指定重要文化財

L8:30～16:45（12～2月為8:45～16:30）
休無休
¥參拜費600日圓
所石川県小松市那谷町ユ122
交CANBUS・那谷寺巴士站下車即到
P免費

富山

とやま

坐擁富山灣及立山連峰等豐富自然景觀的場所

在平原廣闊、環抱富山灣、三面環山的富山，擁有雄壯的群山及傳統文化的街道、美食寶庫的港町等諸多景點！不妨來此呼吸清涼的空氣，欣賞各種景觀，還能品嘗富山灣的新鮮海鮮。

富山目次

前往富山的交通方式

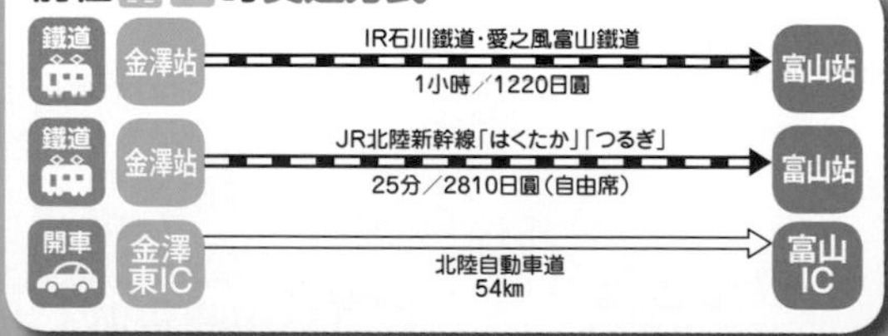

	出發	路線	抵達
鐵道	金澤站	IR石川鐵道・愛之風富山鐵道 1小時／1220日圓	富山站
鐵道	金澤站	JR北陸新幹線「はくたか」「つるぎ」 25分／2810日圓（自由席）	富山站
開車	金澤東IC	北陸自動車道 54km	富山IC

洽詢資訊

富山市觀光政策課 ☎076-443-2072
黑部・宇奈月溫泉觀光局 ☎0765-57-2850
魚津市觀光服務處 ☎0765-22-2244
砺波市觀光協會 ☎0763-33-7666
南砺市觀光協會 ☎0763-62-1201

富山縣
富山灣
冰見
宇奈月溫泉
高岡
黑部峽谷
富山
砺波
富山kitokito機場（富山機場）
立山黑部阿爾卑斯山路線
五箇山
岐阜縣
白川鄉

好吃!! 富山的絕品 Kitokito美食

富山灣由於地形特殊，加上寒暖流在此交會，可以捕獲超過500種以上的魚，不愧是「天然魚塘」。歡迎來富山品嘗豐富多樣且kitokito（きときと，在富山方言意指「新鮮」）的海鮮！！

現捕現撈 海產類

味喜寿し

高岡 みきずし

隨時備有30種以上壽司食材，幾乎都是在氷見漁港及新湊漁港現捕的富山灣恩惠。為提供顧客頂級握壽司，事前備料工作馬虎不得。創業28年來不斷添加的醬汁星鰻壽司為本店名產。

MAP 附錄② 8H-4

0766-25-1051

L 11:30～13:30、17:00～21:30(週日為～20:30) 休 週一(逢假日則翌日休)

所 富山県高岡市城東1-9-32 交 JR越中中川站步行10分

P 免費

➡飽滿的名產星鰻壽司756日圓

品嘗四季時令海鮮做的頂級握壽司

富山灣壽司 3240日圓

因應季節變換使用剝皮魚、北國紅蝦、日本玻璃蝦、香箱蟹等壽司食材，均由店主親自嚴選。

師傅細心捏製宛如寶石般閃耀的壽司

富山灣壽司 3240日圓

黃鋤齒鯛的握壽司經過熱水汆燙後肉質變軟，可享用化在口中的美味。

美乃鮨

富山鎮 みのずし

富山的江戶前壽司名店於2018年搬家後重新開幕。展示櫃內陳列著剛採購的當令食材。請務必前來享用結合新鮮度超群的素材、費工的手續、店主的出色手藝及傳統美味而成的料理。

MAP 附錄② 10B-4

076-422-3034

L 11:30～14:00(L.O為13:30)、17:30～21:00(L.O為20:45)

休 週日及國定假日的週一

所 富山県富山市丸の内2-3-4

交 富山地方鐵道丸之站步行即到 P 免費

松葉寿司

氷見 まつばずし

連對魚相當挑惕的氷見在地人也常來店光顧。為了讓顧客能輕鬆享用壽司，店內不設吧臺席，只有和式座位。壽司拼盤1500日圓～，散壽司1300日圓～，以良心價提供頂級壽司食材。

MAP 附錄② 8H-3 0766-72-0266

L 11:30～13:30、17:00～21:00 休 週日 所 富山県氷見市丸の内7-21 交 JR氷見站步行15分 P 免費

在氷見長年受到愛戴的名店

富山灣壽司 2700日圓

陳列著花鰹、赤點石斑魚等當地壽司食材。熱呼呼的湯裝滿許多小魚，是氷見傳統的「ちゃん鉢」。

⬅煮花枝（時價，9～11月限定），軟綿仔的甘甜會擴散整個口中

眼光精準的店主親自競標漁獲購得的新鮮食材

富山灣壽司 2700日圓

在漁獲競標直接購得，可以吃到蟹黃膏、北國紅蝦的軍艦壽司及日本鳳螺等新湊漁港當令美味。

寿し竹

新湊 すしたけ

店面設置在新湊漁港附近，擁有漁獲競標參加權的店主靠著精準的鑑別力，每天早、中2次採購當地食材。除了富山灣壽司外，日本玻璃蝦的昆布醃漬1000日圓～及擺滿新鮮海鮮的蓋飯也相當有人氣。

MAP 附錄② 9B-2

0766-82-3329

L 11:30～20:30 休 週二 所 富山県射水市立町8-8

交 萬葉線新町口站步行3分 P 免費

裝滿富山灣的海味 且值得一嚐的名產蓋飯

海鮮高岡蓋飯 2500日圓

北國紅蝦等當地食材做的蓋飯，附魚雜湯及醃菜的套餐。只要加300日圓，魚雜湯就可以換成螃蟹湯。

高岡 海鮮問屋 柿の匠

かいせんどんやかきのしょう

移建自位於加賀百萬石·前田家宅邸遺址、屋齡200年的古民家及倉庫，別具歷史韻味的餐館。可以蓋飯、御膳等多樣化烹調方式品嘗富山灣卸貨的優質生鮮魚貝類。

MAP 附錄②8H-5
0766-28-0003
L 11:00～14:00(15:00打烊)、17:00～21:00(21:30打烊) 休 無休 所 富山県高岡市大野156 交 JR高岡站步行15分 P 免費

堆如小山高的冰見海鮮！

海鮮蓋飯 1650日圓

含鰤魚、北國紅蝦、昆布醃漬鱈魚等豐富的冰見當令鮮魚。灑在表面的金箔也相當美麗。

冰見 しげはま

1945（昭和20）年創業的人氣割烹店。可以嘗到使用整條魚做成，從魚骨頭、內臟到魚皮也不浪費的漁師飯變化的蓋飯以及冰見烏龍麵。到了冬天，可盡享冰見寒鰤的全餐也相當有人氣。

MAP 附錄②8H-3
0766-72-0114
L 12:00～13:45、17:00～21:45 休 週四 所 富山県氷見市丸の内2-18 交 JR冰見站步行15分

特別海鮮蓋飯 2000日圓(限平日)

擺滿約7種海鮮的豪邁海鮮蓋飯。為提供顧客新鮮的當令食材，食材會視進貨情況而有更動。

在魚商工會直營餐廳大快朵頤海邊美食

魚津 幻魚房

げんげんぼう

位於「海之站蜃氣樓」的魚商工會直營餐廳。可以實惠的價格品嘗魚津港的現捕海產。週日則變成壽司店，提供當地壽司師傅的數量限定壽司菜單。

MAP 附錄②9D-2
0765-22-0210
L 11:00～15:00 休 第2週三 所 富山県魚津市村木定坊割2500-2 海の駅蜃気楼内 交 愛之風富山鐵道魚津站搭乘魚津市民巴士6分，海の駅蜃気楼巴士站下車即到 P 免費

點優惠套餐享用色彩鮮艷的海鮮蓋飯

海鮮蓋飯套餐(附小缽、豆腐料理及沙拉) 2700日圓

除了松葉蟹、日本玻璃蝦、佃煮螢火魷外，另附豆腐料理及小缽料理的優惠套餐。

新湊 割烹かわぐち

かっぽうかわぐち

由手藝高超的料理人將富山灣的海味做成待客料理。菜單範圍廣泛，從日本料理融入現代風要素的創作懷石料理到簡便的定食等一應俱全，店內顧客眾多相當熱鬧。

MAP 附錄②9B-2
0766-84-1331
L 11:30～14:00、17:00～21:00 休 週一(逢假日則翌日休) 所 富山県射水市中央町19-31 交 萬葉線新町口站步行即到 P 免費

推薦的漁港美食

冰見 可吃到富山最新鮮的鮮魚店

氷見·魚市場食堂

MAP 附錄②8H-3

●ひみうおいちばしょくどう

位於冰見漁港2樓，樓下標得的新鮮海產會直送上樓。使用當令海鮮做的冰見濱蓋飯附小缽料理及湯等，分量十足。

0766-72-2018
L 6:30～15:00
休 不定休 所 富山県氷見市比美町435
交 JR冰見站車程3分
P 免費

冰見濱蓋飯（大碗）1500日圓～

新湊 漁港媽媽的家庭料理

JF新湊女性部食堂

MAP 附錄②9B-2

●ジェイエフしんみなとじょせいぶしょくどう

位於新湊漁港建地內，將剛卸貨的新鮮漁獲做成生魚片、燉煮、炸什錦等各種媽媽的家常菜。

0766-82-7783
L 10:30～13:30
休 週日、三不定休
所 富山県射水市八幡町1-100 新湊漁港市場前5 交 萬葉線新湊站步行15分
P 免費

生魚片定食1300日圓

黑部 以炭火直烤現捕海鮮

レストラン航海灯

MAP 附錄②9D-1

●レストランこうかいとう

炭火直烤為本店招牌菜單，可現場品嘗炭火直烤自鄰近黑部漁港卸貨的漁獲及名產一夜魚乾。亦備有多種附生魚片、燉魚、以魚骨頭熬煮湯頭製成的魚雜湯等定食類菜單。

0765-57-3567
L 11:00～15:00
休 週三 所 富山県黒部市生地中区265
交 北陸自動車道黒部IC車程13分
P 免費

炭火烤地魚600日圓～

富山的絕品 Kitokito美食 現捕現撈海產類

冰見 割烹かみしま
かっぽうかみしま

可享用冰見烏龍麵及冰見牛等當地美味的餐館。海鮮首重鮮度，會根據進貨情況更改菜單，不妨詢問當天的推薦菜單。有機蔬菜及雞蛋都是自家公司農場的產品。

MAP 附錄② 8H-3
0766-72-3399
L 17:00～21:30 休 週一 所 富山県氷見市本町17-17 交 JR冰見站步行15分 P 免費

鰤魚白蘿蔔
1人份600日圓
以小火慢慢燉煮2天，煮到白蘿蔔完全變成米黃色。鰤魚頭及魚骨頭熬煮的湯頭替味道增添層次。

以最美味的調理方式品嘗冰見寒鰤

鰤魚涮涮鍋
3000日圓(1人份)
將生魚片放進鰤魚中骨熬煮的高湯快速涮一下，就能去除多餘脂肪，吃起來相當爽口（照片為3人份）。

烤鰤魚下巴
2000日圓～
鰤魚下巴含豐富脂肪及膠原蛋白，一條鰤魚只能取得2個下巴，相當稀少（需預約）。12～2月鰤魚產季限定。

鰤魚的美味全都凝聚在這塊稀少部位

冰見 食彩居酒屋 灘や
しょくさいいざかやなだや

不少當地人也經常光顧的人氣居酒屋。以能嘗到早晨現捕冰見鮮魚而大受歡迎，彈性十足又新鮮的生魚片也很推薦。

MAP 附錄② 8H-3
0766-72-0424
L 11:30～14:00、17:30～22:00 休 週四 所 富山県氷見市本町13-10 交 JR冰見站步行7分 P 免費

冰見 居酒屋まる甚
いざかやまるじん

位於漁港附近，以使用每天早晨進貨的海產做成的料理自豪。除了可品嘗素材原味的鰤魚生魚片外，亦可以合理的價格享用各種生魚片。除了魚類料理外，亦備有定食、釜飯、自家製烏龍麵等多樣化菜單。

MAP 附錄② 8H-3
0766-74-1722
L 11:30～14:00(僅週五、六、日及國定假日)，17:00～23:00 休 週二(逢假日前天則有變更) 所 富山県氷見市伊勢大町2-4-5 交 JR冰見站步行15分 P 免費

以當地才能吃到的鮮度一決勝負

鰤魚生魚片
時價(限冬季)
鮮度超群的鰤魚生魚片，豐富的脂肪將醬油彈開，吃進口中，脂肪的微甜及強烈美味瞬間擴散整個口中。

新湊 公路休息站 カモンパーク新湊
みちのえきカモンパークしんみなと

在餐廳及外帶區可以品嘗使用日本玻璃蝦做的各種菜單。物產區售有新湊的海產品及特產品，最適合挑選伴手禮。

MAP 附錄② 9B-2
0766-83-0111
L 8:00～21:00(餐廳為11:00～20:30，速食店為9:00～19:00)
休 無休 所 富山県射水市鏡宮296 交 北陸自動車道小杉IC車程15分 P 免費

將現炸日本玻璃蝦奢侈地堆在白飯上

日本玻璃蝦炸什錦蓋飯
800日圓
堆如小山般的日本玻璃蝦炸什錦，口感酥脆。建議一開始先直接食用，然後再淋上甜辣醬汁變化口味。

滑川 パノラマレストラン光彩
パノラマレストランこうさい

位於「螢火魷博物館」2樓，可一邊從窗戶眺望一整面大海，一邊用餐。可以享用滑川近海的新鮮魚貝類及蔬菜做的日式及義式料理。

MAP 附錄② 9D-2
076-476-1370
L 11:00～20:30(9～2月為～16:30) 休 週二(逢假日則翌日休)※3月20日～5月為無休 所 富山県滑川市中川原410 交 愛之風富山鐵道滑川站步行8分 P 免費

螢火魷御膳
2200日圓 3～5月
包括天婦羅、生魚片、土佐煮等螢火魷全餐。彈性十足的口感以及甘甜美味讓人招架不住。

充分品嘗螢火魷的魅力

↓螢火魷巴西蘑菇披薩950日圓

冰見牛

冰見的農家投注愛情所培育的品牌黑毛和牛。在優質的水及飼料、無壓力環境下生長的牛，不僅肉質好而且美味。

冰見

冰見牛 焼肉・しゃぶしゃぶ 牛屋

ひみぎゅうやきにくしゃぶしゃぶぎゅうや

同時經營精肉店的冰見牛料理專門店。由於採購整頭悉知肉品美味的專家所嚴選的冰見牛，因此能以合理的價格供應顧客優質牛肉。

MAP附錄②8H-3
0766-72-0029 L11:30～14:00、17:30～22:00
休週四 所富山県氷見市朝日丘1-41
交JR氷見站步行5分 P免費

冰見牛的生產直營店
才能吃到優質肉品

冰見牛排蓋飯(雙倍)附沙拉午餐 2300日圓

富山關東煮

富山縣的昆布消費量高居日本第一。除了白飯及湯外，連關東煮也會加入細絲昆布食用，富山關東煮就是從富山縣民的飲食習慣構想而來。

富山市

おでんや

熱愛關東煮的店主想要一年四季都能吃到關東煮，因而開設這家店。隨時備有約25種以淡味高湯燉煮入味的食材，不僅大塊且口感十足。

MAP附錄②10C-5
076-423-0677
L11:30～13:30、17:00～23:00 休週日(週日、一逢連假時則週一休息) 所富山県富山市一番町6-5 交市電グランドプラザ前電車站步行3分

口味溫和的關東煮
加上昆布的鮮味

關東煮 1個100日圓～

歷史悠久
富山黑拉麵的元祖
創始店

中華蕎麥麵(中) 750日圓

富山黑拉麵

黑拉麵是富山當地代表性拉麵，聞名日本全國。加入大量醬油的黑色湯頭，配白飯吃更對味。

富山

西町大喜 とやマルシェ店

にしちょうたいきとやマルシェてん

1947（昭和22）年創業，是富山黑拉麵的發祥店。滋味醇厚令人上癮的黑色湯頭加上粗麵條，上面擺上大量叉燒肉、蔥花及黑胡椒粉，從創業當初到現在，美味依然不變。

MAP附錄②10C-2 076-471-8107
L10:00～21:30 休無休 所富山県富山市明輪町1-220 とやマルシェ内 交JR富山站内

冰見烏龍麵

以滑溜口感及Q軟有嚼勁為特徵。與讚岐烏龍麵、稻庭烏龍麵並稱為日本三大烏龍麵。

大塊炸什錦與
冰見烏龍麵的
最強組合

炸什錦竹簍烏龍麵 900日圓

冰見

うどん茶屋海津屋

うどんちゃやかいづや

冰見烏龍麵製麵所的直營店。可嘗到手打及手延2種傳統製法製成的烏龍細麵及粗麵。炸什錦竹簍烏龍麵可吃到Q軟有彈性的麵條及酥脆的炸什錦，讓人欲罷不能。

MAP附錄②9A-2
0766-92-7878
L11:00～15:00 休無休 所富山県氷見市上泉20 交JR氷見站搭往高岡方向巴士10分，上泉巴士站下車即到 P免費

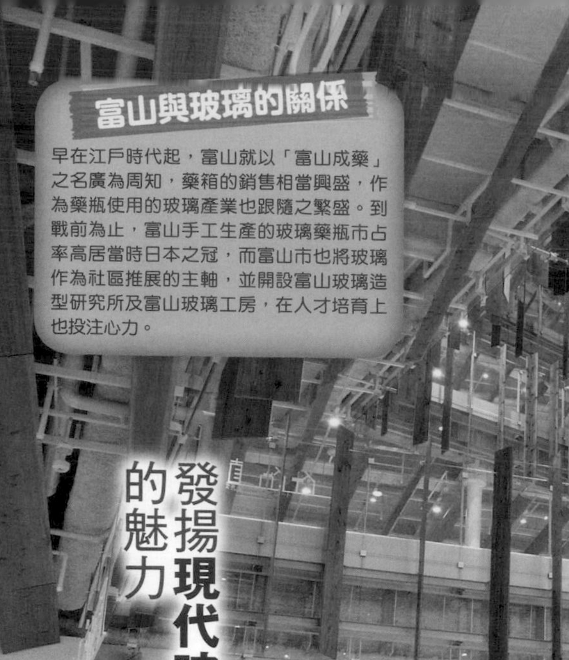

藝術街道富山 焦點區域1日遊

富山與玻璃的關係

早在江戶時代起，富山就以「富山成藥」之名廣為周知，藥箱的銷售相當興盛，作為藥瓶使用的玻璃產業也跟隨之繁盛。到戰前為止，富山手工生產的玻璃藥瓶市占率高居當時日本之冠，而富山市也將玻璃作為社區推展的主軸，並開設富山玻璃造型研究所及富山玻璃工房，在人才培育上也投注心力。

發揚現代玻璃藝術的魅力

配合新幹線開業，富山市內也陸陸續續誕生新的美術館。不妨到草地及水邊景觀優美的環水公園以及個性化的商店等走走，漫步在能盡情享受藝術的時尚街道·富山吧。

行程規劃建議

利用可愛的「市電」

在富山市內移動時，由於富山的路面電車有3個系統運行，因此移動相當便利。富山的路面電車擁有百年以上的歷史，因此市民們暱稱為「市電」。建議購買可不限次數搭乘市電及巴士的1日フリーきっぷ620日圓比較划算。

享受富山美食

富山是食材的寶庫，從日本海的海味到山上的山珍，應有盡有。正因富山是藥材都市，在飲食中融入東洋醫學知識的藥膳也受到重視健康的女性所注目。不妨好好掌握富山特有美食的資訊吧！

1 富山市玻璃美術館

●とやましガラスびじゅつかん

2015年誕生在富山市中心市區的複合設施「TOYAMA KIRARI」大樓內，是「玻璃之城富山」的象徵。本館建築由建築師隈研吾親自設計，以現代玻璃藝術為中心對外介紹各種藝術表現。

☎076-461-3100 🕒9:30～18:00(週五、六為～20:00) 休第1、3週三 ¥常設展:一般、大學生200日圓，高中生以下免費 所富山県富山市西町5-1 交市電グランドプラザ前電車站步行2分 MAP附錄②10C-5

⬆使用玻璃、鋁及御影石等素材構成閃耀的外觀，姿態彷彿立山連峰一般

⬆館內將天花板打通，充滿開放感，並使用富山縣產的杉木製成的羽板呈現溫暖的感覺

⬅戴爾·奇胡利（Dale Chihuly）「Toyama Persian Ceilng」2015年，H45×W575×D217.8cm，富山市玻璃美術館所藏

步行3分

2 健康膳 藥都

●けんこうぜんやくと

⬇「健康膳」3240日圓（需在前天預約），含高麗蔘湯、野草天婦羅、黑米山菜紅豆飯等，充分活用季節素材的午餐

由**藥舖提供**多樣化的藥膳菜單

位於自江戶時代延續至今的藥材老舖「池田屋安兵衛商店」2樓的藥膳料理餐廳。可以享用使用古代米及高麗蔘等素材做的健康料理、藥草茶以及野草冰淇淋等。

☎076-425-1873
🕒11:30～13:30 (14:00打烊)
休週三 所富山県富山市堤町通り1-3-5池田屋安兵衛商店2F 交市電西町電車站步行3分
P免費 MAP附錄②10D-5

富山藥膳是?

江戶時代，因反魂丹使得「越中富山藥」在日本全國各地打響名號。在承襲300年以上藥材傳統的富山，將使用有益健康的食材做成兼顧營養與安全的菜單認定為「富山藥膳」。目前已有多達50種以上的菜單。

古本ブックエンド1号店

●ふるほんブックエンドいちごうてん

以擺放電影、音樂、設計及美術書等為主的舊書店。亦有諸多與富山有關的獨特書籍，很適合作為伴手禮。

076-493-6150 12:00～19:00 休週二 所富山県富山市総曲輪2-7-12 交市電荒町電車站步行5分 MAP附錄②10C-5

書香環繞、氣氛舒適的店內

有不少顧客為了欣賞店主林先生挑選的精品而來店

林ショップ

●はやしショップ

店內陳列著身為鑄器作家的店主林悠介先生跑遍日本全國各地搜羅的器皿及配件。亦有多種能豐富每天生活的商品。

076-424-5330 11:00～19:00 休週二、三(也有不定休) 所富山県富山市総曲輪2-7-12 交市電荒町電車站步行5分 MAP附錄②10C-5

從2步行7分

3 ブロカント通り

●ブロカントどおり

從總曲輪的アーケード通向北延伸，沿路林立著販售雜貨及舊書等充滿個性的商店。距離玻璃美術館也相當近，是推薦的順道景點。

MAP附錄②10C-5

Brocante是?

意指被人們長期珍惜的「美麗的舊貨」。這裡匯集了許多價格合理且有品味的商品，成為當地的時尚地標。

車程10分

4 樂翠亭美術館

●らくすいていびじゅつかん

將1950年代興建的和式宅邸重新翻修而成的美術館。可同時欣賞隨四季變化的庭園景色及陶瓷器與玻璃造型作品等。美術館販賣部的2樓也設有特別展示室。

076-439-2200 10:00～17:00（最終入館為16:30） 休週三 ¥視企劃展不同而異 所富山県富山市奥田新町2-27 交JR富山站北口步行10分 P免費 MAP附錄②10D-1

美術館販賣部亦備有豐富的作家作品

建築之美與藝術作品相輔相成

可同時欣賞庭園及藝術

富山連交通工具也很藝術❶

善用行駛市區的可愛復古電車

將1965年製造的車輛重新翻修的特別列車。由負責JR九州的豪華列車「七星號」工業設計師的水戶岡銳治擔任設計。亦受理各種宴會等的包租運行（需預約）。

古典的氣氛相當時尚

照明是利用古早列車所使用的燈具

▶詳細資訊請見下列網站！

(HP) http://www.chitetsu.co.jp/
076-421-2631（富山地方鐵道南富山運轉區）

步行7分

5 STARBUCKS COFFEE 富山環水公園店

●スターバックスコーヒーとやまかんすいこうえんてん

可在黃昏及日落時到開放式露台放鬆

興建於環水公園內，被譽為世界最美的星巴克。結構簡約的建築物，運用木質的溫暖營造出讓人放鬆的氣氛。亦可從偌大的窗戶欣賞公園的象徵天門橋的景色。

076-439-2630 8:00～22:30 休無休 所富山県富山市湊入船町5 富山富岩運河環水公園 交JR富山站北口步行13分 P免費 MAP附錄②10C-1

從朝南的窗戶眺望美麗的運河及藍天

充滿開放感的露台營造出與運河的一體感！

P.108後續請見

富山縣美術館©小川重雄

2017年8月全面開館

7 富山縣美術館

●とやまけんびじゅつかん

結合藝術與設計的新美術館。如同巨船般的建築物為特徵，向東一整面為玻璃帷幕，充滿開放感。另外可在大型觸碰式螢幕鑑賞館方所收藏的3000件海報。

遇見畢卡索、米羅、羅特列克的作品!!

✆076-431-2711 L9:30～18:00(屋頂庭園為8:00～22:00) 休週三(除國定假日外)，國定假日隔天，屋頂庭園於12／1～3／15休園 ¥一般300日圓，70歲以上、大學生以下免費(企劃展則視展覽會不同而異) 所富山県富山市木場町3-20 交JR富山站北口步行約15分 P事先使用補票機、認證機可2小時免費，其後需收費 MAP附錄②10A-1

步行8分

➡設置於2樓室外廣場的ANIMALS
三澤厚彦《Animal 2017-01-B》
2017年 青銅，塗料
富山縣美術館所藏

⬆可盡情玩遊樂設施的Onomatopoeia Rooftop©富山美術館

自然景觀呈現眼前 設計洗練的**親水文化公園**

利用富岩運河的舊停泊處設計的親水文化公園

6 富山縣富岩運河環水公園

●とやまけんふがんうんがかんすいこうえん

如同環繞著運河般，周圍林立著餐廳、咖啡廳及能眺望立山連峰的展望台等，週末時成為當地眾多民眾來訪的休息場所。另外一年四季都有活動在此舉行。

✆076-444-6041
L園內自由（天門橋展望塔9:00～21:30） 休無休
所富山県富山市湊入船町 交JR富山站步行9分
P免費（一部分需收費） MAP附錄②10C-1

⬆環水公園一年四季都會在晚上實施點燈活動

富山連交通工具也很藝術❷

悠閒地巡航運河

富岩水上航線

ふがんすいじょうライン

自富山縣富岩運河公園出發的電氣船，到國家指定重要文化財「中島閘門」及北前船的中途港「岩瀨」為止，巡航時間約1小時。亦可體驗水位差最高可達2.5m的「水之電梯」。

✆076-482-4116(富岩船舶株式會社) L環水公園出發為9:45～15:55，平日為10:10～15:30 運行3月24日～11月25日 所富山県富山市湊入船町 P免費 MAP附錄②10A-1 ※詳しくは http://fugan-suijo-line.jp

若想進一步認識富山名產「鱒魚壽司」

源 鱒魚壽司博物館

●みなもとますのすしミュージアム

亦可參觀鱒魚壽司工廠及體驗鱒魚壽司DIY

介紹鱒魚壽司的文化及歷史。亦附設餐館及北陸伴手禮店，可盡享鱒魚壽司及富山美食。亦可參觀工廠及體驗手作鱒魚壽司（60分，需預約）。

✆076-429-7400 L9:00～17:00
休無休 所富山県富山市南央町37-6
交JR富山站搭富山地鐵巴士往笹津方面22分，安養寺巴士站下車，步行9分
P免費 MAP附錄②9C-3

這也很藝術

中川一政先生繪製的原創包裝設計

包裝上的鱒魚圖案是由榮獲文化勳章的中川一政先生執筆繪畫。據說還留下這樣的插曲：熱愛源的鱒魚壽司的中川先生將神通川所捕獲的鱒魚直接帶回家，進行作畫。

⬇鱒魚壽司（一層）1400日圓

在富山站別錯過鐵路便當喔！

在新幹線開通後變得更便利的富山站，可別錯過鐵路便當。除了作為伴手禮也大有人氣的「鱒魚壽司」外，最近也陸續推出富山的新鮮海產做的鐵路便當，千萬別錯過！

⬅位於站內，相當便利

源 JR富山站賣店

●みなもとジェイアールとやまえきばいてん

鱒魚壽司鐵路便當的發祥老舖

1912（明治45）年開始將「鱒魚壽司」作為鐵路便當銷售，擁有百年以上的歷史。是將富山名產推廣至日本全國的老舖。

✆076-431-2104 L6:00～21:30
休無休 所富山県富山市明輪町1-225
交JR富山站內
MAP附錄②10C-2

⬆含富山灣的寶石日本玻璃蝦及半熟蛋天婦羅的日本玻璃蝦天婦羅便當900日圓

世界遺產 白川鄉しらかわごう&五箇山ごかやま之旅

時至今日，在這個地區仍保存有著三角形屋頂、為適應豪雪地帶應運而生的合掌建築。一踏進這個被登錄為世界遺產的地區，就會看到如夢似幻的景象呈現眼前，相信定能讓你重振身心。

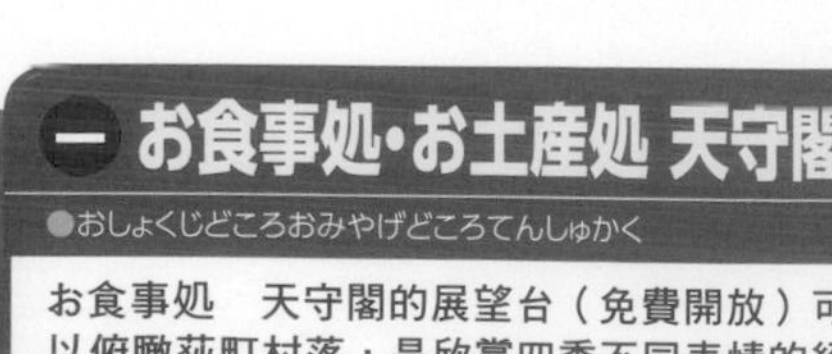

START

一 お食事処・お土産処 天守閣

●おしょくじどころおみやげどころてんしゅかく

お食事処　天守閣的展望台（免費開放）可以俯瞰荻町村落，是欣賞四季不同表情的絕佳景點。

✆05769-6-1728
L 9:00～16:30 所 岐阜県白川村荻町2269-1
交 白川郷バスターミナル巴士站步行12分
P 有(私有地) MAP P.111

步行10分

能感受日本鄉土的場所

五箇山是？ →P112

由五個山谷所組成，位於富山縣庄川流域的山村地帶。是留有「平家落人」傳說的秘境之地，在相倉地區及菅沼地區有合掌造建築村落。

欣賞四季不同的風景

白川鄉是？

位於岐阜縣內庄川上流域的豪雪地帶。到大正時代為止養蠶業相當興盛，至今在荻町地區仍有大小100多棟的合掌造建築，保留著傳統景觀。

↑銀色世界的白川鄉景色震撼了所有訪客

↑經過漫長的冬季後，讓人翹首期盼的櫻花景色也很美

←宣告里山收成的秋季景色也很耐人尋味

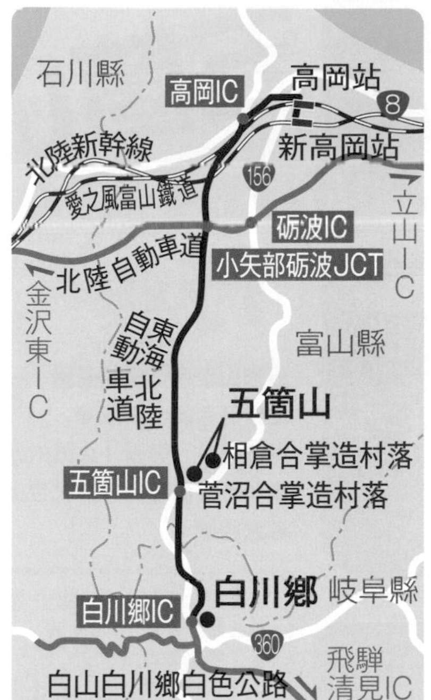

白川郷 精選景點行程

世界遺產

300年以上的歷史流傳至今

↑即使在村落內，其風格別具的氛圍格外引人注目

四周綠意環繞、名列世界遺產的村落——白川鄉。不妨到此圍坐在地爐旁度過悠閒時光、亦或是親近農村生活，切身感受合掌村的日常。

繞行一圈 4小時

推薦時間 10:00-14:00

白川郷MAP

N
荻町城跡展望台
一 お食事処・お土産処 天守閣
白川郷バスターミナル
P.113 白川郷之湯
こびき屋
二 和田家
P.113 合掌の宿 孫右エ門
三 神田家
せせらぎ公園
手打ちそば処 乃むら
ちとせ
展望台接駁巴士乘車處
せせらぎ公園停車場
元気な野菜館
秋葉神社
恵びす屋
どぶろく祭の館
オアシス
庄川
四 野外博物館 合掌造民家園
周邊圖 附錄② P.12 H-2

二 和田家

●わだけ

荻町合掌村內規模最大的民宅。屋齡已超過300年，至今仍作為住屋使用，並對外開放。

05769-6-1058 9:00～17:00 休不定休 ¥300日圓 所岐阜県白川村荻町997 交白川郷バスターミナル巴士站步行3分 MAP P.111

步行3分

三 神田家

●かんだけ

江戶時代後期由加賀藩的宮大工費時10年歲月所興建的合掌造民宅。到最頂層都可參觀。

05769-6-1072 9:00～17:00 休第4週三（12～2月為每週三）¥300日圓 所岐阜県白川村荻町796 交白川郷バスターミナル巴士站步行6分 MAP P.111

從最頂層4樓俯瞰的景觀格外壯觀

↑館內亦有展示以前的生活用具

步行12分

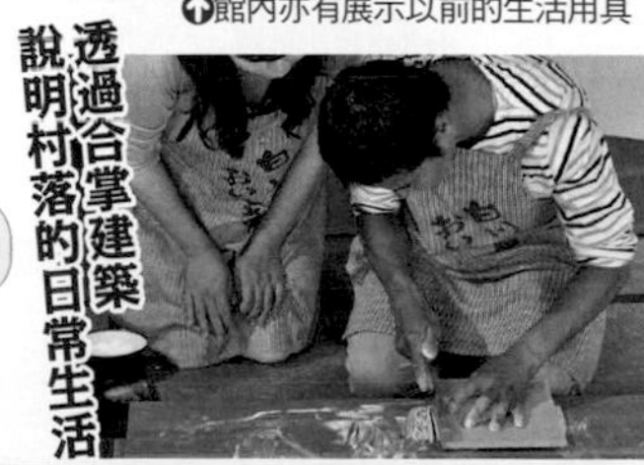

透過合掌建築說明村落的日常生活

←體驗手打蕎麥麵1人2000日圓（2小時，2人則為3000日圓）

四 野外博物館合掌造民家園

●やがいはくぶつかんがっしょうづくりみんかえん

將大小合計25棟合掌造民宅移建，進行保存及對外開放的合掌造民宅博物館。亦可參觀住家內部。

05769-6-1231 8:40～16:40（有季節性變動）休無休（12～3月為週四休，逢國定假日則為前一天休）¥入園費600日圓 所岐阜県白川村荻町2499 交白川郷バスターミナル巴士站步行15分 MAP P.111

GOAL

LUNCH到這裡！

手打ちそば処 乃むら

●てうちそばどころのむら

↑蕎麥粉佔8成的蕎麥涼麵850日圓

將當地栽種的蕎麥種子以石磨磨成粉，加入白山山系的清水手打製成的手打蕎麥麵不但香氣豐富，滑順入喉。

05769-6-1508 11:00～15:30（蕎麥麵售完即打烊）休不定休 所岐阜県白川村荻町779 交白川郷バスターミナル巴士站步行7分 MAP P.111

元気な野菜館

●げんきなやさいかん

店內陳列著白川鄉採收的食材及剛採收的新鮮蔬菜等特產品。

↑在當地也頗受好評的手工蒸麵包各100日圓

05769-6-1377 11:00～17:00（11～3月為～16:00，白川鄉點燈活動期間則延長）休週二、三、四 所岐阜県白川村荻町2483 交白川郷バスターミナル巴士站步行13分 MAP P.111

選購伴手禮到這裡！

こびき屋

●こびきや

以合掌造民宅為概念，除了有民藝品、飛驒地酒、濁酒外，亦有使用濁酒製成的點心。

05769-6-1261 9:00～17:00（有季節性變動）休不定休 所岐阜県白川村荻町286 交白川郷バスターミナル巴士站步行3分 MAP P.111

↑備有眾多最適合作為伴手禮的商品

若要自駕前往

利用高速公路最便利

從東海北陸自動車道的白川鄉IC及五箇山IC前往。從白川鄉IC到白川鄉的村落為4km。五箇山IC到五箇山的菅沼村落為1km，到相倉村落為12km。

旅Navi

合掌造荻町村落

在地處豪雪地帶的白川鄉，為了減輕剷除屋頂積雪的負擔，因而興建了三角屋頂的合掌造建築。現在，荻町村落內林立著包括國家重要文化財在內共114棟合掌造民宅建築。

3個世界遺產村落

白川鄉及五箇山的相倉及菅沼的3個合掌村被登錄為聯合國教科文組織的世界文化遺產。只有在這裡才能欣賞到如此珍貴的景觀。

搭乘巴士前往的推薦旅遊行程

3星街道巴士

從金澤站發車 附巴士導遊！

運行 週六、日及國定假日

巡遊世界遺產五箇山及白川鄉觀光景點的便利巴士。在五箇山可欣賞日本最古老的民謠「筑子舞」。單程行程於9：10從金澤站出發，途中行經五箇山．白川鄉，於15：10抵達高山。至於往返行程，在高山市內散步後，於18：40抵達金澤站。到出發當天都可預約。

單程5000日圓 來回6000日圓 ※小孩為半價

問0570-00-2424（西日本JR巴士電話預約中心）

※上述為2018年9月時資訊。

詳細內容請上「西日本JR巴士官網」！

五箇山精選景點行程

世界遺產

五箇山至今仍保留豪雪地帶特有的合掌建築，民謠傳說、鹽硝（火藥的原料）及和紙生產等特有文化也與此地息息相關。

以菅沼合掌村為起點，探訪能了解五箇山日常生活的景點吧！而鄰近的相倉合掌村搭車就到，可以放心。

繞行一圈 4小時

推薦時間 11:00-15:00

↑點燈時的合掌村充滿夢幻氣氛

冬季點燈

現存9間合掌屋建築的美麗村落

↑因為是小型村落，很適合散步

五 菅沼合掌造村落 START

●すがぬまがっしょうづくりしゅうらく

村落的規模雖小，四季變換的自然美景卻令人感動。亦附設可體會傳統鄉下生活的資料館。

0763-67-3008（菅沼世界遺產保存組合）所富山県南砺市菅沼 交菅沼巴士站下車即到 P菅沼展望廣場停車場村落保存協力金1次500日圓（普通車）MAP附錄②12H-1

步行即到

六 鹽硝之館

●えんしょうのやかた

介紹藩政時代支撐五箇山的一大產業——鹽硝製造的歷史及過程。

0763-67-3262 L9:00～16:30(12～3月為～16:00) 休無休 ¥與民俗館的共通票300日圓 所富山県南砺市菅沼134 交菅沼巴士站步行3分 MAP附錄②12H-1

↑製作工程的一部分

步行即到

五箇山MAP

福光 / 五箇山隧道 / P.115 五箇山和紙村莊 / 砺波 / 庄川 / P.113 五箇山合掌民宿 勇助 / 九 相倉合掌造村落 / 与茂四郎 / 八 村上家 / 中谷商店 / 袴腰隧道 / 五箇山総合案內所 / 流刑小屋 / 七 五箇山民俗館 / P.117 五箇山荘 / 六 鹽硝之館 / 小谷川 / 五 菅沼合掌造村落 / 五箇山IC / 拾遍舍 / 岩瀨家 / 五箇山旬菜工房いわな / 公路休息站 上平（ささら館） / 合掌大橋 / 桂湖 / 東海北陸自動車道 / 白川郷IC / N

七 五箇山民俗館

●ごかやまみんぞくかん

在菅沼地區最古老的建築物內，收集並展示山村生活所使用的約200件生活用具及民具等。

↓亦展示渡河時使用的道具

0763-67-3652 L9:00～16:30（12～3月為～16:00）休無休 ¥與鹽硝之館共通券為300日圓 所富山県南砺市菅沼436 交菅沼巴士站步行3分 MAP附錄②12H-1

車程8分

八 村上家

●むらかみけ

➡沒有使用釘子等任何金屬零件

約興建於400年前，為五箇山最具代表性的壯觀合掌造民宅。建築結構亦混合著戰國時代的武家造及書院造結構。

0763-66-2711 L8:30～17:00（12～3月為9:00～15:40）休週三（逢假日則開館）¥300日圓 所富山県南砺市上梨725 交上梨巴士站下車即到 P免費 MAP附錄②12H-1

車程9分

與大自然融為一體療癒心靈的村落

九 相倉合掌造村落 GOAL

●あいのくらがっしょうづくりしゅうらく

包括20棟合掌造民宅在內，可看見共計24棟茅葺民宅林立的日本原風景。亦有和紙體驗館及資料館、飲食處等。

0763-66-2123（保存財團）所富山県南砺市相倉 交相倉口巴士站步行5分 P相倉停車場村落保存協力金1次500日圓（普通車）MAP附錄②12H-1

↑被白雪包圍的單色世界也相當壯觀

LUNCH到這裡！

五箇山旬菜工房いわな

●ごかやましゅんさいこうぼういわな

位於公路休息站「上平ささら館」的店。從魚塘現撈生長在清流的紅點鮭，當著顧客面前現場剖魚。

↑紅點鮭壽司膳2400日圓

0763-67-3267 L11:00～20:00（L.O.）休週二（逢假日則營業）所富山県南砺市西赤尾町72-1道の駅上平ささら館1F 交ささら巴士站下車即到 MAP附錄②12H-1

讓旅行更愉快的關鍵字！

加賀藩的流刑地

五箇山位於深山中，與周圍隔絕，曾被當作加賀藩的流刑地。至今也保留流刑小屋（復原）等。

五箇山豆腐

五箇山的豆腐是人氣伴手禮的一種。即使用繩子綁住形狀也不會崩壞的略硬口感受到大眾喜歡。

筑子舞

手持名叫「筅」的樂器一邊配合歌曲敲打演奏，一邊跳舞的民謠。在村上家可觀賞「筑子舞」的表演（5名～收費，需預約）。

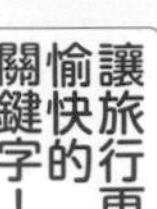

世界遺產

來去合掌建築住一晚！

由於合掌建築的屋頂狀似雙手合掌，因而得其名。屋內到處充滿著生活在豪雪地帶人的智慧。只要來合掌屋民宿住一晚，相信一定會留下特別的回憶。

屋頂
為了讓屋頂能承受雪的重量，減輕剷除屋頂的雪的負擔，因此採用幾近60度陡坡屋頂。每年4月都會保養屋頂上方的榛茅。

屋架
一概不用釘子等金屬零件，僅使用金縷梅的木材軟化而成的「ネソ」及稻草繩等自然素材來固定屋架結構。

あま（閣樓）
相當於屋頂內部。2樓到4樓的空間，主要作為養蠶的場所。

ないじん（佛堂）
在淨土真宗信仰深厚的白川鄉與五箇山，每個家庭都會供奉莊嚴的佛堂。

ゆるり（地爐）
設置在大家族所聚集的「おえ（起居室）」及「だいどこ（廚房兼餐廳）」的中心。

だいどこ（廚房兼餐廳）
廚房兼餐廳。房間中央設有地爐。

まや（馬屋）
設置在土間的飼育牛及馬的場所。作為農務工作重要的勞動力，以前有不少家庭飼養牛及馬。

おえ（起居室）
指設有地爐的起居室。地爐不僅能讓室內溫暖，煙所帶來的殺蟲效果及煤煙也具有強化建材等的作用。

五箇山

↑提供淡水魚料理及山菜等料理，全都是有益健康的菜單
←可圍在地爐旁用餐

五箇山合掌民宿**勇助** ●ごかやまがっしょうみんしゅくゆうすけ

圍著地爐的火感受人情味

位於相倉村落，1天僅限1組的民宿。可深入體驗合掌造民宅的優點。

☎0763-66-2555
IN15:30 ／OUT9:30
¥1泊2食12000日圓(2人住宿的情況。3人～則1人1萬日圓。12～3月需付暖氣費500日圓)
所富山県南砺市相倉591 交東海北陸自動車道五箇山IC車程20分
P免費 MAP 附錄②12H-1

白川鄉

↑樸素的氛圍和緩了心情
→老闆娘精心烹調的料理吸引不少回頭客

合掌民宿**孫右衛門** ●がっしょうのやどまごえもん

從待客之道也能夠感受到此地的歷史及特色

屋齡約280年，是白川鄉歷史最悠久的民宅。在氣氛沉穩的空間內圍在地爐旁，一邊享用飛驒牛、淡水魚、當令蔬菜等做的鄉土料理。

☎05769-6-1167
IN15:00／OUT9:30
¥1泊2食10260日圓～（10～4月為10960日圓）所岐阜県白川村荻町360 交白川郷バスターミナル巴士站步行10分 P免費 MAP P.111

也有溫泉喲

白川鄉之湯 ●しらかわごうのゆ

白川鄉的合掌村內唯一一家天然溫泉設施。可單純泡溫泉不入住，因此能在此一口氣消除旅行的疲憊後再回家。

☎05769-6-0026
7:00～21:00（21:30打烊）休無休 ¥入浴費700日圓 所岐阜県白川村荻町337 交白川郷バスターミナル巴士站步行1分 P免費 MAP P.111

↑亦備有住宿設施

↑從露天浴池可眺望白山連峰及庄川的流水

復古&可愛!!

美食類

B 高岡彈珠汽水糖百寶袋 540日圓

以可招來福德的隱身簑衣、米袋、寶珠、萬寶槌等寶物為造型。

大人也愛吃
復古可愛的彈珠汽水糖

A 鱒魚壽司（一層） 1400日圓

自1912（明治45）年起開始作為富山鐵路便當販售。使用富山縣產米製成的醋飯上，擺上超厚鱒魚片。

超過百年歷史的老舖味道
最經典的富山伴手禮

使用富山產的越光米
製成口感柔和的餅乾

各式各樣富山特色全開的逸品!!

富山伴手禮

富山擁有許多充滿大自然恩惠的伴手禮。可以挑選經典美味，也可以挑選外觀可愛的伴手禮，將旅行的回憶帶回家吧！

C COMECO 1盒•648日圓

不使用雞蛋及麵粉，只用富山產越光米製米粉所做的餅乾，風味樸實。

D T五 5片裝•756日圓

以櫻花、抹茶、柚子、和三盆及芝麻風味來表現美麗四季的干菓子。

仿彿薄冰般
入口即化

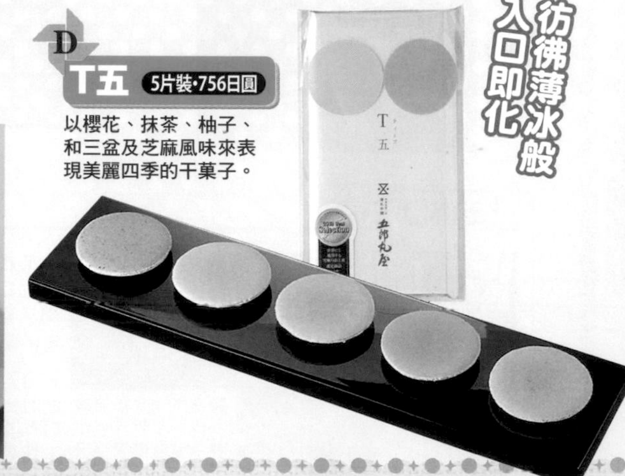

E 毛果槭九寶茶 5種 各1個裝•702日圓

將毛果槭為中心的9種花草混合調配的綜合茶。

古早懷舊的手摺藥包
設計相當可愛的「和風花草茶」

E 上市

里山の駅 つるぎの味蔵

●さとやまのえきつるぎのあじくら

備有多樣地產地銷農作物及加工品

販售茶葉、義式冰淇淋、咖哩等特產品，以及標有生產者照片的農產物。亦舉辦園藝教室等活動。

MAP附錄②9D-3
☎076-473-3212
L10:00～17:00（10～3月為～16:00） 休週三
所富山県上市町広野2488
交北陸自動車道滑川IC車程5分
P免費

D 小矢部

薄氷本舖 五郎丸屋

●うすごおりほんぽごろうまるや

以早春為形象的「薄冰」相當有名

1752（寶曆2）年創業。以入口即化的薄片干菓子「薄冰」為代表，備有各式高雅美麗的銘菓。

MAP附錄②6G-3
☎0766-67-0039
L8:00～19:00（週日為～18:00） 休週一
所富山県小矢部市中央町5-5
交愛之風富山鐵道石動站步行8分 P免費

C 黑部

昌栄堂

●しょうえいどう

陳列著手藝熟練的師傅所做的季節菓子

秉持珍惜富山的風土，「讓故鄉充滿笑容」的念頭，持續製作讓吃的人露出笑容、表現季節感的和菓子。

MAP附錄②9D-1
☎0765-54-0002
L9:00～18:30（週六、日及國定假日為8:00～） 休週三（不定休） 所富山県黒部市三日市1078-1 交富山地方鐵道電鐵黑部站下車即到 P免費

B 高岡

大野屋

●おおのや

於高岡創業180年的老舖和菓子店

除了提供代表銘菓「常夏」及「田每」外，亦提供以仿照萬葉歌人——大伴家持的和歌為構想的四季和菓子。

MAP附錄②8H-4
☎0766-25-0215
L8:15～19:30（週日及國定假日為～19:00） 休週三（逢假日則營業） 所富山県高岡市木舟町12 交愛之風富山鐵道高岡站步行7分 P免費

A JR富山站內

源 JR富山站賣店

●みなもとジェイアールとやまえきばいてん

將富山的滋味推廣到全國各地的老舖

前身是料亭，100多年來秉持不變的款待之心及職人手藝，持續提供富山名產鱒魚壽司。亦備有多種尺寸。

MAP附錄②10C-2
☎076-431-2104
L6:00～21:30
休無休
所富山県富山市明倫町1-225
交JR富山站內

好想分送大家!! 雜貨類

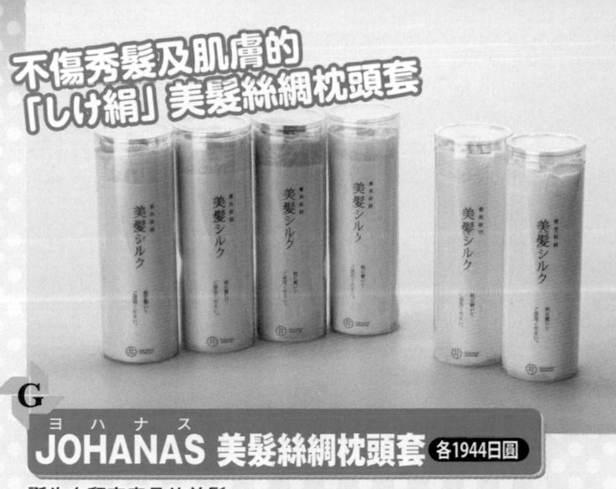

不傷秀髮及肌膚的「しけ絹」美髮絲綢枕頭套

G
JOHANAS美髮絲綢枕頭套 各1944日圓

誕生自顧客意見的美髮絲綢枕頭套，只要鋪在枕頭上睡覺，就能讓秀髮充滿光澤。

令人懷念的設計充滿新鮮感讓人不禁露出笑容

F
各種成藥 324日圓～

復古設計的外包裝，可愛到讓人忍不住想當作擺飾。

H
47都道府縣黃銅飾品 各1620日圓

仿照47都道府縣的形狀製成的黃銅飾品。在各縣廳所在地挖有洞孔，可用作立香座。

令人不禁尋找富山縣是哪一片洞孔所在位置是…

I
紅色寄藥箱 1620日圓

古早令人懷念的寄藥箱。不僅可以放藥，也可當作置物盒或擺飾。

復原昭和藥業的象徵紅色寄藥箱

J
化妝包(L) 各2700日圓

每種化妝包染色方式及顏色都不同，僅此一件。M號為2268日圓。

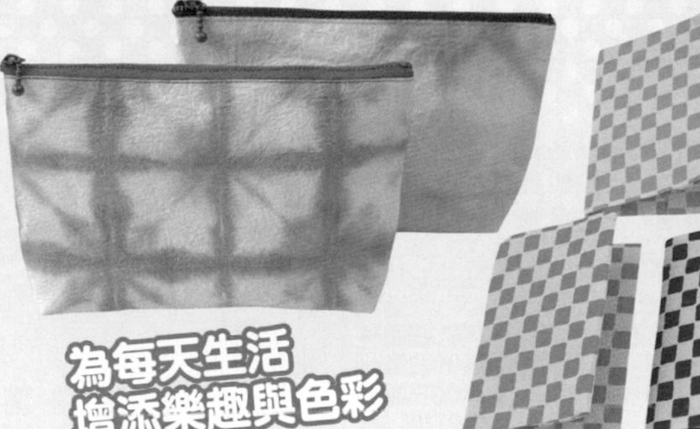

J
A6書衣 各1728日圓

和紙製文庫本尺寸的書衣，共7色，讓人想要一次購齊！

為每天生活增添樂趣與色彩

J 南砺
五箇山 和紙村荘
●ごかやまわしのさと

可體驗手漉五箇山和紙

「公路休息站たいら」所附設，除了五箇山和紙外，亦販售使用五箇山和紙製的文具及室內裝潢商品。亦可體驗手漉和紙。

MAP附錄②9A-5
☎0763-66-2223
營9:00～17:00
休無休
所富山県南砺市東中江215
交東海北陸自動車道五箇山IC車程20分 P免費

I JR富山站周邊
癒樂甘 春春堂
●ゆらくかんちゅんちゅんどう

製藥公司所經營的藥膳咖啡廳

備有使用有益美容與健康的「藥膳食材」做的藥膳咖喱及龜苓膏等菜單。商品銷售區亦備有多種伴手禮等。

MAP附錄②10C-3
☎076-444-7291
營10:00～19:00(20:00打烊)
休第2週二(CiCi大樓休館日)
所富山県富山市新富町1-2-3 富山駅前CiCビル1F 交JR富山站步行3分 P收費

H 高岡
能作 本社FACTORY SHOP
●のうさくほんしゃファクトリーショップ

使用傳統的鑄物技術製造多樣化商品

運用長達400年左右的鑄造技術製做各種原創商品，在全國各地進行販售。亦備有眾多本社商店才有的限定品。（→P.7）

MAP附錄②9A-3
☎0766-63-0002
營10:00～18:00 休無休
所富山県高岡市オフィスパーク8-1 交北陸自動車道高岡砺波スマートIC車程5分
P免費

G 富山市
きときと市場 とやマルシェ
●きときといちばとやマルシェ

位於JR富山站內的購物區

與北陸新幹線開通一同誕生的大型設施。除了有富山特有水產加工品、銘菓及地酒販售店外，連當地美食店等也在此齊聚一堂。

MAP附錄②10C-2
☎076-471-8100
營8:30～20:30，餐廳10:00～21:30(有季節性變動)
休無休 所富山県富山市明輪町1-220 交富山站內
P有合作停車場

F JR富山站周邊
池田屋安兵衛商店
●いけだややすべえしょうてん

至今仍提供諮詢服務持續賣藥80多年

詢問患者的症狀及體質、體力等資訊後，會從20種和漢方及200種以上藥草中調配出最適合顧客的和漢藥材批發店。

MAP附錄②10D-5
☎076-425-1871
營9:00～18:00
休無休
所富山県富山市堤町通り1-3-5
交市電西町電車站下車步行3分
P免費

以美味及療癒來待客富山飯店

富山縣擁有雄偉的北阿爾卑斯山脈、素有「天然魚塘」之稱的富山灣等豐富自然資源，也有許多名湯、美食與絕景三者兼備的旅宿，為您的旅行留下美好回憶。

從JR富山站步行10分 可眺望立山連峰放鬆身心的飯店

↓從男性用的大浴場可看到立山連峰的環景圖呈現眼前

〈富山市〉

富山Manten飯店

●とやまマンテンホテル

位於富山市中心，擁有居家氣氛的飯店。館內設有可眺望立山連峰的大浴場，以及可享用「媽媽的味道，北陸的味道」為主題的西式自助早餐的餐廳，令身心都煥然一新。

❖款待重點❖

亦有雙人房＋和室4.5疊和洋室，適合家族旅行。

↑可配合入住人數及要求從多種類型客房挑選最合適的。所有客房均有備有Wi-Fi

費用 雙人房 11000日圓～
雙床房 12000日圓～
IN 14:00 OUT 10:00
客房 295
MAP附錄②10C-4
076-439-0100
所富山県富山市本町2-17
交JR富山站步行10分
P收費

→立地佳，便於前往觀光地等也是這裏的魅力

↑早餐採用西式自助餐式，提供約40種每日更換熟食

高檔的摩登空間及充實的服務為魅力

↓從高岡站步行5分。以銳角外觀為標誌

↓設有7家餐廳＆酒吧，提供日本料理、鐵板燒、洋食等多樣化餐點

〈高岡〉

高岡新大谷飯店

●ホテルニューオータニたかおか

以優質服務及寬敞空間為賣點的正統都會旅館。客房以融合紐約摩登及北陸傳統為設計概念，充滿洗練氣氛，嚴選寢具能夠療癒旅途的疲憊，讓您度過一段舒適時光。

費用 雙人房（附早餐）12400日圓～
（純住宿）10400日圓～
雙床房（附早餐）11400日圓～
（純住宿）9400日圓～
IN 14:00 OUT 11:00 客房 80
MAP附錄②8H-5 0766-26-1111
所富山県高岡市新横町1
交愛之風富山鐵道高岡站步行5分
P1泊540日圓

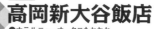

↑簡約卻能讓人沉靜放鬆的空間為魅力的雙床房

↑備有按摩椅，感覺更舒適的行政雙人房

❖款待重點❖

享用匯集富山縣內美味的頂級早餐，也是住宿的一大樂趣。

金澤
能登
加賀溫泉鄉
富山
富山飯店
福井

〈砺波〉

越中庄川旅情 人肌之宿 川金

●えっちゅうしょうがわりょじょう ひとはだのやどかわきん

佇立在灌溉富山的豐饒庄川畔，被樹齡300年的老松環繞的旅宿。有不少旅客不遠前來，只為了品嘗天下一品的庄川香魚，另外也能隨季節變換享用充滿山中美味的料理，像是6～9月初旬的香魚宴席及冬季的鯰魚料理、山豬火鍋等。

費用 1泊2食 **20520日圓～**
IN **16:00** OUT **10:00** 客房 **15**
不住宿溫泉 **11:00～17:00／700日圓**
MAP附錄②9A-4
0763-82-0257
所富山県砺波市上中野70
交JR砺波站車程10分
P免費

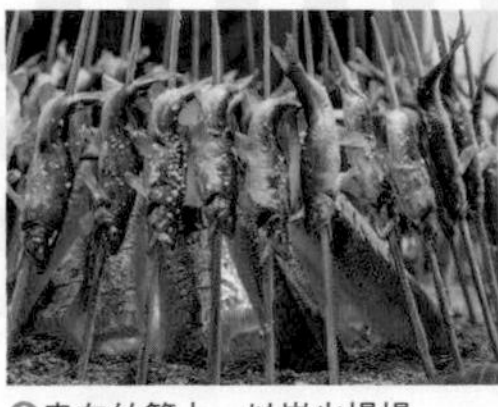

串在竹籤上，以炭火慢慢烘烤的烤香魚，滋味絕品

❖款待重點❖
境內亦附設香魚料理專門店「いろり茶屋鮎の庄」。

在庄川豐饒的恩惠下 讓人心情平靜的療癒旅宿

邊眺望庭園的綠景邊浸泡在柔滑的浴湯，療癒效果絕佳

現捕海產所做的大船生魚片拼盤，只有在海邊的民宿才吃的到（示意圖）

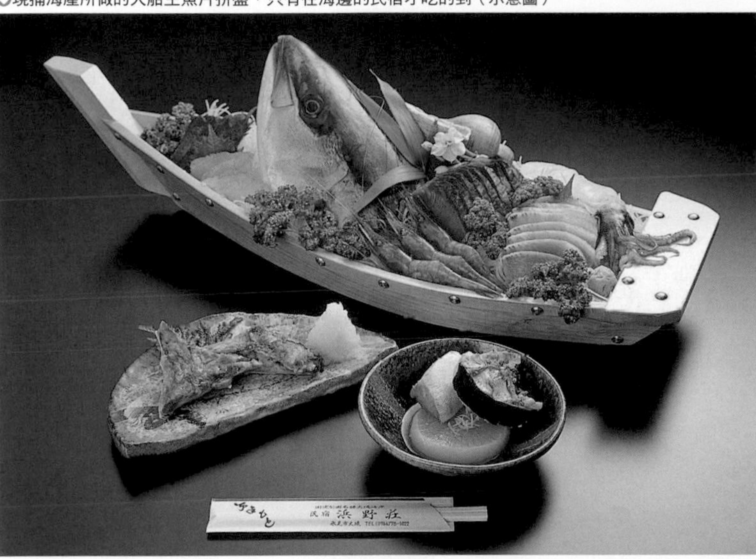

在充滿居家氣氛的和室悠閒放鬆

〈氷見〉

氷見民宿 濱野莊

●ひみのみんしゅく はまのそう

位在富山灣的小境海岸不遠處，步行3分鐘即到磯釣場及海水浴場。本旅館可以奢侈地品嘗每天早晨自氷見漁港直送、鮮度無可挑惕的海產，擁有不少回頭客。從旅館稍微往外走，就能隔著大海看到立山連峰的絕景。

❖款待重點❖
可盡情享用名產寒鰤、螢火魷及北國紅蝦等當令鮮魚。

費用 1泊2食 **8640日圓～**
IN **16:00** OUT **9:30**
客房 **5**
不住宿溫泉 無
MAP附錄②9A-1
0766-78-1022
所富山県氷見市大境473
交JR氷見站搭加越能巴士往脇方向30分，大境巴士站下車即到
P免費

〈五箇山〉

五箇山荘

●ごかさんそう

位在離世界文化遺產五箇山合掌村不遠處的山村旅館。以鹽烤紅點鮭及天婦羅、五箇山豆腐等樸素卻能溫暖人心的五箇山特有料理自豪。客房除了和室外，亦有和洋房、洋房以及無障礙客房以供選擇，相當貼心。

可一邊眺望深山間的景色，一邊悠閒泡溫泉的旅館

❖款待重點❖
每週四、五、日可免費欣賞五箇山民謠表演。

費用 1泊2食 **11000日圓～**
IN **15:00** OUT **10:00**
客房 **22**
不住宿溫泉 **10:00～21:00**
(週三到16:00休息，假日則營業)／500日圓
MAP附錄②12H-1 **0763-66-2316**
所富山県南砺市田向333-1
交東海北陸自動車道五箇山IC車程10分 P免費

在獲選為世界遺產的山莊內時光慢慢流逝

強鹼性單純溫泉的浴湯。亦有不住宿溫泉

富山

●とやま

區域導覽

以立山連峰及富山灣的豐富自然景觀為魅力。除了富山縣內的人氣景點及使用新鮮海鮮製作的美食等外，親身體會當地積年累月傳承下來的傳統技藝也相當有意思。

附錄MAP 附錄②P.8　住宿資訊 P.116

吳羽　MAP附錄②9B-3

DINING&CAFE 吳音

●ダイニングアンドカフェ くれおん　☎076-434-5535　咖啡廳

隈研吾所設計的咖啡廳

位於富山市舞臺藝術公園內的咖啡廳餐廳。由新國立競技場的設計師隈研吾所設計的建築也造成話題，吸引眾多民眾前來。燉漢堡肉及紐約起士蛋糕最有人氣。

L11:00～22:00　休無休
所富山県呉羽町2247-3 富山市舞台芸術パーク内
交愛之風富山鐵道吳羽站下車即到
P免費（富山市舞臺藝術公園停車場）

←將木材組合成井字形所構成的嶄新空間

富山　MAP附錄②9B-3

富山玻璃工房

●とやまガラスこうぼう　☎076-436-3322（預約體驗）　玩樂

將原創玻璃作品作為伴手禮

為玻璃造型作家的活動據點，設有可以參觀工房、購買作品的商店兼藝廊以及咖啡廳等。體驗吹玻璃及製作紙鎮也相當有趣。

L9:00～17:00　休無休　¥入館免費
所富山県富山市古沢152　交JR富山站搭往富山大学附属病院前方向巴士25分，ファミリーパーク前巴士站下車，步行5分　P免費

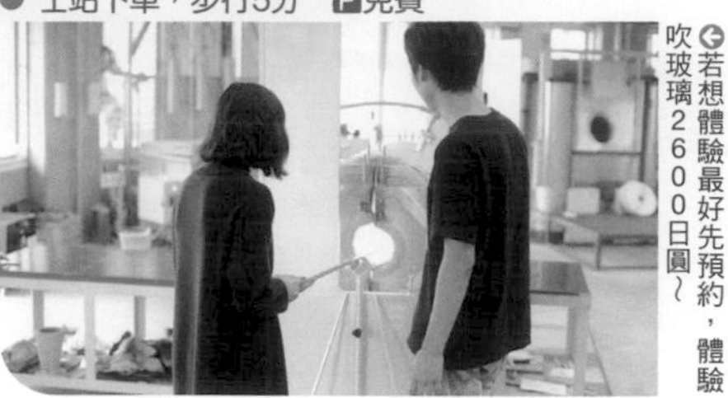

←若想體驗最好先預約，體驗吹玻璃2600日圓～

富山市　MAP附錄②10C-2

きときと市場 とやマルシェ

●きときといちば とやマルシェ　☎076-471-8100　購物

JR富山站內的購物區

匯集了最適合作為富山伴手禮的水產加工品、點心、地酒等商品販賣店，以及麵類、壽司等富山代表性飲食店等，總計超過30家店舖。不妨來趟車站內購物，為富山之旅劃下完美的句點吧。

L8:30～20:30（餐廳為10:00～21:30）
休無休（有臨時休）　所富山県富山市明輪町1-220
交JR富山站內

←備有眾多富山代表性商品

富山　MAP附錄②9C-3

すしだるま

☎076-428-1760　美食

如同迴轉壽司般輕鬆品嘗正統壽司

在吧臺聽到點菜後才開始將食材切片，一個個捏製成握壽司的迴轉壽司店。以優惠價格就能嘗到費工的正統壽司美味，是當地相當有人氣的壽司店。

L11:30～20:45（21:00打烊）　休週三　所富山県富山市二俣448-1　交JR富山站車程13分
P免費

↓北海三樣壽司1080日圓

新湊　MAP附錄②9B-2

海王丸公園

●かいおうまるパーク　☎0766-82-5181　景點

欣賞絕景及「海上貴婦」

對外公開展示帆船海王丸現役時的姿態，是富山縣屈指可數的人氣景點。亦有展示世界各國帆船模型以及設有大型遊具等的遊樂場等多項設施。同時這裡也是情侶聖地，夜景十分夢幻。

L自由入園（營業時間、休息日、費用會視設施不同而異）　所富山県射水市海王町8
交萬葉線海王丸站步行10分　P免費

所需 1小時

←每年會舉行10次將船帆全部展開的總帆全展。詳細日期請上官網

旅行話題！

代表富山的國家指定工藝品 見識井波雕刻師傅的技巧！

井波雕刻的特點在於令人驚嘆的精密度。據說井波雕刻是起源於江戶時代為重建燒毀的瑞泉寺，派遣本願寺御用雕刻師將技術傳授給當地的木匠，其歷史長達250年以上。技術經過傳承、再進化，現有200多名雕刻師住在井波町，持續製作寺社雕刻、欄間以及獅子頭等。八日町通是通到瑞泉寺的石板路，沿路上工房櫛次鱗比，在木香及鏗鏘作響的槌子聲中散步也別有一番樂趣。

↑在日本第一木雕產地井波，井波雕刻被認定為國家指定傳統工藝品

→具有遠近感的欄間是井波雕刻的特點之一

體驗製作木製酒杯+附試喝地酒
L10:00～16:00最終受理（最晚於3天前的16:00前需預約）
¥大人2200日圓
（2人～，含指導費、材料費）
☎0763-62-1201
（(一社)南砺市觀光協會）

井波　MAP附錄②9A-4

井波別院 瑞泉寺

●いなみべついん ずいせんじ　☎0763-82-0004　景點

「雕刻之城」井波的起點始於本寺

開創於1390（明德元）年，中世時成為北陸一向一揆據點的古剎。以江戶時代中期重建瑞泉寺為契機，井波的雕刻技術開始發達。本堂佔地590坪，規模為北陸最大。

L9:00～16:30　休無休　¥500日圓　所富山県南砺市井波3050　交JR砺波站車程15分
P收費（市營停車場交通廣場）

所需 1小時

←山門正面上刀工精密的雕刻大多出自井波雕刻職人的心血之作

福井 ふくい

名勝景觀及歷史景點的寶庫！美食也大有人氣的觀光地

面臨日本海，東西狹長的福井是東尋坊等名勝絕景的寶庫，也有越前蟹及新鮮魚貝類等豐富的海鮮。山間部則有以禪修聞名的永平寺及恐龍化石挖掘的聖地福井縣立恐龍博物館等諸多景點，供旅客欣賞、體驗及品嘗！

福井區域目次

前往福井的交通方式

鐵道：金澤站 → JR北陸本線特急「サンダーバード」「しらさぎ」等 50分／2500日圓（自由席） → 福井站

開車：金澤西IC → 北陸自動車道 75km → 福井IC

洽詢資訊

福井市款待觀光推進室 ☎0776-20-5346
蘆原市觀光協會 ☎0776-78-6767
坂井市三國觀光協會 ☎0776-82-5515

越前蟹

冬季味覺之王

味道鮮美，肉質肥厚的越前蟹不斷是冬季味覺之王，充滿了王者的氣度。來到福井時，一定要來品嘗越前蟹！

以實惠的價格品嘗大碗滿溢的螃蟹

越前町

かに亭うおたけ

◆かにていうおたけ

以美味料理聞名的旅館所附設的餐館。店主同時也是漁獲競標的掮客，可享受店主從越前漁港採購的新鮮漁獲。亦備有螃蟹蓋飯、定食等豐富的螃蟹料理。

MAP 附錄②13A-5
☎0778-37-1099　L 11:00～16:00
休 週二　所 福井県越前町厨17-83
交 JR武生站搭往かれい崎・くりや方向巴士1小時10分，大濱巴士站下車即到

從寬敞的墊高和室座位可眺望海水浴場

螃蟹蓋飯　1944日圓
將水煮蟹肉滿滿鋪在白飯上而成的蓋飯。讓人想豪爽地大口扒飯，大快朵頤一番。

從頭到腳品嘗整隻鮮嫩的幼蟹！

東尋坊周邊

やまに水産

◆やまにすいさん

興建於東尋坊商店街的鮮魚店直營餐館。以鮮度超群及貨色齊全自豪，蓋飯類及濱燒定食等相當有人氣。設有400席座席，人數再多也OK！亦販售海鮮等伴手禮。

MAP 附錄②13A-1
☎0776-81-3420
L 8:00～16:00　休 無休　所 福井県坂井市三國町東尋坊64-1　交 越前鐵道三國站搭往東尋坊的巴士10分，東尋坊下車步行3分　P 免費

從輕食到有飽足感的飯類均能享用

越前三國幼蟹蓋飯　2700日圓
可以享用肉質鮮嫩的幼蟹。加上錦絲蛋皮及鮭魚子等色彩豐富，2月中旬～3月20日限定。

享用現撈越前蟹全餐

東尋坊周邊

MIKUNI ONSEN ARAYA

◆みくにおんせんおやどあらや

位於景勝地越前松島的溫泉民宿，只要預約就能到此品嘗午餐。因為是從魚塘現撈活的越前蟹現場進行調理，可以享受現撈的新鮮美味。

MAP 附錄②13B-1
☎0776-81-3522
L 需預約(僅上午)　休 不定休
所 福井県坂井市三国町梶38-37-2 越前松島公園內　交 JR蘆原溫泉站搭往東尋坊的巴士30分，越前松島水族館下車即到　P 免費

現場肢解後立刻做成螃蟹生魚片，口感甘甜

濃郁的蟹黃膏讓人想連殼一起吸吮

越前蟹全餐方案
16800日圓～(午餐)
涮涮鍋、生魚片、蟹黃膏等，可以盡情享用整隻越前蟹，讓人相當滿足。含住宿則是27800日圓～。

越前蟹的基礎知識

Q.產季在何時?
每年11月6日是越前蟹的捕撈解禁日。雄蟹到3月20日，雌蟹香箱蟹到12月31日為止。
※漁期也會逐年更動

Q.哪裡可以吃的到?
三國港及越前漁港是知名的越前蟹卸貨漁場。有不少料理店及旅館集中在這2個港的周邊。擁有敦賀港及小濱漁港的若狹區域，有不少可以品嘗螃蟹及豐富的新鮮海產的店。

越前蟹
漁期11月6日～3月20日
是指分佈於日本海及鄂霍次克海的松葉蟹當中，在福井縣卸貨的雄松葉蟹。體型愈大，價格也愈高。

香箱蟹
漁期11月6日～12月31日
是指雌越前蟹，體型略小，與雄蟹不同，雌蟹的外子及內子，即蟹殼內所含的蟹卵及蟹黃堪稱珍味。

水蟹
漁期2月9日～3月20日
水蟹是指剛脫皮的松葉蟹。由於全身剛脫皮，故又稱作「ずぼがに」。

期間限定的美味!!

Buono!!

越前蟹的 絕品義式料理

推薦給想要品嘗更多越前蟹的美味的人士，不妨嘗嘗越前蟹的義式料理。可以享用美味又時尚的越前蟹！

香箱蟹奶油義大利麵（11月中旬～12月底限定）2700日圓

充分享用絕品創作螃蟹料理

將興建於江戶時代的倉庫改裝為時尚的餐廳。本店的魅力在於可品嘗巧妙使用當地當令食材做成的創作義大利料理，亦提供多種現烤披薩等單點菜單。

越前市

箪笥町 ビストロ 萬那

◆たんすまちビストロまんな

MAP 附錄②14F-1 ☎0778-25-0080

營11:30～14:00、17:30～21:30 休週二
所福井県越前市本町1-22 交JR武生站步行10分
P免費

螃蟹披薩 2200日圓（期間限定）香箱蟹用完即結束

受到義大利認可的拿坡里披薩名店

店主曾到披薩發源地拿坡里6年，獲得「正宗拿坡里披薩協會」認證。使用柴火烘烤、講究的拿波里披薩，味道堪稱絕品。

三國

ナポリピッツァと窯焼き料理の店バードランド

◆ナポリピッツァとかまやきりょうりのみせバードランド

MAP 附錄②13B-2 ☎0776-82-5778

營9:00～16:00、17:00～21:00 休週一（逢假日則翌日休） 所福井県坂井市三国町緑ケ丘4-19-21 交越前鐵道三國神社站步行18分 P免費

在老舖料亭才能嘗到天下一品的汆燙螃蟹

越前螃蟹料理 純用餐3萬元～

將來店2小時前綁好的螃蟹下鍋汆燙，因此肉質彈性佳。利用汆燙的熱湯煮成的雜炊粥更是美味。

東尋坊周邊

越前三国 川㐂

◆えちぜんみくにかわき

傳承4代，使用三國港卸貨的越前蟹的名店。鮮魚料理頗受好評，其中冬季的越前蟹只能說是絕品美味，美味程度超乎想像。

MAP 附錄②13B-2

☎0776-82-1313

營11:30～19:30（需預約） 休週日晚餐
所福井県坂井市三国町中央2-2-28
交越前鐵道三國站步行10分 P免費

↑螃蟹愛好者嚮往的名店

越前町

魚菜料理 出みせ

◆ぎょさいりょうりでみせ

從鄰近米ノ漁港直接進貨，新鮮度自然不用說，味道更是鮮美。冬季可享用使用越前蟹做的奢侈蓋飯以及盡享螃蟹的螃蟹全餐。午餐僅在週六、及國定假日營業。

MAP 附錄②13A-5 ☎0778-39-1864

營16:00～20:00（週六、日、國定假日為11:00～，螃蟹料理需預約） 休週四（11月6日～3月下旬若前天有預約則營業） 所福井県越前町高佐27-1 交JR武生站搭往からかれい崎方向巴士1小時30分，白浜巴士站下車步行5分 P免費

↑從和式座位可看到大海。亦設有吧臺席

豪快擺滿香箱蟹肉的奢侈蓋飯

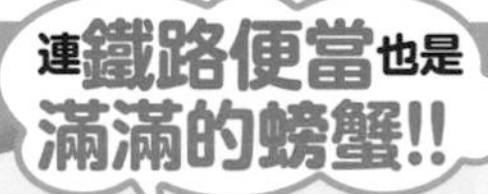

香箱蟹蓋飯 3200日圓

雌越前蟹，即香箱蟹蓋飯上淋上自家製醋醬油。11月6日～3月下旬限定。

鮮甜及美味相互融合的頂級蓋飯令人銷魂

香箱蟹蓋飯 3200日圓

擺滿味道纖細甘甜的香箱蟹肉的名產蓋飯。外子堪稱絕品。供應期限為往年11月7日左右～1月初旬。

東尋坊周邊

食事処 田島

◆しょくじどころたじま

↓11～3月有不少衝著越前蟹前來的顧客，相當熱鬧

由在三國港有名的老舖鮮魚批發店所直營的餐館。可以合理的價格享用剛卸貨的新鮮海鮮。冬季的越前蟹可在店前挑選，由師傅現場料理，相當貼心。

MAP 附錄②13C-2 ☎0776-81-7800

營11:00～17:30(L.O.)，週六、日、國定假日為11:00～15:30(L.O.)、17:00～19:30(L.O.) 休週四 所福井県坂井市三国町宿1-17-42 交越前鐵道三國站步行5分 P免費

連鐵路便當也是滿滿的螃蟹!!

買完螃蟹鐵路便當再回家

明治35年創業的鐵路便當店

番匠本店 PRISM福井 桜むすび店 福井市街

●ばんじょうほんてんプリズムふくいさくらむすびてん

MAP 附錄②12H-5

位於JR福井站購物中心內，販售螃蟹飯等種類豐富的鐵路便當。

☎0776-22-8846

營7:30～20:00 休無休 所福井県福井市中央1-1-25 PRISM福井內 交JR福井站內

附加熱機能 隨時都能吃到熱呼呼的便當！

越前ちゅんちゅん螃蟹飯 1600日圓

「ちゅんちゅん」在福井方言是指「熱呼呼」之意。附加熱機能，只要拉線就能加熱。11～3月期間限定

越前蟹飯 1300日圓

將香箱蟹的內子及味噌拌開做成炊飯，上面鋪上蟹肉

蟹肉絲下方是蟹黃炊飯！

越前蘿蔔泥蕎麥麵

白蘿蔔泥是美味的關鍵

越前蘿蔔泥蕎麥麵為400多年前在福井流傳下來的鄉土料理。在過冷水收緊的蕎麥麵上，加入大量蘿蔔泥攪拌後再食用。

使用水之鄉・越前大野的名水製成手打蕎麥麵

大野

名水手打そば お清水

◆めいすいてうちそばおしょうず

使用大野產蕎麥粉100%以及大野名水做成講究的手打蕎麥麵，頗受好評。將裝盛在別的容器，裡面加入大量白蘿蔔泥的蕎麥湯倒在蕎麥麵上食用，是福井流的吃法。

MAP 附錄②12E-4
☎0779-66-2595
營11:00～14:00、17:30～21:00(23:00打烊)，週日為～20:00(22:30打烊)
休週三 所福井県大野市泉町3-8 交JR越前大野站步行15分 P免費

白蘿蔔泥蕎麥麵
500日圓
正因為是簡單的一盤蕎麥麵，才能從蕎麥麵的嚼勁及香氣、高湯的鮮美直接感受它的美味。

容易入口的細麵搭配大量天婦羅

稻荷白蘿蔔泥蕎麥麵
1728日圓
將烤成焦黃色的油豆腐切碎，與各種天婦羅一起擺在麵上的人氣菜單。

福井市區

笏谷そば

◆しゃくだにそば

開店約40年的知名蕎麥麵店。蕎麥麵是使用福井縣產蕎麥製成的平打細麵，能與高湯完美融合，入喉滑順。純和風的店內也別具一番風味。

MAP 附錄②13C-4 ☎0776-36-0476
營11:00～20:00 休週二(逢國定假日則營業)
所福井県福井市足羽4-5-10 交JR福井站搭往照手・足羽方向巴士15分，笏谷巴士站下車即到
P免費

位於足羽山山腳下的寧靜場所

越前

そば蔵 谷川

◆そばくらたにかわ

以石磨將丸岡產玄蕎麥磨成粗粉，僅加入冷水做成手打十成蕎麥麵，香氣及風味都相當出眾。具透明感的麵條表面可以看到蕎麥種子的顆粒。白蘿蔔泥則是使用3種自家栽種白蘿蔔調配而成。

MAP 附錄②13C-5
☎0778-23-5001 營11:30～14:00
休週一、第3週日 所福井県越前市深草2-9-28
交JR武生站車程5分 P免費

本店改裝自明治時代的倉庫。亦有壯觀的庭園

白蘿蔔泥蕎麥麵
670日圓
曾吃遍日本全國各地的店主自豪的一道料理。由於相當費工，僅限上午的2小時才能嘗到。

以石臼磨粉香氣強的蕎麥麵

致力追求蕎麥麵的美味

五合蕎麥麵(2～3人份)
2700日圓
可一次享用嚼勁強的蕎麥麵沾辛辣白蘿蔔泥的謙造蕎麥麵以及白蘿蔔泥蕎麥麵。

永平寺周邊

けんぞう蕎麦

◆けんぞうそば

不添加結著劑，只加入優質用水手打成麵，然後下鍋煮熟的講究蕎麥麵，其光澤與香氣就是不一樣。添加辣味白蘿蔔泥擠汁及特製高湯醬油一起享用的謙造蕎麥麵864日圓，擁有不少支持者。

MAP 附錄②13D-4 ☎0776-61-1481
營週二～四11:00～14:00(週五為11:00～14:00、16:00～17:30，週六、日及國定假日為11:00～17:00)※蕎麥麵售完打烊 休週一 所福井県永平寺町松岡春日3-26
交北陸自動車道福井北IC車程5分 P免費

越前蘿蔔泥蕎麥麵是？

在冰鎮的蕎麥麵上加上白蘿蔔泥、蔥花、柴魚片等，淋上日式高湯後食用的福井鄉土料理。蕎麥麵的風味與白蘿蔔泥的辛辣非常搭配。

醬汁豬排蓋飯

福井的代表性家鄉味

在福井縣，說起豬排蓋飯是以醬汁味為基本，而非淋上蛋液。豪邁的賣相以及令人食欲大開的醬汁香，加上酥脆的炸豬排，好吃到筷子停不下來！

炸豬排層層堆疊 相當豪邁的一道料理

醬汁豬排蓋飯(大) 1100日圓
炸豬排使用細麵包粉，以突顯肉味，中碗放3～4片，大碗則放4～5片炸豬排。

福井市區

レストラン ふくしん

如同炸豬排牆的豪邁賣相造成話題，吸引了不少來自外縣市的顧客前來。秘傳醬汁與酥脆的麵衣、飽滿的豬排，形成絕佳平衡。

MAP 附錄②13C-4 ☎0776-54-7100
營 11:00～14:50、16:30～19:20（週日、國定假日為11:00～13:50、16:00～19:50，週五、六為～19:50）※材料用完即打烊 休 週二、第1、3週三 所 福井県福井市高木中央1-205 交 JR福井站車程20分 P 免費

↑1973（昭和48）年創業。以色彩鮮艷的藍色屋頂為標誌

創新款

鯖江熱狗 280日圓
在免洗筷上卷上白飯及豬肉片下鍋油炸，再沾上特製醬汁，就成了「拿著吃的醬汁豬排蓋飯」！

可邊走邊吃的醬汁豬排蓋飯

↑紙杯上的插圖也好可愛

鯖江

ミート&デリカ ささき

經電視媒體介紹為當地美食的進化版，在活動中成了大排長龍的熱賣商品。雖是小吃，卻完全重現福井醬汁豬排蓋飯的味道。

MAP 附錄②13C-5
☎0778-52-4129
營 9:00～19:30（國定假日為～19:00） 休 週日 所 福井県鯖江市本町3-1-5 交 JR鯖江站步行8分 P 免費

醬汁豬排蓋飯 880日圓
柔軟的豬肉裹上口感清爽的極細麵包粉，與爽口醬汁相當搭配。

爽口的醬汁讓人筷子停不下來

福井市區

ヨーロッパ軒 総本店

◆ヨーロッパけんそうほんてん

1913（大正2）年創業的老舖洋食店。曾在德國學習料理的初代店主當時在構思符合日本人口味的菜色，據說就是醬汁豬排蓋飯的起源。甜味與酸味調和的醬汁極具特徵。

MAP 附錄②12G-5
☎0776-21-4681
營 11:00～20:00 休 週二 所 福井県福井市順化1-7-4 交 JR福井站步行10分 P 收費

↑擁有百年以上歷史的老舖。說起福井的醬汁豬排蓋飯的元祖就在這裡

醬油豬排蓋飯也值得注目！

2010年誕生於大野市的新B級美食。定義為使用福井縣產醬油，白飯上擺上炸豬排及蔬菜。

醬油香讓人食欲大開的新B級美食

醬油豬排蓋飯 800日圓
為保留炸豬排的酥脆口感而使用粗麵包粉。附蕎麥麵套餐900日圓。

とんかつ・そば 吉ちょう

◆とんかつ・そばきっちょう

備有福井名產醬汁豬排蓋飯及白蘿蔔泥蕎麥麵等多樣化菜單。醬油豬排蓋飯的特徵，是在炸小里肌肉上擺上白蘿蔔泥、柴魚片及蔥花。

MAP 附錄②12G-5
☎0776-23-3727
營 10:30～19:30（20:00打烊）
休 不定休 所 福井県福井市大手3-4-1 放送会館B1
交 JR福井站步行5分

福井市區

かつと串揚げ丁寧仕込み くら

◆かつとくしあげていねいじこみくら

←位於國道8號旁，以倉庫般的外觀為標誌

老舖炸豬排店才吃得到的炸豬排蓋飯，不僅肉厚而且肉汁豐富。使用池田町及大野市產越光米煮成的絕品白飯，可免費續2碗。設有餐桌及日式座位等100席以上，人數再多也OK。

MAP 附錄②13C-4
☎0776-53-6586
營 10:30～21:00 休 無休
所 福井県福井市北四ツ居1-1-8
交 JR福井站搭往城東・日之出方向巴士17分，本多医院前巴士站下車即到 P 免費

肉汁豐富 白飯也是絕品

炸豬排飯(里肌肉) 756日圓
肉質厚實柔軟，充滿脂肪的甘美。醬汁為甜中帶有微辣的後勁。

日本海首屈一指的景勝地
東尋坊

只有在這裡才能看到大自然的鬼斧神工令人讚嘆!!

高度相當於7層樓(25m)!!

偷偷看一下 小心別掉下去

風平浪靜的日子可以走到斷崖下喲

東尋坊是日本海首屈一指的景勝地，擁有海洋的大自然所孕育出連綿不斷的斷崖絕壁，年度訪客人數約有145萬，只為了目睹只有這裡才能看到的奇岩奇勝。相信您一定會對大自然美得令人屏息的造型美驚嘆不已。

↑「輝石安山岩的柱狀節理」在地質學上也屬於相當少見的奇岩，被指定為國家天然紀念物

導遊先生的解說超人氣!

東尋坊觀光遊覽船

●とうじんぼうかんこうゆうらんせん

在所需時間30分鐘的海上巡遊，可以從海上欣賞東尋坊的景觀。有隨船導遊，針對必看景點做淺顯易懂的介紹，巡遊更有效率。

←可聆聽知名導遊的有趣介紹

↑從海上眺望的景色另有一番趣味

MAP附錄②13 A-1 ✆0776-81-3808
L9:00～16:00（11～3月為～15:30）隨時運航 休12月29日～1月31日 ¥1400日圓，小學生以下700日圓 所交P同東尋坊

\\ 越瞭解越發現這裡更多的魅力!! //

認識東尋坊

東尋坊的悲劇

暴僧東尋坊在絕壁上被情敵勸酒醉得不省人事，最後被推下海。而後海面就掀起了狂潮大浪，後人便將此地取名為東尋坊。

暴僧東尋坊

據說在擁有僧兵、隆盛一時的平泉寺（→P.137）內，有一名作威作福、使近鄉的民眾百姓苦不堪言僧兵首領，「東尋坊」就是這名暴僧的名字。

國家天然紀念物

柱狀般的岩石，是過去火山活動時噴發的岩漿凝固形成的一種岩石，在日本，只有這裡才有規模這麼大的柱狀節理。

綠色的閃光是什麼呢

太陽沉入水平線後不久，會在一瞬間放射出綠光，據說看到綠閃光的人就會獲得幸福。在東尋坊，每年可看見幾次綠閃光。

東尋坊

●とうじんぼう

MAP附錄②13 A-1
✆0776-82-5515（坂井市三國觀光協會）
L自由參觀
所福井県坂井市三国町東尋坊
P東尋坊商店街的周邊、市營停車場為普通車1輛500日圓

交通方式

電車·巴士

從越前鐵道三國站搭京福巴士12分，東尋坊巴士站下車步行5分

車

從北陸自動車道金津IC行經國道305號等。18㎞車程，約30分。

再走遠一點Go

三國 順路景點

現在蔚為話題的三國區域，有許多想去的餐廳、咖啡廳以及外出景點。

輕鬆享用三國法式料理

美食 S'Amuser
●サミュゼ

↑融入三國地區街景，可輕鬆入店的法式料理店

←午餐為1500日圓～，晚餐全餐為3000日圓～

由IKA奧林匹克廚藝競賽銅牌得主畑和也先生擔任店主的法式餐廳。嚴選當地食材做的料理，味道絕品。

MAP附錄②13 A-2 ☎0776-97-9237
L11:00～14:00(15:00打烊)、18:00～21:00(22:00打烊) 休週三(逢假日則翌日休)
所福井県坂井市三国町米ヶ脇2-3-1
交越前鐵道三國站搭三國運動公園線巴士，在米ヶ脇山手巴士站下車步行3分 P免費

喝杯當地咖啡小歇一下

咖啡廳 POSSE COFFEE
●ポッセコーヒー

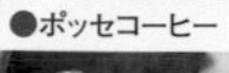

←一邊被咖啡香療癒，一邊度過悠閒時光

除了販售自家煎焙世界各地精品咖啡豆外，亦提供一杯杯仔細沖泡萃取的咖啡。

MAP附錄②13 B-2 ☎0776-43-0188
L9:00～20:00 休週三 所福井県坂井市三国町運動公園2-18-20 交越前鐵道三國站搭三國運動公園線巴士，在運動公園前巴士站下車即到 P免費

與動物之間的距離好近！

玩樂 越前松島水族館
●えちぜんまつしますいぞくかん

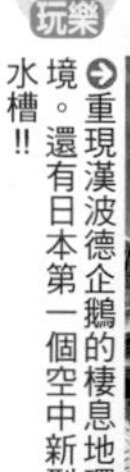

→重現漢波德企鵝的棲息環境。還有日本第一個空中新型水槽!!

↑在大人氣的散步時間，可愛的企鵝隊伍正在大遊行

可與生物接觸的體驗、體感型水族館，包括經典的海豚秀、企鵝散步、接觸海洋生物、體驗餵食等活動。

MAP附錄②13 B-1 ☎0776-81-2700
L9:00～17:00(17:30閉館)，黃金週·夏季的週六、日、國定假日及盂蘭盆節為～20:00(21:00閉館)，冬季為～16:00(16:30閉館) 休無休 ¥成人2000日圓，中小學生1000日圓，幼兒(3歲以上)500日圓 所福井県坂井市三国町崎74 交JR蘆原溫泉站搭往東尋坊方向巴士30分，越前松島水族館巴士站下車即到 P免費

到塔上眺望360度的全景吧!!

←天氣晴朗的話，還能看到白山連峰

↓日本海及東尋坊商店街景色盡收眼底

塔頂看到的景色

東尋坊塔
●とうじんぼうタワー

塔高為地上高55m，海拔達100m。在充滿復古氣氛的大展望台，可以將東尋坊、雄島及越前海岸的景色盡收眼底。

↑可以眺望遠方美麗清爽的風景

MAP附錄②13 A-1
☎0776-81-3700
L9:00～17:00(有季節性變動) 休無休 ¥500日圓(有各種優惠折扣) 所交P同東尋坊

NEWS
話題中的人氣菜單！

外觀仿照鼠婦的同伴，世界最大深海生物所做的蛋包飯造成話題。

沉入大海的夕陽也很美

↗在晴朗的日子一定要看夕陽沉入海面的瞬間。沉入大海的夕陽美的超乎想像！

走到懸崖邊令人驚險萬分!!

←甚至有人趴在地面探頭往下看魄力十足的大池。要注意別滑倒

海上巡航的景點 絕景·奇岩景點 BEST 3

1 獅子岩

外觀如同趴著俯臥睡覺的雄獅。也有人覺得像獅身人面像

當岩石與夕陽重疊時，就如同點火一樣

2 大池

高25m矗立的絕壁是最主要的景點。由於高度驚人，讓人不禁雙腿發軟。

3 蠟燭岩

受到海浪侵蝕，形成紋理細緻、連綿不絕的岩石表面，如同融化的蠟滴下後凝固的模樣。

凜然寂靜療癒心靈的 永平寺（えいへいじ）

修行道場 參觀七堂伽藍（しちどうがらん）

永平寺四周環繞著高聳入雲的巨杉。莊嚴的姿態，醞釀出一股肅穆緊張的空氣，充滿不分晝夜進行嚴格禪修的「修行場」風格。不妨暫時忘卻日常生活的喧囂，來此度過一段寂靜時光。

永平寺的基礎知識

壹 永平寺是怎樣的寺院？

1244（寬元2）年，由道元禪師所開創的出家參禪道場。該寺也是全國多達1萬5000座曹洞宗寺院的大本山，匯集了許多來自日本全國各地的修行僧。

貳 雲水是？

「行雲流水」是指如同浮雲及流水般不斷追求道的境界，後來轉為稱呼禪宗修行僧為「雲水」。寢食及打掃等日常生活的一切全都是修行的一環。請特別注意不可以拍攝雲水。

參 寺內有哪些建築？

在環繞著樹齡700年老杉，佔地33萬㎡的廣大敷地內，除了有修行的中心僧堂、法堂、佛殿、山門等七堂伽藍外，尚有承陽殿、傘松閣、唐門等大小約70棟建築物。

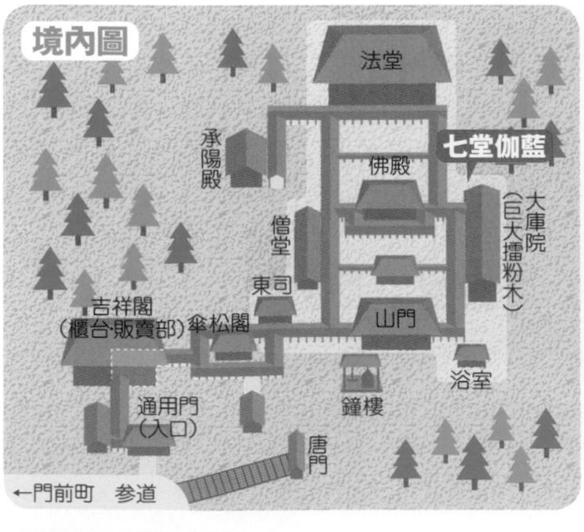

境內圖

法堂
承陽殿
七堂伽藍
佛殿
僧堂
大庫院（巨大擂粉木）
東司
吉祥閣（櫃台販賣部）
傘松閣
山門
浴室
通用門（入口）
鐘樓
唐門
←門前町　參道

永平寺 ◆えいへいじ

永平寺是道元禪師所開設的坐禪修行道場，現在成為曹洞宗的大本山，扮演培育僧侶及壇信徒的信仰源頭等角色。有眾多香客及觀光客來訪，成為福井縣人氣觀光景點之一。

MAP 附錄②13D-4
☎0776-63-3102
🕐8:30～17:00（有季節性變動）※早晨清掃時不可參觀
休 不定休　¥500日圓
所 福井縣永平寺町志比5-15

交通方式

搭電車·巴士：越前鐵道永平寺口站 ▼ 京福巴士13分 巴士站永平寺門前

開車：中部縱貫自動車道永平寺IC ▼ 5km／10分 永平寺門前

停車場資訊

距離約500m處的町營停車場1日1輛400日圓。若在門前町購物、用餐的話，有不少地方可免費停車，免付停車費400～500日圓。

一窺嚴格修行的一端來到禪的世界
永平寺

巡遊 七堂伽藍

在永平寺約70棟建築物當中，將山門、佛殿、僧堂、庫院、東司、浴室、法堂7棟重要建築稱作七堂伽藍，據說其配置是仿照坐禪人的姿態。下面就依照參觀路線來解說七堂各有何作用。

◆さんもん 山門

懸掛日本曹洞宗第一道場勅額的樓閣門。通常只有禪師才能從這道門進入。修行僧只能獲准通過這道門2次，即入門時及結束修行下山時。

◆そうどう 僧堂

又稱作「雲堂」、「坐禪堂」，雲水從坐禪、用餐到就寢的修行都是在這裡進行。中央供奉文殊菩薩，周圍則設名叫「單」的座席，約90人在此坐禪打坐。

寺內進行這種修行！

提到修行，一般人腦中或許會浮現坐禪的情景，其實用餐及起床本身也是修行的一環，所有的動作都有其作法及步驟。寺內提供雲水一塊塌塌米大的空間，並規定在堂內禁止交談。

◆はっとう 法堂

這裡是舉辦禪師說法、早晨唸經等各種法要的場所。在七堂伽藍中位於最高的場所，1843（天保14）年改建。中央供奉本尊聖觀世音菩薩。

◆ぶつでん 佛殿

採用中國宋朝樣式的雙重屋簷，地板為石板，1902（明治35）年改建。中央的須彌壇供奉著本尊釋迦牟尼佛，3尊佛像從左到右依序象徵著過去、現在及未來。

◆だいくいん 大庫院

內有名叫典座寮的廚房，在此烹煮修行僧及參籠者的餐點。正面右方的柱子上為佛殿興建時所使用的地基「大擂粉木」，成為永平寺的名產。

在大庫院日煮3餐，每餐200人份！

◆とうす 東司

雲水的廁所稱作東司。解手時也有其作法，因此一般香客及觀光客不可使用東司。須在固定的場所如廁。

原來如此專欄

下列3處地點嚴禁交談

在永平寺內有三處嚴禁交談的場所，稱作「三默道場」。這是因為在僧堂、浴室、東司，特別要求在沉默中修行。正因這三處場所容易心生鬆懈，才會制定嚴格的規定。

◆よくしつ 浴室

在一切都是修行的永平寺，入浴當然也是修行的一環。根據作法，節省用水，讓身心得到淨化。這個場所內也禁止交談。由於內部不可參觀，必須特別注意。

祭祀道元禪師 日本曹洞宗的最大聖地

◆じょうようでん 承陽殿

宣揚「禪」道的禪師長眠之地

為祖師道元禪師的御真廟，供奉禪師的尊像及靈骨，是日本曹洞宗根源的聖地。亦供奉永平寺歷代住持的牌位等。

這裡也別錯過！

◆さんしょうかく 傘松閣

天花板上有230幅繪畫

佔地156塊塌塌米的大廣間天花板上飾有多達230幅美麗的彩圖。1930（昭和5）年，由當時144位知名畫家以花鳥等為題材所製作。

一起來找這5幅畫吧

據說只要找到下列5幅畫，願望就會實現!?

松鼠
唐獅子
唐獅子
鯉魚
鯉魚

漫步永平寺門前町

參拜後想順道一遊！

永平寺吉祥物 永平寺小僧 えい坊くん

在通往永平寺參道沿線的門前町，有很多伴手禮店及飲食店等值得一逛的景點。不妨一邊隨興散步，一邊品嘗「當地特有」的風景與美食吧！

A 景點 寂光苑

◆じゃっこうえん

為紀念道元禪師誕生800年及750次忌日而重新整備的公園。被寂靜包圍的苑內立有道元禪師的銅像及歷代永平寺住持的墳墓。

被寂靜包圍的公園

↑供奉在公園內的道元禪師少年期的「稚髮像」

敲一下鐘吧

←誰都可以自由敲寂照之鐘，彷彿身心都被淨化了

MAP P.128

☎0776-63-1711
(永平寺門前觀光協會)
自由參觀
福井県永平寺町志比5-15
京福巴士永平寺巴士站下車步行5分
使用收費停車場
(1日400日圓～)

還有這種逛法！ 1 若想要深入認識門前町！

不妨跟著導覽員一起逛！

由知識豐富的當地人導覽，帶你逛「禪之里」。比自己一行人走馬看花地逛更有意思。

☎0776-61-1188
永平寺觀光義工導覽之會(永平寺町觀光物產協會)
受理時間／8:30～17:15(需1週前預約)
導覽每人1000日圓

B 景點 白山神社

◆はくさんじんじゃ

由永平寺的嶺嚴英峻禪師捐贈拜殿，智堂光紹禪師捐贈伊勢宮。拜殿左方建有祭祀聖德太子的「太子堂」，被門前宮大工奉為大工之神受到崇敬。

MAP P.128

☎0776-63-1711
(永平寺門前觀光協會)
自由參觀
福井県永平寺町志比
京福巴士永平寺巴士站下車步行10分
使用周邊停車場
(1日400日圓～)

被奉為木工之神而聞名

↑聖德太子發明木工的道具曲尺，因而被奉為木工之神受到崇敬

周邊圖 附錄②P.13

→曹洞宗祖師道元禪師每天早晨以杓子在流經永平寺前的河川舀水時，會將半杓水倒回河川，因而取名為「半杓橋」

→每年春分日，會由當年上山的永平寺雲水及役寮老師導師擔任鎮守諷經

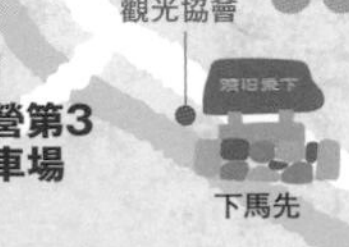

福井縣限定原創商品

↑一起來收集人氣的風景戳章吧！

→恐龍明信片185日圓

←福井縣名產螃蟹明信片185日圓

可在郵局收集到！

諸如螃蟹、恐龍的明信片等福井縣原創商品頗受好評。亦可收集當地風景戳章及取用門前町散步地圖，不妨前往瞧瞧！

MAP P.128
☎0776-63-2952
(永平寺郵局)
9:00～17:00 休週六、日及國定假日 所福井県永平寺町志比5-15 交京福巴士永平寺巴士站下車步行5分

從門前町再多走一段路
順路景點

生芝麻豆腐滋味絕品！
胡麻豆腐の里 團助
美食 ◆ごまどうふのさとだんすけ

1888（明治21）年創業。在老舖芝麻豆腐店直營咖啡廳可以嘗到現做的生芝麻豆腐及甜點。

MAP 附錄②13 D-4
☎0776-63-3663
10:00～17:00(咖啡廳為～15:00) 休無休 所福井県永平寺町荒谷24-7-1 交京福巴士團助本店前巴士站下車步行5分 P免費

芝麻豆腐 670日圓

↑招牌商品芝麻豆腐

雲水套餐 800日圓

→可評比芝麻豆腐套餐

一次可享用3種口味！
りうぜん
美食

提供以傳統打麵方式製成的手工永平寺流蕎麥麵。亦備有素時雨煮及原創糰子等。

MAP 附錄②13 D-4
☎0776-63-3137
10:00～17:00 休週四 所福井県永平寺町荒谷37-10 交京福巴士荒谷巴士站下車即到 P免費

→可享用評比三種蕎麥麵的りうぜん蕎麥麵1400日圓

在當地也大有人氣！

蘋果派(9～3月限定) 400日圓

↑由於數量有限，常會銷售一空。最好事先預約

C 永平寺そば亭 一休・アトリエ菓修
美食 ◆えいへいじそばてい いっきゅう・アトリエかしゅう

在1樓可以吃到9月15日～3月限定的蘋果派（需預約）及義式冰淇淋300日圓～。

MAP P.128
☎0776-63-3433
9:00～17:00(週六、日為8:30～18:30) 休週四(アトリエ菓修)※一休為無休 所福井県永平寺町志比28-9-2 交京福巴士永平寺巴士站下車即到 P免費

門前町名產！

芝麻豆腐霜淇淋(4～10月限定) 350日圓

↑添加芝麻豆腐，甜味清爽的霜淇淋

好想吃吃看！門前甜點

保佑糰子 1支300日圓

香噴噴的碳烤糰子

↑糰子大顆且口感十足。碳烤香味相當吸引人

D 井の上
美食 ◆いのうえ

備有永平寺伴手禮的老舖旅館。除了芝麻豆腐霜淇淋外，もちもち焼き200日圓（10月～黃金週）也相當有人氣。

MAP P.128
☎0776-63-3333
8:30～17:00(11～3月到16:30) 休無休 所福井県永平寺町志比28-2 交京福巴士永平寺巴士站下車即到 P收費(400日圓)，預約用餐者免費

E 山侊
購物 ◆さんこう

沾上味增醬油，以炭火烤得香噴噴的保佑糰子1支300日圓，大受歡迎。

MAP P.128
☎0776-63-3350
9:00～16:00 休不定休 所福井県永平寺町志比5 交京福巴士永平寺巴士站下車步行3分 P購物用餐者免費

也可購買當地銘酒！

福井地酒 1780日圓～

↑田邊酒造、吉田酒造等奧越銘酒

↑有溜醬油醃菜味及梅醋味

寒干大根餅 650日圓

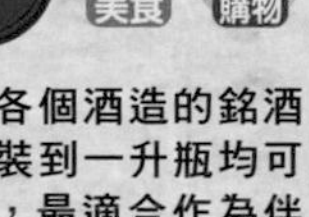

F てらぐち
美食 購物

福井各個酒造的銘酒從杯裝到一升瓶均可購買，最適合作為伴手禮。亦設有可享用手打蕎麥麵及醬汁豬排蓋飯的餐館。

MAP P.128
☎0776-63-3064
9:00～16:00(12～3月為9:30～15:30) 休週二 所福井県永平寺町志比5-17 交京福巴士永平寺巴士站下車步行5分 P購物用餐者免費

備有福井傳統工藝品

別錯過！門前伴手禮

G ギャラリー寧波
購物 ◆ギャラリーねいは

↗風格獨特，用起來順手的越前燒

咖啡杯&茶托 3240日圓～

改裝自舊倉庫的摩登空間內，介紹越前燒、越前打刃物、越前和紙、若狹塗箸等福井傳統工藝品。也會隨時舉辦企劃展。

MAP P.128
☎0776-63-3131
10:00～17:00 休週二 所福井県永平寺町志比27-15 交京福巴士永平寺巴士站下車步行5分 P購物用餐者免費

I 上街堂
美食 ◆かみかいどう

永平寺蕎麥麵 1080日圓

→2種蕎麥麵附芝麻豆腐等套餐

永平寺的名產匯集在此

位於大本山永平寺附近的餐館。推薦餐點為附永平寺名產的「永平寺蕎麥麵」及「羽二重拉麵」等。

MAP P.128
☎0776-63-3034
9:00～16:30 休週三 所福井県永平寺町志比5-15 交京福巴士永平寺巴士站下車步行5分

H ほっきょ荘
購物 美食 ◆ほっきょそう

素齋 殿 1080日圓

細細品嘗！門前美食

↑共有4種素齋

鄰近永平寺的飲食、伴手禮店

除了素齋外，店前亦售有一片片手工烘烤的煎餅（共11種），深受香客歡迎。

MAP P.128
☎0776-63-3311
9:00～17:00 休無休 所福井県永平寺町志比24-35 交京福巴士永平寺巴士站下車步行5分 P購物用餐滿1000日圓者免費

福井縣立恐龍博物館

ふくいけんりつきょうりゅうはくぶつかん

不但看得到、摸得到，還能挖掘!!

在日本全國擁有廣大粉絲，可以體驗充滿魄力的異次元空間的博物館。館內展示眾多於日本屈指可數的化石發掘地現場所挖掘出的貴重資料，非看不可！

超人氣的原因在此！

1 世界三大恐龍博物館之一！

與加拿大的加拿大皇家蒂勒爾博物館及中國的自貢恐龍博物館並列為世界三大恐龍博物館。魄力驚人的展示內容，不論是親子、朋友還是情侶同遊都能玩得盡興！

展示空間寬達4500m²!!

⊖巨大的展示空間，就算加快腳步也得花費1小時才能逛遍，值得一看

2 會動會叫的立體模型！

作工精巧，逼真到像是現在就要猛撲過來的恐龍立體模型，彷彿置身在侏儸紀公園般。這些逼真到讓人能感覺到恐龍呼吸的機器模型，讓人震撼！

宛如真的恐龍般魄力滿點!!

模擬穿越時空到恐龍時代觀摩！

所需時間120分

1 從入口到展示室可搭手扶梯 3F→B1F

搭乘從入口一直延伸的長手扶梯進入恐龍世界。踏入異世界讓人興奮雀躍，情緒高漲！

往挑高空間上升、景觀出色的長手扶梯長33m

2 宛如美術館！恐龍之路

恐龍博物館的展示即將開始。本區可說是介於現代及恐龍世界的交界線。

現在就穿越時空到太古世界！

3 魄力驚人且狂暴的機器福井盜龍

動作迅速、充滿動感，連威嚇的動作也相當逼真!!

充滿野性的樣子及動作

吼—

便利的買票方法

可在便利商店的多媒體設備購買入場券，可直接作為觀賞券。不需到窗口換票，人多混雜時也能夠順利進館，相當便利！

福井縣立恐龍博物館

●ふくいけんりつきょうりゅうはくぶつかん

MAP 附錄②12E-4

☎0779-88-0001

L 9:00～16:30 休 第2、4週三(有臨時休館，暑假無休) ¥ 成人720日圓，高中、大學生410日圓，中小學生260日圓，幼兒、70歲以上免費 所 福井縣勝山市村岡町寺尾51-11 交 北陸自動車道福井北JCT經由中部縱貫自動車道勝山IC車程10分。或是從越前鐵道勝山站搭社區巴士「ぐるりん」20分，恐竜博物館巴士站前下車即到 P 免費

博物館內 恐龍美食&伴手禮

擁有眾多備受注目的恐龍商品!! 3F

Dino Store
●ディノストア

備有T恤、文具、玩偶等種類豐富的恐龍相關商品的商店。除了可作為伴手禮外，也可買來自己使用。

↑越前燒水杯上繪有恐龍圖案

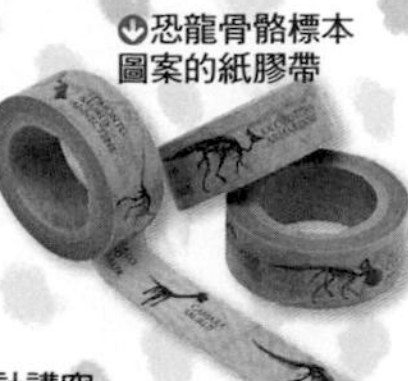

↓恐龍骨骼標本圖案的紙膠帶

↑設計講究的點心最適合作為伴手禮

☎0779-87-7109
🕘9:00～17:00

3F 恐龍&當地美食攜手合作

Cafe & Restaurant Dino
●カフェ&レストラン ディノ

從可沉浸在恐龍世界的原創菜單到使用福井縣特產品的名產菜單，應有盡有。

↑保護恐龍蛋的是可愛的福井龍蛋咖哩900日圓

→擺上酥脆餅乾的暴龍聖代600日圓

☎0779-87-1109
🕘9:00～16:00

遇見實物大的恐龍！ 像真的一樣 魄力十足!!

勝山恐龍公園

從恐龍博物館步行5分

↓逼真到連幼兒都嚇哭

43座實物大小的機器恐龍分散在森林之中的戶外設施。整片森林分成7區，而全長20m的馬門溪龍及全長13m的暴龍更是魄力滿點！

→分成7區的廣大森林充滿眾多景點！

MAP 附錄②12E-4
☎0779-88-8777(勝山恐龍之森管理事務所)
🕘9:00～17:00(最後進場為16:30)※10～11月會提前結束，黃金週、暑假期間有延長 休 第2、4週三(暑假期間無休)，冬季(11下旬～4月上旬)
¥600日圓，2歲以下免費

話題景點 需預約 ※有部份當日票

說不定會發現真正的化石?!

野外恐龍博物館

搭乘專用巴士出發！

作為地域博物館，連日盛況空前

←說不定會有大發現！？

福井龍也是在這裡發現的!!

→本館所在場所只能搭專用巴士前往，這點要注意。

野外恐龍博物館位在曾發現眾多新種恐龍化石的發掘現場。可實際體驗發掘化石，也可聽博物館研究員介紹挖掘出的化石，相當有意思。想來此參觀最好事先預約！

所需時間	2小時(往返1小時，參觀、體驗1小時)
費用	成人1200日圓，高中、大學生1000日圓，中小學生600日圓
期間	黃金週到秋季(冬季休館)
預約方式	請上恐龍博物館官網內的預約系統線上預約。當日若有名額，可在正面入口附近的野外博物館櫃台辦理申請（依先後順序）

※詳細實施時間、舉辦時間等請上福井縣立恐龍博物館官網確認

3 碰觸化石！

令人感動的體驗!!

可從上到下觀察恐龍全身骨骼的「恐龍實驗室」。在本區可實際接觸真正的化石，親手確認數千萬年前生物的觸感，讓人大為興奮。

4 帥氣的建築物！

由世界知名建築師黑川紀章先生所設計的蛋形建築物，獨特的外觀，從遠方看也相當引人注目。完全對稱的入口及如波浪般的外牆也不容錯過！

由著名的黑川紀章設計

5 入場費的CP值！

儘管該館以恐龍化石寶庫之名聞名全國，其規模之大在世界上也是數一數二，入場費成人為720日圓，高中、大學生410日圓，中小學生260日圓。而全年護照成人也只要2060日圓，高中、大學生1230日圓，中小學生770日圓，票價相當合理。

不分男女老少都能盡興參觀

4 擁有許多實物大小的立體模型，完全的恐龍世界 1F

除了展示恐龍全身骨骼之外，亦有展示福井等日本國內的恐龍標本。

圓頂龍的9成以上為真化石

5 發現化石?! 化石清潔室 1F

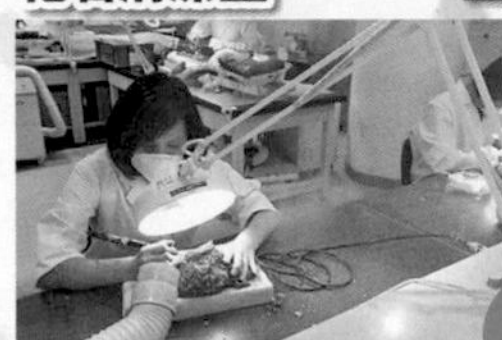

隨時公開清除發掘化石周遭岩石的清潔作業。

可看見工作人員慎重進行作業，以免破壞化石的過程，這也是研究的一環

邊做邊玩好愉快!!

越前手工體驗&自然體驗

自古以來，越前一直是各種手做技術相當發達的地區。不妨來此享受只有這裡才能體驗的事。

手漉和紙體驗

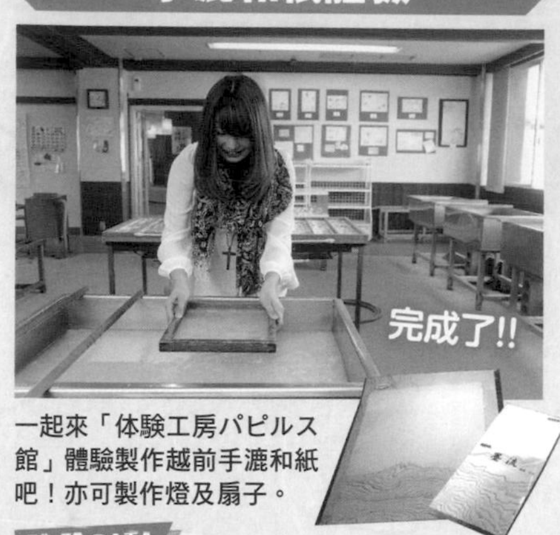

完成了!!

一起來「体験工房パピルス館」體驗製作越前手漉和紙吧！亦可製作燈及扇子。

體驗DATA

費用 色紙判1張500日圓～（價格會隨紙張尺寸不同而異） 時間 約30分
受理 9:00～16:00 預約 不用（團體需預約）

越前和紙之鄉
●えちぜんわしのさと

MAP附錄②13C-5 ☎0778-42-1363（パピルス館）
L9:00～16:00 休無休（參觀設施週二休館）
¥入館免費（參觀設施成人200日圓，高中生以下免費，特別展300日圓） 所福井県越前市新在家町8-44 交JR武生站搭南越巴士30分，和紙の里巴士站下車即到 P免費

體驗漆器彩繪

完成了!!

在工匠直接指導下，在漆器上描繪喜歡圖案的體驗課程。其他還可以體驗沉金及拭漆。

體驗DATA

費用 1人1500日圓（木碗／相框／咖啡托盤／手鏡／小手鏡可任選）
時間 約60分 受理 10:00～16:00 預約 2人以上可預約。須在3天前以電話或傳真方式預約

漆之鄉會館
●うるしのさとかいかん

MAP附錄②13C-5 ☎0778-65-2727（越前漆器協同公會） L9:00～17:00，工匠工房10:00～16:00（含午休） 休第4週二（逢假日則翌日休）
¥入館免費 所福井県鯖江市西袋町40-1-2
交JR鯖江站車程20分 P免費

製作眼鏡形吊飾

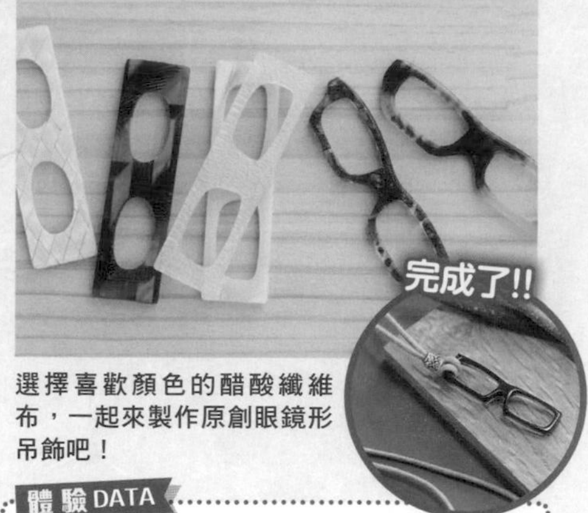

完成了!!

選擇喜歡顏色的醋酸纖維布，一起來製作原創眼鏡形吊飾吧！

體驗DATA

費用 1人500日圓 時間 1小時
受理 10:00～16:00 預約 4人以上需在5天前預約。當天也可受理，以有預約者優先

眼鏡博物館
●めがねミュージアム

MAP附錄②13C-5 ☎0778-42-8311
L10:00～19:00（博物館·工房·咖啡廳為～17:00，工房受理為～16:00） 休無休 ¥入館免費
所福井県鯖江市新横江2-3-4 めがね会館
交JR鯖江站步行10分 P免費

大自然體驗

在森林主題公園體驗大自然

眾人同心協力目標稱霸所有路線！

也有兒童路線喲

↑在冒險公園亦有僅限兒童參加的兒童路線

Adventure Park
アドベンチャーパーク

架設在樹上的森林攀爬架。備有可以享受正統體育運動的冒險者路線、在森林進行動態垂直移動的攀樹路線等3種路線。

體驗DATA

費用 1人1100日圓～3700日圓 時間 約60～120分
受理 10:00～16:00 預約 來電或線上預約
利用條件 身高100cm以上（視活動不同而異）

鋼索滑翔(Zip-line)

有穿梭林間的第一條索道（480m），以及以時速40～50km從最大高度60m一口氣直衝而下的第二條索道（510m），讓人心情無比爽快！放眼望去，整片森林展現在眼前，可以體會飛鳥的感覺。

日本最高讓人超興奮！

體驗DATA

費用 1人3700日圓
時間 約60分
受理 10:00～16:00
預約 電話或官網預約
利用條件 身高140cm以上，體重不超過100kg

NEW 2018年9月新開幕

※照片為示意圖

樹上露營

可在設置於森林斜坡上的樹上露營過夜的新設施。在甲板下方可生篝火、躺在吊床上，欣賞滿天星空！！關於詳細費用等請詳見官網。

Tree Picnic Adventure IKEDA
●ツリーピクニックアドベンチャーイケダ

日本規模最大的森林主題公園。可一邊親近大自然，一邊體驗多項戶外活動。

MAP附錄②13D-5 ☎0778-44-7474 L9:30～17:00 休週二（黃金週、暑假為無休） ¥免費（各項體驗都須收費） 所福井県池田町志津原28-16 交JR福井站搭計程車45分 P免費

日本旅行地圖

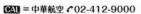

CAL＝中華航空 ✆02-412-9000
EVA＝長榮航空 ✆02-2501-1999
TTW＝台灣虎航 ✆02-5599-2555
JAL＝日本航空 ✆0801-81-2727
ANA＝全日空 ✆02-2521-1989
CPA＝國泰航空 ✆02-2715-2333
VNL＝香草航空 ✆070-1010-3858
MDA＝華信航空 ✆02-412-8008
JST＝捷星航空 ✆0801-852-015
KLM＝荷蘭皇家航空 ✆02-7707-4701
DAL＝達美航空 ✆0080-665-1982
SCO＝酷航 ✆09-7348-2980
APJ＝樂桃航空 ✆02-8793-3209
UAL＝聯合航空 ✆02-2325-8868
ACA＝加拿大航空 ✆080-909-9101
THA＝泰國國際航空 ✆02-8772-5111

北海道

● 桃園國際機場→新千歲機場
CAL EVA ANA JAL APJ SCO THA
3小時35分～4小時
5～6班／天

● 高雄國際機場→新千歲機場
CAL JAL
約4小時
5班／週

● 桃園國際機場→函館機場
EVA TTW THA
約4小時
3～7班／週

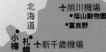

福岡

● 桃園國際機場→福岡機場
CAL EVA ANA CPA KLM TTW JAL VNL THA
2小時05分～2小時20分
6班／天

● 高雄國際機場→福岡機場
TTW EVA ANA
約2小時40分
1～2班／天

● 桃園國際機場→佐賀機場
TTW 2小時25分 2班／週

● 桃園國際機場→宮崎機場
CAL JAL KLM 2小時10分 3班／週

● 桃園國際機場→鹿兒島機場
CAL JAL 2小時5分 5班／週

富山

● 桃園機場→富山機場
CAL JAL
2小時55分
4班／週

小松

● 桃園機場→小松機場
TTW EVA ANA
2小時55分
1班／天

名古屋

● 桃園國際機場→中部國際機場
CAL VNL JAL ANA CPA JST KLM TTW DAL VNL
2小時35分～3小時
4～6班／天

● 高雄國際機場→中部國際機場
TTW
3小時25分
2班／週

仙台

● 桃園國際機場→仙台機場
EVA TTW ANA APJ THA
1～2班／天

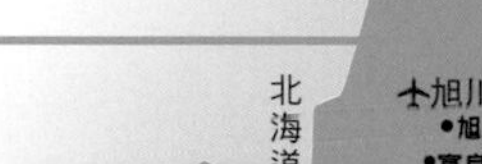

東京

● 松山機場→羽田機場
CAL EVA JAL ANA
2小時40分～2小時55分
8班／天

● 桃園國際機場→羽田機場
TTW APJ
約3小時
1～3班／天

● 桃園國際機場→成田機場
CAL EVA TTW JAL ANA UAL CPA VNL JST DAL SCO
2小時55分～3小時10分
25～26班／天

● 高雄國際機場→成田機場
CAL EVA JAL ANA TTW VNL ACA
3小時15分～3小時25分
5班／天

● 台中國際機場→成田機場
MDA
3小時30分
1班／天

沖繩

● 桃園國際機場→那霸機場
CAL EVA TTW ANA KLM DAL APJ VNL THA
1小時15分～1小時35分
8～9班／天

● 高雄國際機場→那霸機場
CAL TTW JAL APJ 1小時45分 2班／週

● 台中國際機場→那霸機場
MDA 1小時25分 5班／週

● 桃園國際機場→石垣機場
CAL JAL 55分 2班／週

廣島

● 桃園機場→廣島機場
CAL JAL
2小時20分
1班／天

岡山

● 桃園機場→岡山機場
TTW
2小時35分
1班／天

大阪

● 桃園國際機場→關西國際機場
CAL EVA TTW JAL ANA CPA JST APJ THA
2小時25分～2小時40分
20～23班／天

● 高雄國際機場→關西國際機場
CAL EVA TTW ANA SCO APJ JAL
2小時40分～3小時
6～7班／天

● 台南機場→關西國際機場
CAL JAL
4小時
2班／週

經典&新經典 福井伴手禮

下面為各位介紹充滿福井特色的各項商品，從使用山與海的恩惠製成的美味特產品到歷史悠久的傳統工藝品融入現代要素的製品，應有盡有！！

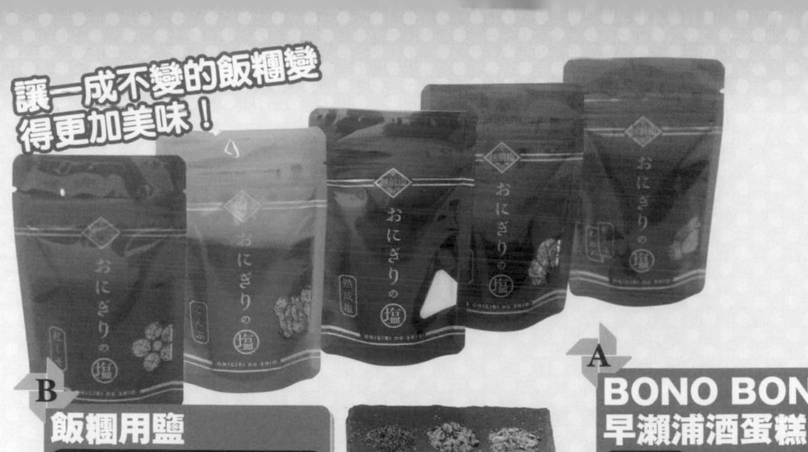

讓一成不變的飯糰變得更加美味！

B 飯糰用鹽
各360日圓(紅紫蘇、昆布、熟成鹽、野澤菜及裙帶菜、紅紫蘇及裙帶菜)

使用自越前海岸的海水提煉的「越前鹽」製成飯糰用的多種口味鹽。

淡淡的酒香及恰到好處的甜味吃起來相當美味

A BONO BONO 早瀨浦酒蛋糕
864日圓

添加福井縣若狹的地酒「早瀨浦」，讓酒香充分滲入麵糊，製成柔軟溼潤的蛋糕。

使用若狹名產梅加上檸檬草製成口感清爽的梅酒

C 梅丈檸檬草梅酒
(500ml) 864日圓

添加檸檬草製成的新感覺花草梅酒，酒精濃度低，深受女性歡迎。冰鎮後直接飲用！

絕妙的鹽度配飯配酒都很搭

E 小鯛細竹漬(木桶裝)
100g/1380日圓 200g/2580日圓

使用醋及國產鹽進行調味後，裝入木桶製成的經典伴手禮。可直接食用。

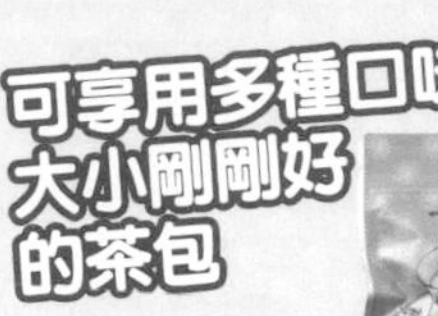

可享用多種口味大小剛剛好的茶包

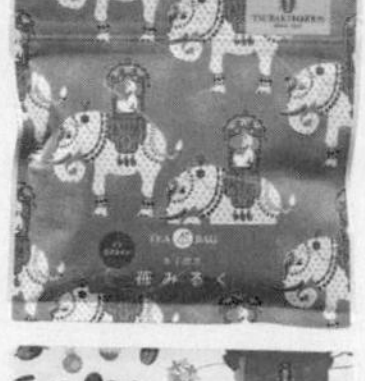

D 5P系列茶包
5包裝・各540日圓

每袋含5包茶包。口味有水果茶、南非茶等，相當多樣。

E JR福井站內

越前 田村屋 PRISM福井店
●えちぜんたむらやプリズムふくいてん

將越前若狹的海產當作伴手禮

除了曾在伴手禮品評會獲得福井縣知事獎的烤鯖魚壽司之外，亦售有越前蟹、米糠鯖漬、一夜魚乾等福井名產品。

MAP附錄②12H-5
☎0776-27-7001 L8:30~19:00 休無休 所福井県福井市中央1-1-25 交JR福井站內 P收費

D JR福井站周邊

椿宗善
●つばきそうぜん

透過各式茶品提供放鬆感

專售茶葉的專賣店，從煎茶、日本茶、紅茶、健康茶到花草茶，應有盡有。備有季節茶飲及家庭慶祝禮品等200種以上的茶葉。

MAP附錄②12G-5
☎0776-25-5630
L10:00~19:00
休週二
所福井県福井市中央1-20-27
交JR福井站步行5分

C 若狹

エコファームみかた

提供貼近當地，安全又安心的優質商品

專售使用種子小、果肉厚、香氣豐富的若狹梅「紅映梅」製成的調味料、梅酒、梅子飲料等商品。

MAP附錄②14E-4
☎0770-45-3100
L9:00~17:00 休週六、日、國定假日 所福井県若狭町鳥浜59-13-1 交舞鶴若狹自動車道若狹三方IC車程5分 P免費

B 越前町

越前塩
●えちぜんしお

來自越前海岸的恩惠

販售以越前海岸的海水為原料，由工匠以傳統的手工作業製成的鹽。除了天然海鹽外，也有山葵鹽、芝麻油鹽等，種類眾多。

MAP附錄②13A-5
☎0778-37-2553
L9:00~18:00 休週日
所福井県越前町厨26-27
交JR武生站車程35分
P免費

A JR福井站內

BONO BONO PRISM店
●ボノボノプリズムてん

使用嚴選食材製成的洋菓子

自1989年創業以來，持續提供深受當地民眾喜愛的蛋糕及烤點心等的甜點店。很推薦使用當地食材做的菓子作為贈禮。

MAP附錄②12H-5
☎0776-22-8331
L8:30~19:00 休無休
所福井県福井市中央1-1-25
交JR福井站內
P收費

將福井的傳統融入現代！
摩登雜貨

H 豆皿
各2052日圓～

可欣賞漆特有的豐盈飽滿質感、大小適中的豆皿，為餐桌增添色彩。

傳統技巧所誕生的色調柔和的小皿

使用福井傳統緞帶製成色彩繽紛的原創商品

I RAPYARN化妝包
各3024日圓

使用「RAPYARN RIBBON」的原創紡織品做成可愛的化妝包。

I オリボンフクサ
各4536日圓

福井傳統的越前紡織工廠所創設的品牌「RAPYARN RIBBON」。這是以大正浪漫期的和服繫上腰帶的模樣為概念，設計出復古又可愛的袱紗。

使用越前和紙製成圓滾滾又可愛的口金包

J 渾圓口金包
各2160日圓

將愈用愈順手的手漉鳥之子紙經揉紙後製成口金包，相當持久耐用。

吃進口中口感如同絲絹般輕柔的福井銘菓

F 羽二重餅
20片裝·735日圓

以和菓子來表現福井的絹織物。糯米的甜味相當柔和。

使用越光米的米粉製成口感鬆軟有彈性

G 第五代的米粉長崎蛋糕
210日圓～

老舖和菓子店第5代店主的自信作。使用福井縣發祥的越光米米粉做的長崎蛋糕。

J 越前市
和紙処えちぜん
●わしどころえちぜん
位於越前和紙產地的直賣所
位於パピルス館的越前和紙產地工會的直賣所，可體驗手漉和紙。從特殊和紙、工藝用紙到文具雜貨，均有販售。提供日本全國寄送服務。

MAP附錄②13C-5
☎0778-42-1363(パピルス館)
L9:00～16:30 休無休 所福井県越前市新在家町8-44 パピルス館內 交北陸自動車道鯖江IC車程15分 P免費

I JR福井站周邊
Kirari
●キラリ
精選福井縣內外的工藝品及雜貨等
除了和紙、漆器及陶器等福井縣傳統工藝品外，亦備有設計師及年輕創作者的作品及食品等，範圍相當廣泛。

MAP附錄②12H-5
☎0776-25-0291
L10:00～20:00 休無休 所福井県福井市中央1-2-1ハピリン2F 交JR福井站即到 P收費

H 鯖江
漆琳堂
●しつりんどう
繼承225年歷史的漆器製造工程
繼承超過225年歷史、歷經8代的越前漆器。以為日本及越前造物的發展貢獻己力為目標，真誠面對漆器。亦可在工房附設的直營店購買商品。

MAP附錄②13C-5
☎0778-65-0630
L10:00～17:00 休週日、國定假日 所福井県鯖江市西袋町701 交北陸自動車道鯖江IC車程15分 P免費

G 福井
竹內菓子舗
●たけうちかしほ
第5代店主展現手藝的人氣店
以「與點心做朋友」為標語，製作四季和菓子、烤菓子、年糕、紅豆飯的老舖菓子店。1874（明治7）年創業。

MAP附錄②13C-4
☎0776-36-2456
L9:00～18:00(週日、假日為～17:00) 休週三、第2、4週二 所福井県福井市花堂北2-12-3 交福井鐵道花堂站即到 P免費

F JR福井站周邊
羽二重餅總本舗松岡軒
●はぶたえもちそうほんぽまつおかけん
誕生羽二重餅的老舖
前身是織品店。研發出口感如同絲絹般輕柔的羽二重餅，並首度進行販售的老舖。羽二重最中餅及羽二重銅鑼燒也相當有人氣。

MAP附錄②12G-5
☎0776-22-4400 L9:00～18:00 休無休 所福井県福井市中央3-5-19 交JR福井站步行10分 P旁邊有投幣式停車場(凡購物滿1000日圓以上則贈送硬幣)

福井飯店

盡享當地自豪的溫泉及日本海海味

在福井的飯店，除了素有關西的內廳之稱的蘆原溫泉外，還能奢侈地欣賞日本海絕景及品嘗海味。不妨前來福井，享受讓身心都開放的頂級浴湯及美味吧。

東尋坊周邊

荒磯亭

●ありそてい

位於景勝地東尋坊附近，自江戶末期創業以來一直延續至今的老舖旅館。以使用福井自豪的品牌食材越前蟹、鄉土料理「鯛まま」等當地才吃得到的四季美味款待來客。立地條件佳也是魅力之一，全室均為海景房。

費用 1泊2食 **19440日圓～**
IN **13:00** OUT **11:00**
客房 **15**
不住宿溫泉 需洽詢
MAP附錄②13A-2
0776-82-8080
所福井県坂井市三国町米ヶ脇4-4-34
交越前鐵道三國站搭往東尋坊方向巴士5分，米ヶ脇巴士站下車步行4分
P免費

全室海景房
露天浴池也能欣賞絕景

推薦重點
大浴場、露天浴池、包租露天浴池全都能夠欣賞日本海的絕景。

在最頂層的露天浴池一邊眺望夕陽，一邊泡湯

冬季可享用最高級的越前蟹全餐。43200日圓～

將特製醬油醃漬的鯛魚擺放在白飯上，淋上高湯享用的「鯛まま」，味道堪稱一絕

在傳統旅館到處都能感覺到古色古香的日本情緒

推薦重點
從敷地內自家源泉湧出的天然溫泉，是受到女性顧客歡迎的美肌之湯。

附日本庭園的別屋「松風庵」內也設有信樂燒及檜木露天浴池

蘆原溫泉

溫馨的傳統旅館 灰屋

●でんとうりょかんのぬくもりはいや

蘆原溫泉的代表性老舖旅館。由專門建造神社寺院的木工所建造的數寄屋建築的氛圍相當優美，館內則是時尚的和式摩登空間。大浴場內附設排毒效果備受期待的岩盤浴，可以療癒每天的疲憊。

迎接來客的是整修周到的日本庭園

能欣賞格子天花板、床柱等日本建築之美的館內構造

費用 1泊2食 **16200日圓～**
IN **14:00** OUT **10:00**
客房 **55**
不住宿溫泉 **18:00～21:00**
(需確認日期及時間)／
湯めぐり手形 **1620日圓**
MAP附錄②13A-3 **0776-78-5555**
所福井県あわら市温泉2-205
交越前鐵道蘆原湯之町站步行5分
P免費

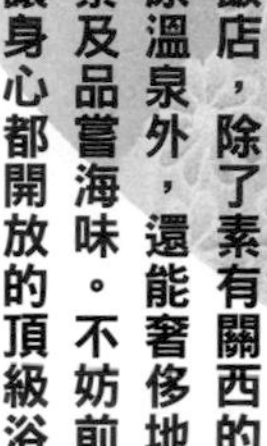

蘆原溫泉

格蘭蒂亞芳泉酒店

●グランディアほうせん

佔地7000坪的廣大敷地備有多樣化的客房，像是別邸及別屋的附溫泉露天浴池客房等。在2017年夏季重新開幕的溫泉大浴場「天上SPA」，可一邊泡在溫和不刺激肌膚的浴湯中，一邊欣賞美麗的夜空。

費用 1泊2食 **16350日圓～**
IN **15:00** OUT **10:00** 客房 **115**
不住宿溫泉 **18:00～21:00** (需確認日期及時間)
／湯めぐり手形 **1620日圓**
MAP附錄②13A-3 **0776-77-2555**
所福井県あわら市舟津43-26
交越前鐵道蘆原湯之町站步行7分 P免費

本館亦以味道纖細、擺盤美麗的懷石料理自豪

附溫泉露天浴池的客房共33間，類型相當多樣

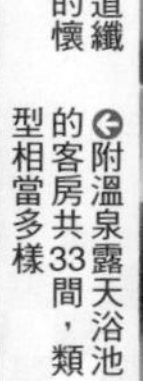

被美麗的星空包圍
在天上SPA優雅地巡遊浴池

可以在由「月之湯」及「星之湯」構成的「天上SPA」享受巡遊浴池的樂趣

推薦重點
泡湯後沙龍亦有新設包廂式美體沙龍，可輕鬆利用。

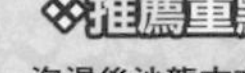

還有其他推薦景點！

福井

●ふくい

區域導覽

在被山海包圍的福井縣，可享受山與海兩者的魅力。有絕景、歷史景點、手做體驗等，看點滿載。此外也備有日本海海味、豐富多樣的當地美食等、只有在福井才能吃到的美食。

附錄MAP 附錄②P.12　住宿資訊 P.136

福井　MAP附錄②13D-4

一乘谷朝倉氏遺跡

●いちじょうだにあさくらしいせき　☎0776-41-2330（朝倉氏遺跡保存協會）　景點

戰國時代的城下町完整留存為遺跡

歷經5代103年，在戰國時代治理越前的朝倉氏城下町遺跡。1573（天正元）年，整個城下町遭織田信長軍燒毀，經過約400年後地基等構造以幾近完整的狀態挖掘出來。在復原街道區等重現當時城下町的景象。

⬇獲指定為國家特別史跡、特別名勝、重要文化財的三重指定，在日本全國僅有6例

所需 1小時

⬆長約200m的復原街道上林立著當時的武家宅邸及民屋

⬅可試穿鎧甲及公主服，1人500日圓

L自由入場（復原街道為9:00～16:30、17:00關門） 休無休 ¥免費入場（復原街道入場費210日圓） 所福井県福井市城戸ノ内町28-37 交JR福井站搭東鄉線巴士30分，復原町並前巴士站下車即到 P免費

福井市區　MAP附錄②12H-5

味処 庄屋

●あじどころしょうや　☎0776-23-0915　美食

以地產地消為宗旨45年

菜單以新鮮海產為中心，根據當天的進貨每天更換菜單，備有米糠鯖漬、たくあん煮等福井特有的料理。除了原創日本酒外，亦備有豐富的地酒。

L11:30～13:30（14:00起休息）、17:00～22:00（22:30關店） 休週日 所福井県福井市中央1-12-3 交JR福井站下車步行3分

⬅以減鹽的特製米糠所醃漬的自家製米糠鯖漬950日圓

鯖江　MAP附錄②13C-5

眼鏡博物館

●めがねミュージアム　☎0778-42-8311　玩樂

工匠技術根深蒂固的眼鏡一大產地

福井鯖江的手工眼鏡是自明治時代以來的當地產業，現在日本國內的市占率高達96%。館內除了設有博物館及商店外，在體驗工房也能製作眼鏡型吊飾，體驗工匠的技巧。

L10:00～19:00（博物館、工房、咖啡廳為～17:00時，工房受理為～16:00） 休無休 ¥入館免費 所福井県鯖江市新横江2-3-4 めがね会館 交JR鯖江站步行10分 P免費

⬅製作眼鏡型吊飾500日圓。約1小時完成

勝山　MAP附錄②12E-4

平泉寺白山神社

●へいせんじはくさんじんじゃ　☎0779-88-1591　景點

被高聳的杉樹、苔蘚與寂靜包圍的境內

距今1300年前的700（養老元）年由泰澄所開創，作為白山信仰在越前的據點。中世時發展為巨大的宗教都市，繁盛一時，其後遭一向一揆攻打，全山燒毀。現在境內杉樹林立、遍地苔蘚，景色相當美麗。

L自由入境（舊玄成院庭園9:00～16:00時，面議） ¥境內免費（舊玄成院庭園入園費50日圓） 所福井県勝山市平泉寺町平泉寺56-63 交中部縱貫自動車道勝山IC車程15分 P免費

所需 1小時

⬅佈滿美麗的翠綠苔蘚的參道延綿

越前町　MAP附錄②13A-4

GALETTE CAFE HAZE

●ガレットカフェヘイズ　☎0778-37-1112　咖啡廳

一邊眺望越前海岸，一邊享用法式烘餅

位於可從越前岬的高台眺望絕景的絕佳立地，同時也能享用正統法式烘餅的咖啡廳。除了提供使用福井縣產蕎麥粉做的香味濃郁的法式烘餅外，亦備有可麗餅及單品料理等多樣菜單。

L11:00～20:00（有季節性變動） 休週四 所福井県越前町血ヶ平25-2 越前岬水仙ランド内 交JR福井站搭乘京福巴士往水仙ランド方向1小時10分，終點站下車後即到 P免費

⬅具開放感的露台席感覺特別不同。很推薦在夕陽的時間帶來

福井市區　MAP附錄②12H-5

やきとりの名門 秋吉 福井站前店

●やきとりのめいもんあきよしふくいえきまえてん　☎0776-21-3572　美食

福井縣民的家鄉味

在烤雞肉串消費量位居日本全國首位的福井，本店形同福井烤雞肉串文化的中心，光是在福井縣內就擁有27家店鋪的人氣店。使用嚴選母雞肉做的純雞為人氣招牌菜，與秘傳黃芥末醬相當搭配。

L17:00～23:30（國定假日為～23:00） 休週日 所福井県福井市大手2-5-16 交JR福井站即到

⬅純雞5支340日圓（不含稅）。當地人大多以10支、20支等10支為單位點餐

福井市區　MAP附錄②12H-5

Happiring

●ハピリン　☎0776-20-2080（綜合導覽中心）　玩樂

福井站周邊區域的中心景點

位於JR福井站正前方的複合設施。館內匯集了當地美食的飲食店、伴手禮店等諸多店鋪，宣揚福井的魅力。在附屋頂的廣場ハピテラス也有舉辦各項活動。

L視店鋪而異 休無休 所福井県福井市中央1-2-1 交JR福井站即到 P地下停車場30分100日圓（7:00～23:00）

⬅球體部份為在全國相當少見，可觀賞8K影片的天象儀

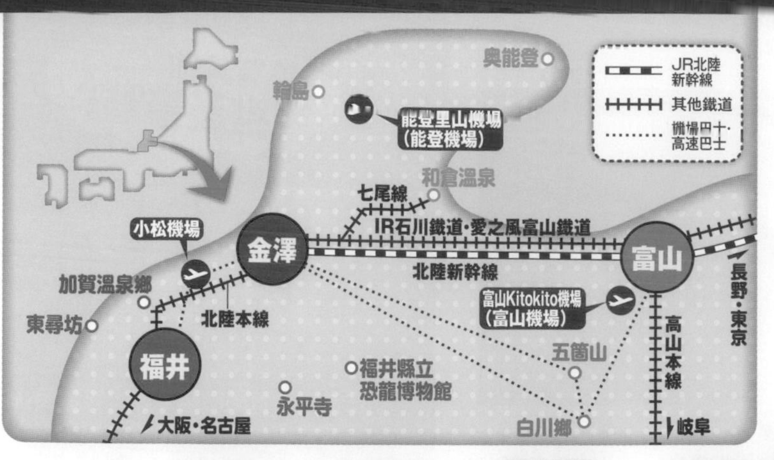

馬上掌握想知道的資訊

北陸交通導覽

圖解的交通方式

搭電車 搭飛機 開車 前往北陸

從東京方向

かがやき與はくたか的不同

	自由席	時間（東京～金澤間）
かがやき	無	2小時30分
はくたか	有	2小時55分~3小時15分

※かがやき的東京～金澤間所需時間比はくたか縮短約25～45分。不過かがやき沒有自由席，只有指定席，要特別注意。

往金澤

新幹線	東京站 → JR北陸新幹線「かがやき」「はくたか」（每小時1～2班）→ 金澤站	2小時30分～3小時15分 ¥14120日圓
車	練馬IC → 關越・上信越・北陸自動車道（455km）→ 金沢東IC	5小時15分 ¥9710日圓
飛機	羽田機場 → ANA／JAL 1天10班 → 小松機場 → 北陸鐵道巴士（接續抵達航班）→ 金澤站西口	1小時55分 ¥26020日圓
	成田機場 → IBX 1天1班 → 小松機場 → 北陸鐵道巴士（接續抵達航班）→ 金澤站西口	2小時5分 ¥25170日圓

往能登

新幹線	東京站 → JR北陸新幹線「かがやき」「はくたか」（每小時1～2班）→ 金澤站 → 北鐵奧能登巴士輪島特急（1天11班）→ 輪島站前（ふらっと訪夢）	5小時10～35分 ¥16380日圓
車	練馬IC → 關越・上信越・北陸・能越自動車道（490km）→ 七尾IC → 159・249・470 經能登里山道路（64km）→ 輪島	7小時5分 ¥9630日圓
飛機	羽田機場 → ANA（1天2班）→ 能登機場 → ふるさとタクシー → 能登半島各地	僅飛機 1小時 ¥24890日圓 ※計程車所需時間及車資另計

【ふるさとタクシー】……若想從能登機場前往能登半島各地，搭乘共乘計程車「ふるさとタクシー」也很便利。採在搭乘前一天預約制，車資會視前往地區的不同而異。
◎洽詢 ✆0768-22-2360（港計程車） ✆0767-66-0114（中島計程車）

往加賀溫泉鄉

新幹線	東京站 → JR北陸新幹線「かがやき」「はくたか」（每小時1～2班）→ 金澤站 → 特急「サンダーバード」「しらさぎ」等（每小時1～4班）→ 加賀溫泉站	3小時10分~4小時5分 ¥15290日圓
車	練馬IC → 關越・上信越・北陸自動車道（507km）→ 加賀IC	5小時50分 ¥10600日圓

往富山

新幹線	東京站 → JR北陸新幹線「かがやき」「はくたか」（每小時1～2班）→ 富山站	2小時10～50分 ¥12730日圓
車	練馬IC → 關越・上信越・北陸自動車道（401km）→ 富山IC	4小時40分 ¥8710日圓

往福井

新幹線	東京站 → JR東海道新幹線「ひかり」（每小時1班）→ 米原站 → 特急「しらさぎ」（每小時1班）→ 福井站	3小時25～55分 ¥14660日圓
車	東京IC → 東名・新東名・名神高速道路・北陸自動車道（491km）→ 福井IC	5小時10分 ¥10300日圓

出發前一定要知道 交通重點POINT

其1 電車+租車超便利！

移動時可搭乘鐵道到北陸，在北陸區域內則租車自駕，就能有效率地進行觀光。特別是在北陸區域內，有不少觀光景點四散、巴士班次卻不多的區域，自駕移動既順暢又舒適。

其2 以金澤站為起點規劃行程！

金澤是北陸區域交通的樞紐，**到任何區域都相當便利**。也很建議以金澤為據點，規劃第1天在金澤街道閒逛，第2天就出發到金澤以外的區域的2天1夜行程。

其3 善用優惠交通票券！

出發前一定要確認優惠交通票券資訊。種類繁多，**有東京・大阪・名古屋方面可使用的票券**，也有周遊**北陸區域內可使用的票券**等。購票場所視票券種類的不同而有規定，一定要注意。

➡詳見 P139・141！

注意事項
※機票票價為非旺季之普通票價，含旅客設施使用費等。
※鐵路的票價為全行程的普通票價及非旺季的特急普通車自由席票價的合計金額（搭乘快速・普通列車者只需支付普通票價）。
※小客車的車資為高速公路及收費道路的普通通行費的合計金額（不含使用ETC及折扣等的一般車資），不含燃油費。
※所需時間為標示去程的標準時間。標示資訊均為2018年8月時的資訊。由於票價可能因鐵路時刻更改及票價調整等而變動，出發前請事先確認。

北陸區域內的交通方式請翻下一頁！

優惠交通票券資訊

前往北陸篇

從日本各地

レール&レンタカーきっぷ

只要購買JR乘車券及車站租車券套票，JR車票就能打折的優惠套餐方案。乘車券可打8折，特急券、綠色車廂券可打9折，同行者全體適用。車站租車需事先在線上預約。租車有條件限制，像是乘車站與租車之車站之間至少得相隔101km以上等。

票價 視出發地、目的地不同而異
販售 JR主要車站、主要旅行社等
※詳情請參見官網
http://www.ekiren.co.jp/lp/

從關西·東海

金沢·加賀·能登 ぐるりんパス(關西出發) ぐるりんきっぷ(東海出發)

從關西及東海區域方面往返金澤·加賀·能登區域（特急列車普通車指定席）時，可設定指定區域為自由區間的套票。3日內可不限次數搭乘，除了在自由區間的JR線及IR石川鐵道的特急、普通列車的普通車自由席可自由上下車外，亦可搭乘北陸鐵道巴士「城下町金澤周遊巴士」及加賀周遊巴士「CANBUS」。

票價 16000日圓(大阪市內)、17000日圓(名古屋市內)／3日內有效
販售 販售 該票券的出發站及其周邊的JR主要車站、主要旅行社等
※關於東海出發請參見JR東海官網
http://jr-central.co.jp/

從關西

北陸乗り放題きっぷ

從大阪·京都·神戶往返北陸自由區間時，搭乘特急「サンダーバード」普通車指定席，在北陸自由區間內的JR線（新幹線·特急·普通）及IR石川鐵道線·愛之風富山鐵道線的普通車自由席可自由上下車。

票價 15560日圓(大阪市內)／3日內有效
販售 JR西日本網路預約網站「e5489」專用(2人以上才能購買)※發售期間需洽詢

從東海

北陸観光フリーきっぷ

從名古屋市內、濱松、靜岡往返北陸區域的自由區間時，可分別搭乘一次特急「ワイドビューひだ」及特急「しらさぎ」號的普通車指定席，而在自由區間，北陸新幹線·特急列車·普通列車的普通車自由席也可自由上下車。

票價 15930日圓(名古屋市內)／4日內有效
販售 該票券的出發站及其周邊的JR主要車站、主要旅行社等
※詳情請參見JR東海官網
http://jr-central.co.jp/

※各種交通票券會有規定使用日及使用人數，使用前請務必確認。

從大阪方向

目的地	交通	路線	所需時間	費用
從金澤	鐵道	大阪站 →(特急「サンダーバード」／每小時1～2班)→ 金澤站	2小時30分～3小時15分	7650日圓
從金澤	車	吹田IC →(名神高速·北陸自動車道／282km)→ 金沢西IC	3小時5分	6510日圓
從能登	鐵道	大阪站 →(特急「サンダーバード」／每小時1～2班)→ 金澤站 →(北鐵奧能登巴士／1天11班)→ 輪島站前(ふらっと訪夢)	5小時15～30分	9910日圓
從能登	車	吹田IC →(名神高速道路·北陸·能越自動車道／371km)→ 七尾IC →(159 249 470 經能登里山海道／64km)→ 輪島	5小時30分	7430日圓
從加賀溫泉鄉	鐵道	大阪站 →(特急「サンダーバード」／每小時1～2班)→ 加賀溫泉站	2小時10～25分	6900日圓
從加賀溫泉鄉	車	吹田IC →(名神高速·北陸自動車道／238km)→ 加賀IC	2小時40分	5690日圓
從富山	鐵道	大阪站 →(特急「サンダーバード」／每小時1～2班)→ 金澤站 →(JR北陸新幹線「かがやき」「はくたか」「つるぎ」／每小時1～2班)→ 富山站	3小時5～30分	9430日圓
從富山	車	吹田IC →(名神高速道路·北陸自動車道／344km)→ 富山IC	3小時45分	7650日圓
從福井	鐵道	大阪站 →(特急「サンダーバード」／每小時1～2班)→ 福井站	1小時45分～2小時	6030日圓
從福井	車	吹田IC →(名神高速道路·北陸自動車道／207km)→ 福井IC	2小時15分	5120日圓

從名古屋方向

目的地	交通	路線	所需時間	費用
從金澤	鐵道	名古屋站 →(特急「しらさぎ」／1天8班)→ 金澤站	3小時	7330日圓
從金澤	車	小牧IC →(名神高速道路·北陸自動車道／231km)→ 金沢西IC	2小時30分	5390日圓
從能登	鐵道	名古屋站 →(特急「しらさぎ」／1天8班)→ 金澤站 →(北鐵奧能登巴士／1天11班)→ 輪島站前(ふらっと訪夢)	5小時50分～6小時5分	9590日圓
從能登	車	小牧IC →(名神高速道路·東海北陸·能越自動車道／255km)→ 七尾IC →(159 249 470 經由能登里山海道／64km)→ 輪島	4小時40分	5460日圓
從加賀溫泉鄉	鐵道	名古屋站 →(特急「しらさぎ」／1天8班)→ 加賀溫泉站	2小時35分	6570日圓
從加賀溫泉鄉	車	小牧IC →(名神高速道路·北陸自動車道／187km)→ 加賀IC	2小時5分	4540日圓
從富山	巴士	名鐵巴士中心 →(名鐵巴士等／每小時1班)→ 富山站前	3小時35分	4630日圓
從富山	車	小牧IC →(名神高速道路·東海北陸自動車道／229km)→ 富山IC	3小時	5680日圓
從福井	鐵道	名古屋站 →(特急「しらさぎ」／1天8班)→ 福井站	2小時10分	5700日圓
從福井	車	小牧IC →(名神高速道路·北陸自動車道／156km)→ 福井IC	1小時45分	3930日圓

◎洽詢

主要交通機關

- ANA(全日空) ☎0570-029-222
- JAL(日本航空)·JTA(日本越洋航空) ☎0570-025-071
- IBX(伊別克斯航空) ☎0120-686-009
- 北陸鐵道電話服務中心 ☎076-237-5115
- 富山地方鐵道電話服務中心 ☎076-432-3456
- 加越能巴士高岡營業所 ☎0766-22-4888
- 京福巴士福井營業所 ☎0776-54-5171
- JR東日本洽詢中心 ☎050-2016-1600
- JR東海電話中心 ☎050-3772-3910
- JR西日本客服中心 (京阪神地區) ☎0570-00-2486
- JR西日本北陸導覽中心 (北陸·糸魚川地區) ☎076-265-5655
- 名鐵高速巴士預約中心 ☎052-582-0489
- 北鐵奧能登巴士(輪島) ☎0768-22-2311
- 北鐵能登巴士(本社) ☎0767-52-9770
- 萬葉線 ☎0766-25-4139
- 黑部峽谷鐵道 ☎0765-62-1011
- 越前鐵道 ☎0120-840-508
- 福井鐵道 ☎0778-21-0706
- 富山輕軌 ☎076-426-1770

道路資訊

- 日本道路交通資訊中心
  (石川資訊) ☎050-3369-6617
  (富山資訊) ☎050-3369-6616
  (福井資訊) ☎050-3369-6618
- NEXCO中日本客服中心 ☎0120-922-229
- 中能登土木綜合事務所 能登里山海道課 ☎0767-22-6090

區域移動

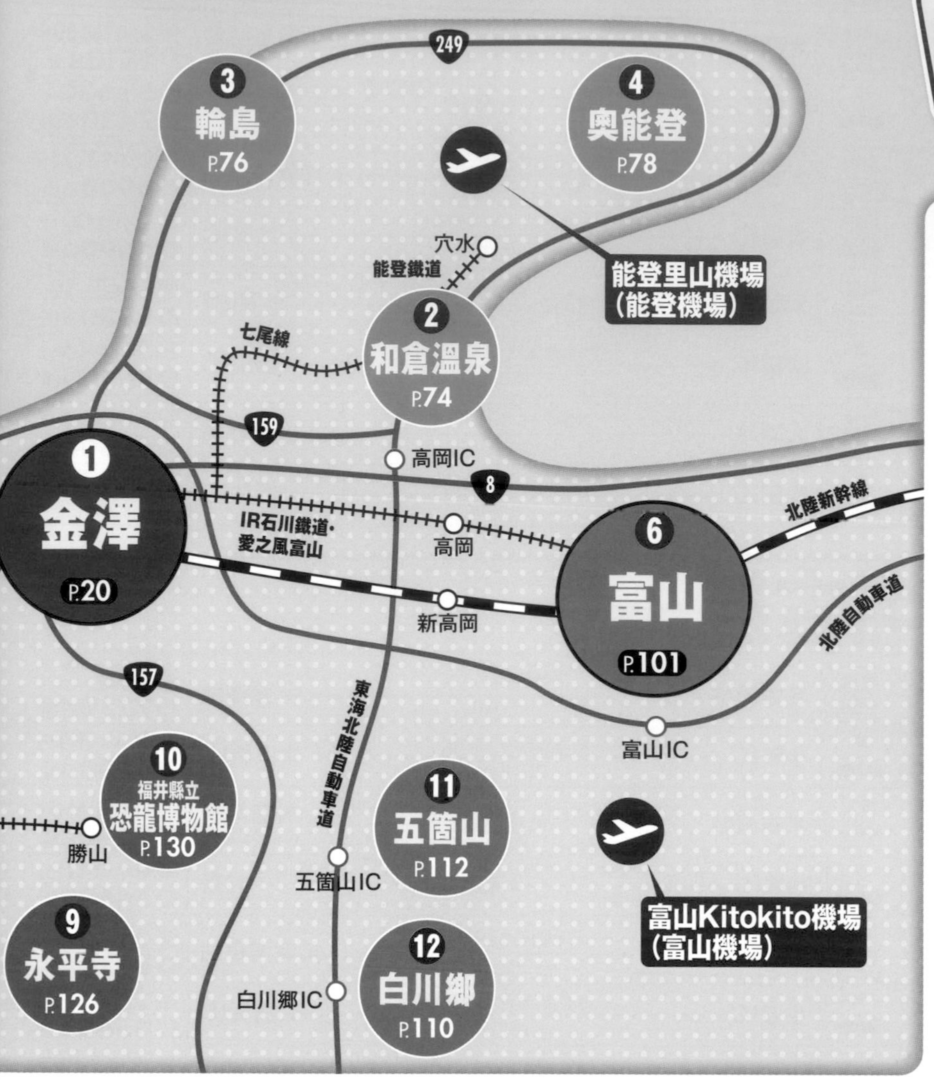

①從金澤

2 往和倉溫泉

鐵道　金澤站 → 和倉溫泉站
⏱1小時
¥2230日圓
※搭乘特急「サンダーバード」「能登かがり火」的情況

車　金澤站東口 —74km→ 和倉溫泉
⏱1小時20分

3 往輪島

巴士　金澤站東口 → 輪島站前（ふらっと訪夢）
⏱2小時20～30分
¥2260日圓

車　金澤站東口 —111km→ 輪島
⏱1小時55分

4 往奥能登

巴士　金澤站東口 → すずなり館前（珠洲）
⏱2小時45分～3小時35分
¥2710日圓

車　金澤站東口 —137km→ 珠洲
⏱2小時15分

5 往加賀溫泉鄉

鐵道　金澤站 → 加賀溫泉站
⏱25分 ¥1510日圓
※搭乘特急「サンダーバード」「しらさぎ」的情況

車　金沢西IC —44km→ 加賀IC
⏱25分 ¥1340日圓

車　金沢西IC —23km→ 小松IC
⏱15分 ¥780日圓

6 往富山

鐵道　金澤站 → 富山站
⏱1小時 ¥1220日圓
※搭乘IR石川鐵道、愛之風富山鐵道的情況

車　金沢東IC —54km→ 富山IC
⏱35分 ¥1590日圓

7 往福井

鐵道　金澤站 → 福井站
⏱50分 ¥2500日圓
※搭乘特急「サンダーバード」「しらさぎ」的情況

車　金沢西IC —86km→ 福井IC
⏱50分 ¥2160日圓

8 往東尋坊

鐵道&巴士　金澤站 → 蘆原溫泉站 → 東尋坊
⏱2小時25～55分
¥2900日圓（JR特急「サンダーバード」「しらさぎ」、巴士車資）

車　金沢西IC —66km→ 東尋坊
⏱1小時5分 ¥1340日圓（金沢西IC～加賀IC）

9 往永平寺

鐵道&巴士　金澤站 → 福井站 → 永平寺
⏱1小時20～45分 ¥3220日圓
（JR特急「サンダーバード」「しらさぎ」、巴士車資）

車　金沢西IC —78km→ 永平寺
⏱55分 ¥1990日圓（金沢西IC～永平寺参道IC）

10 往福井縣立恐龍博物館

鐵道&巴士　金澤站 → 福井站 → 勝山站 → 福井縣立恐龍博物館
⏱2小時5～40分
¥3570日圓（JR特急「サンダーバード」「しらさぎ」、越前鐵道、社區巴士車資）

車　金沢西IC —94km→ 福井縣立恐龍博物館
⏱1小時10分 ¥1990日圓（金沢西IC～勝山IC）

確認前往主要景點的交通方式 北陸

優惠交通票券資訊 區域內移動篇

北陸

北陸おでかけパス

週六、日及國定假日限定，可1日無限搭乘北陸區域自由周遊區間內的普通列車的交通票券。除了JR西日木的自由區間外，IR石川鐵道全線、愛之風富山鐵道全線、越後心跳鐵道線及能登鐵道線的一部分也可使用。

票價 2500日圓／1日有效
販售 出發地周邊的JR西日本主要站、主要旅行社等
※販售期間需洽詢

北陸トライアングルルートきっぷ

2日內可不限次數搭乘金澤・高岡・能登等自由周遊區間的普通列車，以及高岡・新高岡～和倉溫泉間的巴士「わくライナー」的交通票券。（觀光列車「花嫁暖簾需另付指定席特急券，「能登里山里海號」的隨興路線需另付整理券300日圓，慢遊路線需另付追加費用700日圓，即可搭乘。）

票價 2800日圓／2日內有效
販售 出發地周邊的JR西日本主要車站、主要旅行社等
※販售期間需洽詢

金澤・富山

金澤・富山自由席往復きっぷ

可來回搭乘金澤～富山間、北陸新幹線「つるぎ」、「はくたか」普通車自由席的交通票券。以通常票價來算，來回搭乘可省下2020日圓。不可搭乘「かがやき」。

票價 3600日圓／1日內有效
販售 出發地周邊的JR西日本主要站、主要旅行社等
※販售期間需洽詢

奥能登

奥能登まるごとフリーきっぷ

2日內可不限次數搭乘北鐵奧能登巴士的路線巴士全線，以及能登鐵道線七尾站～穴水站區間的交通票券。（僅觀光列車「能登里山里海號」的隨興路線需另付300日圓即可搭乘）

票價 3000日圓／2日內有效
販售 輪島旅行中心（公路休息站 輪島・ふらっと訪夢）、門前分店、宇出津站前（コンセールのと）、飯田分店、七尾站（能登鐵道人員）、穴水站

福井

福井鐵道・えちぜん鐵道共通1日フリーきっぷ

除了8月11日（三國煙火大會）外，僅週六、日、國定假日及過年期間可使用的交通票券，可不限次數搭乘福井鐵道及越前鐵道全線。

票價 1400日圓／1日有效
販售 福井鐵道・越前鐵道的有人車站・向乘務員購買

※各種交通票券會規定乘車日期及使用人數限制，使用前請務必確認。

注意事項
※鐵道的票價為全行程的普通票價及非旺季的特急普通車自由席票價的合計金額（搭乘快速・普通列車者只須支付普通票價）。
※小客車的車資為高速公路及收費道路的普通通行費的合計金額（不含使用ETC及折扣等的一般車資），不含燃油費。
※所需時間為標示去程的標準時間。標示資訊均為2018年8月時的資訊。由於票價可能因鐵路時刻更改及票價調整等而變動，出發前請事先確認。

詳細地圖請參見 附錄② 北陸兜風MAP!

6 從富山

11 往五箇山

鐵道&巴士
富山站 → 高岡站 → 相倉口（五箇山區域）
1小時40分～2小時5分
¥1360日圓（愛之風富山鐵道、世界遺產巴士車資）

車
富山IC —58km→ 五箇山IC
45分 ¥1710日圓

12 往白川鄉

巴士
富山站前 → 白川鄉
1小時30分
¥1700日圓（高速巴士）

車
富山IC —73km→ 白川鄉IC
55分
¥2110日圓

7 從福井

8 往東尋坊

鐵道&巴士
福井站 → 三國站 → 東尋坊
1小時10～25分
¥970日圓（越前鐵道、巴士車資）

車
福井站西口 —25km→ 東尋坊
45分

9 往永平寺

巴士
福井站 → 永平寺
30～40分 ¥720日圓

車
福井站 —16km→ 永平寺
30分

10 往福井縣立恐龍博物館

鐵道&巴士
福井站 → 勝山站 → 福井縣立恐龍博物館
1小時15分
¥1070日圓（越前鐵道、社區巴士車資）

車
福井站 —29km→ 福井縣立恐龍博物館
55分

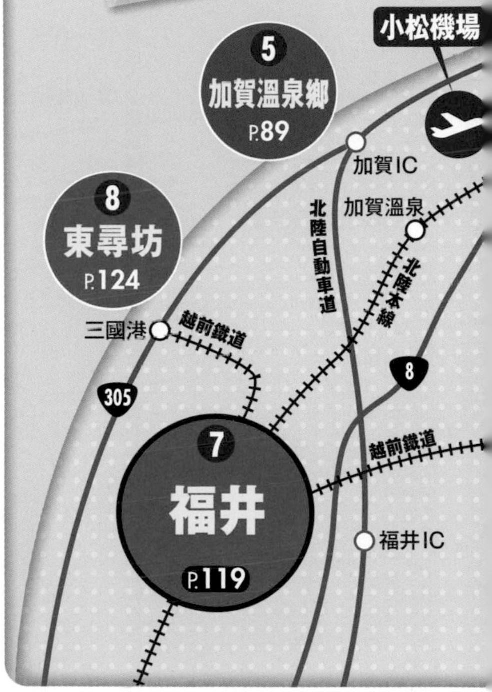

小松機場
5 加賀溫泉鄉 P.89
8 東尋坊 P.124
7 福井 P.119
加賀IC
加賀溫泉
北陸自動車道
北陸本線
三國港
越前鐵道
305
8
福井IC

11 往五箇山

巴士
金澤站前（東口） → 五箇山菅沼（※僅4～11月在五箇山菅沼停車）
1小時 ¥1540日圓（高速巴士）

車
金沢IC —51km→ 五箇山IC
40分 ¥1500日圓

12 往白川鄉

巴士
金澤站前（東口） → 白川鄉
1小時15～25分
¥1850日圓（高速巴士）

車
金沢IC —66km→ 白川鄉IC
55分 ¥1910日圓

十一～十五劃

十六劃以上

數字、英文字母

日文假名

一～五劃

六～十劃

景…景點 玩…玩樂 食…美食 咖…咖啡廳 買…購物 溫…溫泉 住…住宿 活…活動、祭典

【 MM 哈日情報誌系列 30 】

北陸·金澤

作者／MAPPLE昭文社編輯部
翻譯／黃琳雅
校對／張玉旻、王凱洵
編輯／林庭安
發行人／周元白
出版者／人人出版股份有限公司
地址／23145 新北市新店區寶橋路235巷6弄6號7樓
電話／（02）2918-3366（代表號）
傳真／（02）2914-0000
網址／www.jjp.com.tw
郵政劃撥帳號／16402311 人人出版股份有限公司
製版印刷／長城製版印刷股份有限公司
電話／（02）2918-3366（代表號）
經銷商／聯合發行股份有限公司
電話／（02）2917-8022
第一版第一刷／2019年7月
定價／新台幣380元
港幣127元

國家圖書館出版品預行編目(CIP)資料

北陸·金澤 / MAPPLE昭文社編輯部作 ；
黃琳雅翻譯. -- 第一版.-- 新北市：人人, 2019.07
面； 公分. --（MM哈日情報誌系列；30）
ISBN 978-986-461-185-0（平裝）

1.旅遊 2.日本

731.9　　108006603

MM日本30
201907